邂逅不抱怨的世界　收获淡定的活法

伟大的人物
全集
LITTLE KNOWN FACTS ABOUT WELL KNOWN PEOPLE

[美] 戴尔·卡耐基 著

张灿金 熊亭玉 译

北京燕山出版社
BEIJING YANSHAN PRESS

目录 CONTENTS

前言 / 001

上篇　伟大的人物

爱因斯坦经常一时兴起，想做什么就做什么。他有两条准则：第一，不墨守成规；第二，不盲从他人。

当所有船员都在打退堂鼓时，哥伦布执意坚持；当惊吓过度的船员威胁说如果不掉头就要杀掉他时，他只回答："前进！前进！再前进！"

第一章　爱因斯坦 / 003

第二章　约翰·萨特 / 005

第三章　埃德加·爱伦·坡 / 008

第四章　克利奥帕特拉 / 010

第五章　葛丽泰·嘉宝 / 014

第六章　鲁道夫 / 017

第七章　马可尼 / 020

第八章　凯瑟琳大帝 / 022

第九章　约瑟芬 / 025

第十章　奥维尔·莱特 / 028

第十一章　华特·迪士尼 / 030

第十二章　尼古拉二世 / 032

第十三章　莫罕达斯·甘地 / 035

第十四章　理查德·伊夫林·伯德 / 037

第十五章　路易斯·卡罗尔 / 039

第十六章　威尔·罗杰斯 / 041

第十七章　塞缪尔·卡德曼 / 043

第十八章　亚历山大·仲马 / 046

第十九章　卡瑞·纳辛 / 048

第二十章　米尔·奥斯曼·阿里汗 / 051

第二十一章　列宁 / 054

第二十二章　约翰·劳 / 056

第二十三章　劳维尔·托马斯 / 058

第二十四章　哥伦布 / 061

第二十五章　嘉里·雅各布·邦德 / 063

第二十六章　罗伯特·L.利普莱 / 065

第二十七章　艾美·森普尔·麦克弗森 / 068

第二十八章　厄普顿·辛克莱 / 071

第二十九章　P.T.巴纳姆 / 073

第三十章　菲尔加摩尔·斯蒂芬森 / 076

第三十一章　赞恩·格雷 / 077

第三十二章　玛丽·托德·林肯 / 079

第三十三章　奥斯卡·奥得·麦金太尔 / 082

第三十四章　圣诞老人 / 085

第三十五章　玛丽 / 087

第三十六章　威尔弗雷德·格林菲尔德爵士 / 089

第三十七章　路易莎·梅·奥尔科特 / 091

第三十八章　弗兰克·W.伍尔沃斯 / 093

第三十九章　林肯的尸骨 / 095

第四十章　赫伯特·乔治·威尔斯 / 098

第四十一章　莫扎特 / 101

第四十二章　乔治·格什温 / 102

第四十三章　马克·吐温 / 105

第四十四章　杨百翰 / 107

第四十五章　范德比尔特 / 110

第四十六章　玛丽·罗伯茨·莱因哈特 / 112
第四十七章　托马斯·爱迪生 / 114
第四十八章　欧·亨利 / 118

下篇　五分钟名人传记

西奥多·罗斯福说，自己的勇气是培养出来的，方法就是去做自己害怕的事情。最后，他变得无比勇敢，无论是咆哮的狮子，还是呼啸的炮弹，他都无所畏惧。

萨默塞特·毛姆是医学院毕业的，朋友们都劝他忘了写作这回事。但是，什么都无法动摇他的决心。

第一章　马丁·约翰逊 / 123
第二章　佛罗伦兹·齐格飞 / 127
第三章　霍华德·瑟斯顿 / 131
第四章　威廉·伦道夫·赫斯特 / 135
第五章　莱昂纳尔·巴里摩尔 / 138
第六章　萨默塞特·毛姆 / 141
第七章　琼·克劳馥 / 144
第八章　克莱伦斯·丹诺 / 147
第九章　克莱德·比蒂 / 150
第十章　梅奥兄弟 / 153
第十一章　埃迪·里肯巴克 / 156
第十二章　马尔科姆·坎贝尔 / 159
第十三章　埃利·克柏森 / 163
第十四章　托尔斯泰 / 166
第十五章　J.P. 摩根 / 169
第十六章　恩里科·卡鲁索 / 173
第十七章　海伦·凯勒与安妮·曼斯菲尔德·莎利文 / 176
第十八章　墨索里尼 / 179

第十九章　约翰·戈特利布·温德尔 / 183
第二十章　罗伯特·福尔肯·斯科特上校 / 186
第二十一章　爱德华·波克 / 190
第二十二章　卜婉懿 / 193
第二十三章　巴希尔·扎哈罗夫 / 197
第二十四章　比利·森戴 / 199
第二十五章　西奥多·罗斯福 / 202
第二十六章　伍德罗·威尔逊 / 205
第二十七章　杰克·伦敦 / 208
第二十八章　海伦·吉普森 / 211
第二十九章　安德鲁·卡内基 / 214
第 三 十 章　劳伦斯·蒂贝特 / 218
第三十一章　W.C.菲尔兹 / 221
第三十二章　奇克·塞尔 / 224
第三十三章　弗朗西斯·叶芝－布朗 / 227
第三十四章　玛丽·璧克馥 / 231
第三十五章　艾尔·乔森 / 234
第三十六章　威廉·莎士比亚 / 237
第三十七章　欧内斯廷·舒曼－海因克 / 240
第三十八章　辛克莱·刘易斯 / 243
第三十九章　约翰·D.洛克菲勒 / 246
第 四 十 章　查尔斯·狄更斯 / 249
第四十一章　凯瑟琳·赫本 / 252
第四十二章　吉姆·布雷迪 / 255
第四十三章　海蒂·格林 / 258
第四十四章　西奥多·德莱塞 / 261
第四十五章　雷蒙德·迪特马斯 / 264
第四十六章　哈罗德·劳埃德 / 266
第四十七章　多丽丝·杜克 / 269
第四十八章　拜伦爵士 / 272

前　言

二十世纪三十年代，美国哥伦比亚广播公司邀请戴尔·卡耐基做了一档介绍名人逸事的节目，在每期节目中，只用短短五分钟讲述一位名人鲜为人知的故事。由于卡耐基的讲解凝练传神、生动有趣、引人入胜，节目播出后受到了美国民众的疯狂追捧，成为广播公司的金牌节目。

之后，搭着这档节目的顺风车，出版商将这些名人们的故事结集出版，成为卡耐基最受欢迎、最畅销的作品之一。这部作品被翻译成多种语言，至今畅销不衰。

《伟大的人物》(*Little Known Facts About Well Known People*)在一九三四年由美国格林伯格出版公司（Greenburg Publishing Inc）出版。一九三七年，该公司又出版了《五分钟名人传记》(*Five Minute Biographies*)。本次出版将这两部作品合而为一，分为上下篇，并定名为《伟大的人物》。本书是根据卡耐基生前出版的英文版本翻译。

这是一部内容十分丰富的人物传记合集，选取的名人并不局限某一行业，而是来自不同的领域。他们或者是叱咤风云的政治家，如拿破仑、列宁；或者是富可敌国的企业家，如安德鲁·卡内基、洛克菲勒；或者是才华横溢的文学家，如莎士比亚、列夫·托尔斯泰；或者是勇于开拓的冒险家，如哥伦布、罗伯特·福尔肯·斯科特；或者是探索真理的科学家，如爱因斯坦、梅奥兄弟；或者是造福人类的发明家，如爱迪生、莱特兄弟；或者是卓尔不凡的音乐家，如莫扎特、乔治·格什温；或者是星光闪耀的电影演员，如葛丽泰·嘉宝、凯瑟琳·赫本……

卡耐基试图为我们展现这些名人的真实形象：伟大的人物也有平凡的一面，他们并非总是高高在上，他们同我们普通人一样有各种烦恼和忧愁。对于他们的伟大业绩，卡耐基并没有过多的着墨，他更侧重于为我们描绘这些名人在成功之前所遭遇的挫折和失败，以及他们为成功而付出的努力与坚持。他们是光芒闪耀的大人物，但是在卡耐基娓娓道来的叙述中，让我们觉得并非高不可攀、冷峻陌生，仿佛面对面平等相处，和蔼亲切。

那些大名鼎鼎的伟大人物，如拿破仑、爱因斯坦、哥伦布、莎士比亚、爱迪生、莱特兄弟、托尔斯泰等，他们的身影虽然早已随着岁月远去，但他们依然持续影响着我们的生活，他们的辉煌事迹和奋斗精神仍旧激励着后人不断向前。

编　者

上篇
伟大的人物

印度圣雄甘地虽然身材瘦小，体重不到一百磅，他却唤醒了他的同胞，让他们焕发出巨大的能量。他拒绝使用武装暴力，但他那强大的思想教化与精神影响力要胜过一百艘战舰。

爱迪生一生中只进过三个月的学堂，但他后来几乎改变了整个世界。他的注意力非常强，可以完全集中在手头的事情上，忘记其他的一切。

第一章　爱因斯坦

　　天才的他曾是学校的后进生。大家都认为他不会有什么出息，呆笨的他甚至被老师称为"呆瓜"，他的父母也担心他可能不正常。

　　数年前，我与友人一道去了德国南部的乌尔姆市。行走在街上时，友人突然停下脚步，指着杂货店上方的一扇窗户对我说："瞧见那房子了吗？爱因斯坦就出生在那里。"就在当天的晚些时候，我拜访了爱因斯坦的叔叔。

　　现在的爱因斯坦已经成为了最伟大的科学家、思想家，然而他叔叔口中的爱因斯坦似乎并没有什么超凡之处。这并不奇怪，爱因斯坦小的时候，腼腆害羞、反应迟钝，甚至说话也很费劲，大家都认为他不会有什么出息，呆笨后进的他甚至被老师称为"呆瓜"，他的父母也担心他可能不正常。

　　几年前，爱因斯坦一夜之间就成了世界上最著名的人，各大洲报纸的头条新闻都在报道他的消息。一个数学教授竟能受到如此多的关注，几乎与拳王杰克·登普西齐名，这的确史无前例，让人难以置信，连他自己也搞不懂。

　　爱因斯坦的性格有如他的相对论，都是那么特立独行。他的眼里没有那些让人醉心的名声、财富，他也不追求享受。有一回，他搭乘一艘跨洋轮船，船长让他入住船上最高档的套房，他却回绝说宁愿住在底舱，也不要这种特殊待遇。

　　爱因斯坦五十岁生日的时候，德国政府给了他各种殊荣，在波茨坦为他立起了一尊半身雕像，给他提供房子、游艇，以表示国家对他的热爱和钦佩。

但没过几年,他的财产就全被没收了。他害怕返回德国,在比利时的那几周,他的房门上都被加钉了木条,晚上还有警察陪睡在旁边。

后来,爱因斯坦受聘去普林斯顿高等研究院担任数学教授。到达纽约后,他极力躲避记者的采访。船还未靠岸,他的朋友就把他从船上秘密接走,躲开了记者。

爱因斯坦说介绍相对论的著作已不下九百本,但当世之中真正理解这一理论的仅有十二人。他举了个简单的例子:当你身旁坐着一位漂亮姑娘,你会感觉一个小时就有如一分钟过得那样飞快;而如果你坐在火炉上,一分钟就会像一个小时那么漫长,这就是相对论。

我觉得很有道理,你若不信,那就试试看。如果你选择火炉,我还是选择美女相陪吧。

说到这儿,就说说他的婚姻。爱因斯坦一生结过两次婚,第一任妻子给他生了两个天资聪颖的男孩儿。

他现在的夫人爱尔莎·爱因斯坦说,她不懂相对论,但知道对妻子来说什么才更重要,那就是懂自己的丈夫。

她偶尔也会邀请朋友来家里喝茶,朋友来了后,她也想把爱因斯坦喊下楼一起喝。爱因斯坦往往会恼怒地回答:"不!不!不!我受不了了,我得换个地方工作。"听到这,她就不吭声了,等爱因斯坦把气撒完,她再使点小招儿把他唤下来喝点茶放松一下。她说爱因斯坦喜欢有序的思维,但并不喜欢有序的生活。他经常一时兴起,想做什么就做什么。他有两条准则:第一,不墨守成规;第二,不盲从他人。

他的生活方式很简单,总是穿着皱巴巴的旧衣服出门,很少戴帽,洗澡时常常会吹个口哨,唱个歌,还会在浴池中刮胡子,但从来不用刮胡皂,就用洗澡的肥皂。对这位尝试去解决宇宙难题的科学家来说,用两种肥皂太复杂了。

爱因斯坦知足常乐。相比相对论，我更理解他的这种快乐哲学。他的快乐不是建立在向别人"索取"的基础上，金钱、名誉以及赞美都不是他想要的，他的快乐就存在于简单之中，诸如钻研工作、拉小提琴、扬帆出海等。小提琴给他带来了最大的快乐，他经常在音乐中思索，在音乐中发挥着自己的想象。

有一次乘坐有轨电车时，爱因斯坦对售票员说钱找错了，售票员把找的钱拿回来点了点，发现没问题就把钱返给他，并附上一句："你不识数。"

第二章　约翰·萨特

萨特价值两亿英镑的财富被劫，去世时身无分文，但他却存留着一张世界上最昂贵的财产契据。

一八四八年一月二十四日，在加利福尼亚，木匠约翰·W.马歇尔正在美利坚河边打制石磨，忽然发现地上有块儿灿黄的石头，他就弯腰捡了起来。这石头应该是从萨克拉门托附近的山上冲下来的，是不是金子呢？他一时拿不准，就把石头拿给了一位雇工的妻子。当时她正在煮自制肥皂，就将石头投入了壶里煮，里面是沸腾的油脂和碱液。

煮了一天之后，这块石头闪闪发光，有如老虎的眼睛。第二天天刚亮，马歇尔就顺着峡谷，飞马疾驰四十英里，来到老板约翰·A.萨特的家里。马歇尔闪进屋内，关上大门，从腰兜里掏出了这块东西。萨特盯着看，眼珠瞪得大大的，兴奋极了。

萨特认出这是金子，闪闪的纯金。他做梦都想不到的事情就这样发生了。他将是所有生灵的主宰，将会是这个世界上最富有的人。他想守住这个秘密，但消息还是不胫而走，注定要震撼整个美国。一天之内，牧场上的工人，在狂热的贪婪的驱使下，纷纷抛掉了手上的活儿，开始刨挖淘金。

一周后，整个地区陷入一片混乱：牧场荒了；奶牛没人挤了；嗷嗷待哺的牛犊没人过问了；咩咩叫的山羊也没人管了，惨遭群狼捕杀。兴奋的人们挥动着铲子从清晨挖到日暮，他们的财富开始增长，从两百英镑积累到了一千英镑。他们一铲铲地挖，一点点地筛，价值数千英镑的金块儿就在自己脚下，暴富就是一转眼的事情。

电报传播了这一消息，轰动了全国。大量工人离开了岗位，成批军人脱离了部队，无数农民抛下了田地，许许多多的商人锁上了店铺，如飞蝗般连夜赶往这片区域，加入了淘金大军。

一八四九年春天，一支浩大的车队驶出了堪萨斯州的独立城，开始了淘金之旅。独立城在当时被视为文明社会的最前哨，然而面对即将开始的冒险之旅，马背上的青年人却激动万分。从滔滔的密苏里河两岸到白雪皑皑的内华达山脉，沿途都是络绎不绝的马车，还有慢腾腾的牛车，春意盎然的草原上流动着欢快的歌声，还有数不清的人乘货船或捕鲸船渡海而来。船队绕过合恩角，穿过麦哲伦海峡，经受了飓风的洗礼。航行中有人发高烧，有人得败血症，还有人感染霍乱丧生，但活着的人义无反顾继续前行，有如浩大的太平洋一般势不可当。这一年的旧金山湾很繁忙，七百多只船在此停泊。一到港，船员们就立刻直奔山上。这群人不遵法律，不守秩序，只会用刀枪说话，完全就是一群暴民。

来自四面八方的人汇合到了萨特的牧场，牧场庄稼被踩踏，小麦也被他们偷去做面包，谷仓也被拆了拿去搭棚子，牛也被盗走宰了取牛排。这些淘金客胆大妄为，竟然在萨特的牧场上建起集镇；原本是萨特私人的土地，被这些外来客拿来进行倒卖，根本就无视萨特的存在。

直到一八五〇年，加利福尼亚州并入联邦，法度才开始在这个混乱的山区得以施行。

这时，萨特打起了有史以来最大的一场官司，他声称旧金山以及萨克拉门托都是他的土地，控告住在集镇里的每一个人，要求他们立刻离开。他还向加州政府索赔五百万英镑，用以赔偿由他修建却被州政府征用的道路、桥梁、人工河等。

他还要求美国政府支付一千万英镑赔偿金。另外，从他的土地上挖走的每一便士金粉都应让他抽成。官司打了四年，一八五五年终于有了结果。加州最高法院判决称，旧金山、萨克拉门托，以及其他几十个集镇都是建在他的土地上。

在旧金山以及萨克拉门托居住的人们闻讯大为愤怒。这一判决会让他们流离失所，对吧？那好吧，就给法律些颜色瞧瞧。一群人组织起来，扛着枪斧，举着火把，在街上列队游行、呼喊、抗议，肆意抢掠。

他们还放火烧了法院，焚毁了判决书，还找来绳索想勒死当事法官。接着这群人跨上马，直奔萨特的牧场，炸了他的房子以及谷仓，还烧了家具，砍了果树，杀了牛。这个原本肥沃的牧场到处冒烟，一片惨象。

萨特有个儿子死于他们之手，另外一个也被他们逼得自杀，还有一个儿子去欧洲时溺水身亡。由于承受不住一个个残酷的打击，萨特精神失常了。

此后二十年中，他经常出没于美国国会，希望国会能承认他的权利。这位衣衫褴褛的老人四处游说议员，希望还自己一个公正。可怜的他走在街上都会被路上的孩子嘲笑、戏耍。

一八八〇年春，萨特在华盛顿的一间房子里孤独离世，那些从他的土地上窃取了百万财富的人对此漠不关心，甚至对他是厌恶至极。

萨特去世时身无分文，但他却存留着一张世界上最昂贵的财产契据。

五年后，木匠马歇尔也在一间破败的小屋里孤独地走完了人生全程。正是他的发现，引发了西部历史上空前的淘金热潮，他的发现给别人带去了百万英镑的财富，然而他自己连一口薄棺也买不起。

第三章　埃德加·爱伦·坡

> 在西点军校上学时，他无视军规，别人在校场训练，他却躲在宿舍写诗。他十年辛苦仅换来两英镑，结婚时妻子年仅十三岁。

埃德加·爱伦·坡是最耀眼、最浪漫的天才之一，他创作过许多十四行诗以及神秘小说，抑郁的他注定会在美国文学史上留下一个巨人的身影。早年，他因疯狂赌博和酗酒被弗吉尼亚大学清退。后来，他在西点军校上学时无视军规，别人在校场训练，他却躲在宿舍写诗，因此被送上了军事法庭，并被学校开除。

他很小的时候就没了父母，被一位烟草商人收为养子。但他终究不得养父的欢心，被棒打出门，财产继承权也被剥夺，养父在遗嘱中没有给他留下一分半文。

他的婚姻在文学史上留下了一段佳话，他娶了自己的表妹弗吉尼亚·克伦。当时他很穷，事实上他一直都很穷，一生都不曾有钱。他好喝酒，唯一的姐姐疯了，别人说他也是半疯不傻的。他比妻子大十三岁，结婚时他二十六岁，她却只有十三岁。要是按旧书上的说法，他的婚姻很快就会崩溃，完全就是个灾难。但事实并非如此，他的婚姻成功而又浪漫。他很爱妻子，并且还为她创作了最美的诗篇，因此让英语世界变得更绚丽多彩。

他不仅创作小说，还写诗歌，这些作品注定会成为世界上最伟大

的文学财富,然而他的这些不朽之作竟换不来面包。比如《乌鸦》:

> 那乌鸦没有动,仍然停在那里,还在那里;
> 就落在我房门上方那座苍白的帕拉斯雕塑上;
> 而它的眼睛与睡梦中的魔鬼的一般,
> 油灯照着它的身姿,在地板上投下了身影。

这部作品一改再改,前前后后花了他十年心血。可最终也就卖了两英镑,好莱坞影星约翰·巴里摩尔一分钟的演出都不止两英镑,显然拍电影比写诗歌更能赚钱。然而最近,他的这份手稿售价竟高达数万英镑。凭什么让这位天才在世时忍饥挨饿,而在他的身后,手稿竟卖到如此天价呢?

现在楼房林立的纽约大广场,就是他与妻子曾居住过的地方。八十八年前,他租住在这里,房子破败不堪。那个时候这儿还是乡村,周边满是苹果树,当春天的脚步悄悄地从南方挪来,空气中就会飘荡起丁香花、樱花的芬芳和蜜蜂的嗡鸣,那美景犹如梦境一般。

房子的租金为每月十二先令,然而就这点租金他也付不起。妻子患了肺结核,他都没钱买东西给她补一补,有时候他们一连好几天都吃不上东西。在蒲公英开花的季节,他们就扯些蒲公英煮了充饥,如此这般,日复一日。

邻居们看到他们快要饿死了,就送来了几篮子食物。可怜吧?但他有满腹的才华,有妻子给予他的全身心的爱,他们尽管贫穷,却依然幸福。

八十七年前,克伦在那个屋子中离世。就在去世前几个月,她连保暖的衣物都没有。她躺在草席上,冷极了,她的母亲就给她搓手,坡给她搓脚,给她盖上那件他在西点军校时穿过的军用披风,晚上唤来小猫睡在她的脚边。

他没钱安葬妻子,要不是邻居帮忙,克伦可能要被葬到荒郊野外了。

几年前,纽约州政府买下了这间房子,把它改造成了纪念馆。对我而言,这是一间梦一般的茅舍,充满着阴郁的回忆,让我很难从中摆脱出来。

克伦是在一月份去世的。很快,春天来了。当明月爬上了苹果树梢,星星在西边的天际闪烁,他静坐着、想象着、思念着妻子,他的思念成就了《安娜贝尔·丽》——悼念亡妻的诗歌中最美的诗句:

只要月亮发光,我就能
梦见我美丽的安娜贝尔·丽;
就算繁星不再升起,她明亮的眼睛
也依然和我在一起;
就这样,在整个的夜晚,我躺在
我亲爱的,亲爱的,一生的新娘身边,
在那疯狂咆哮的大海旁,
在她安宁睡着的坟墓里。

第四章　克利奥帕特拉

她是埃及艳后,魅力四射,让人无法抗拒。三十九岁时她选择了自杀,两位世界上最伟大的男人曾拜倒在她的石榴裙下。

下面这段故事的主人公绝艳妖媚,曾让男人为之血脉偾张。她就是埃及女王克利奥帕特拉,尼罗河上的绝色美妇。

早在两千年前她就香消玉殒了，然而这么多个世纪过去了，她的名气依旧不减当年。三十九岁时她选择了自杀，结束了短暂却怒放的生命。在一生之中，她赢得了两位男人的心，那可是这个世界上最著名的两个男人。一位是马克·安东尼，另一位就是尤利乌斯·凯撒，"七月"就是纪念凯撒的，这个月就是以他的名字命名的。

凯撒几乎征服了整个世界，却拜倒在娇小的克利奥帕特拉的石榴裙下。有关她如何俘获凯撒的心的故事，是古代历史事件中最富有戏剧性的一个。

公元前四十八年，凯撒一路南下来到了亚历山大城，而此时的克利奥帕特拉境况很糟，她刚失去了王位，也失去了财富，甚至还有被杀的危险。她的弟弟就是她的丈夫，他们之间出现了矛盾，她的弟弟竟对她发动了战争，为了活命，克利奥帕特拉只得逃离开罗。凯撒让她到他那儿去，但她怎样才能过得去呢？亚历山大城里到处都是她弟弟的眼线，如果被抓就会被立刻处死。于是，在一个漆黑的晚上，她乘坐一只渔船溜进了城里，然后又让仆从把她卷在地毯里，带进宫殿，最后在凯撒的面前打开了地毯。克利奥帕特拉从里面蹦了出来，在房间里又笑又跳。她爽朗的笑声、翩翩的舞态、曼妙的身姿让凯撒看得血脉偾张。

凯撒自称是爱神维纳斯的后人，善于评判女性的美，但眼前的这个女人美得摄人心魄，让他大开了眼界。

"啊，啊！"凯撒自语道，"哦，竟有这等美人？罗马怎么没有呢？"

此时的凯撒已经五十四岁，头也秃了，而克利奥帕特拉才二十一岁，活力四射。凯撒看着她，如痴如醉，有如被波涛带到了爱的浪尖。面对着情感热烈、才智过人的克利奥帕特拉，凯撒甘愿成为她的奴隶。

克利奥帕特拉的弟弟要杀她，凯撒发誓要给这位不知天高地厚的年轻人一个教训。于是，他统帅着罗马军团，歼灭了埃及军队。她的弟弟逃到了尼罗河,最后淹死在河里。从那以后,克利奥帕特拉成为了无可争议的埃及女王,君临全境。

数月之后,克利奥帕特拉给凯撒生下了个男孩儿,这也是他唯一的儿子。然而人言可畏,在罗马本土已有妻室的凯撒不能跟克利奥帕特拉结婚。为堵众人之口,给孩子一个合法的身份,克利奥帕特拉想出了个高招,她让牧师宣扬说凯撒根本不是人,而是太阳神阿蒙借托凯撒的躯体来到世上,送给她一个孩子。

这事儿听起来很荒诞,拿到现在来说,她的说法很难蒙混过去,但在两千年前的埃及,人们对此深信不疑。

不久,凯撒遭人暗杀,年迈的马克·安东尼成为了罗马实权人物,他喜欢酗酒,常常债台高筑,还梦想着某天痛饮庆功美酒,过一过享乐生活。埃及是东方最富庶的国家,于是他兴兵东进,去那里劫掠财富。随从在安东尼还未酒醉的时候对他说:"我们杀到亚历山大城吧,杀了克利奥帕特拉,在埃及好好乐乐。"

克利奥帕特拉闻讯,不禁担忧起来,怎么才能抵挡住安东尼呢?武力抵抗?绝不可行。美人计呢?也许行。她只得发挥逢场作戏的天分了。于是她乘着一艘挂着紫帆、贴着金箔的船去见安东尼。船上的布置有如《天方夜谭》里面的场面一样盛大,她让一些少年装扮成丘比特,手持孔雀毛给她打扇;又安排性感的侍女,披着薄衫,和着热辣的沙漠音乐舞动着腰肢;焚香的香气能陶醉人的所有神经,克利奥帕特拉躺在柔软的沙发上,摆着爱神维纳斯的造型,魅力四射,让人无法抗拒。

如果你是安东尼,你会怎么做?就算安东尼得了风湿或者胃病,躺倒在床,也不会拒绝这么一位女性,他根本就没试过拒绝。

粗鄙军人出身的安东尼经常为这些虚与委蛇的热辣女人举行派对,他的做法激起了罗马人的愤怒。

有着良好教养的克利奥帕特拉品味高雅,还能吟诵诗歌,她就这样成了安东尼的情妇。在倥偬的人生中,安东尼第一次感受到了美与高尚,他死心塌地爱着克利奥帕特拉,今天的我们依然十分羡慕这段感情。

克利奥帕特拉驭男有术,即使看不惯安东尼的一些行为,她也不发牢骚。他想要什么,她就去满足他。他们一起掷骰子,一起打猎,一起钓鱼,有时她甚至扮成奴隶,夜间同他一起在街上走动。有时她突然把别人屁股下的椅子抽走,搞恶作剧。有一次,他们出去钓鱼,没有鱼咬钩,安东尼就牢骚起来,她就派个仆从游到船底下,把鲱鱼挂到安东尼的鱼钩上。她还想方设法去迎合安东尼的胃口,安排一批大厨日夜轮流给他准备食物,这样他随时都可以吃上大餐。

沉溺在温柔乡中的安东尼头脑不再清醒,他把腓尼基沿岸当作礼物送给了克利奥帕特拉,然后又把杰瑞卡省、塞浦路斯岛、克里特岛也送了,最后竟把整个亚洲地区的版图也慷慨地送给了她。

罗马人听到这些消息,又恨又恼。什么?罗马人经过上百次浴血奋战打下来的疆土就这么随手送人,就为博取这位埃及情妇一时欢心?罗马人决定用武力解决问题。克利奥帕特拉早就盼着这一天,但她高估了自己,强大的罗马军队所向披靡,摧毁了安东尼和克利奥帕特拉的舰队,轻而易举地击垮了他们的军队。

大势已去的安东尼知道捉住就会被砍头,于是他拔出匕首刺向自己,最后伏在克利奥帕特拉的怀里,扭曲着身体,痛苦地死去。即使是到了死的时刻,他还如同生的时候一样,深深依恋着克利奥帕特拉。

克利奥帕特拉再三发誓决不当俘虏,她不愿意尝那戴枷游街遭人唾骂的滋味,于是她选择用毒自杀。自杀的具体细节,无人知晓。在她死后二十分钟,有人找到了她,但也解不开这个谜。有人认为她先是把自己身体咬破，然后在伤口上灌入蛇毒；也有人认为她找人用花篮给她偷偷装来一条蝰蛇，然后让蝰蛇咬了自己的乳房。

现在，克利奥帕特拉就安卧在埃及的某个地方，挨着安东尼，然而确切的地点却是一个谜。如果你去亚历山大城发现了她的墓，那你就撞上大运了，你的名字就会跃上世界各大主要报纸的头版。

第五章　葛丽泰·嘉宝[1]

> 她是好莱坞大明星，曾在理发店里做过工。她算是世界上最孤独的女人之一，圣诞宴都是自己一个人吃。在美国，知道她的住处的人不超过三十六个。

世界名人中，有两位曾经在理发店工作过，一位在英国的伦敦，另外一位在瑞典的斯德哥尔摩。他们就是查理·卓别林和葛丽泰·嘉宝。他们的工作就是在理发师给客人刮络腮胡之前，搅拌好剃须液，然后涂抹到客人的脸上。

十年前，初到美国的嘉宝名不见经传，甚至连英语都不会讲。而如今，三十九岁的她已经成了世界上著名的女性，她的名气甚至盖过了过去两百年中那些坐过瑞典维京王朝宝座的国王和女王。

嘉宝小的时候，完全看不出天才的端倪。她讨厌枯燥的学校生活，常常溜到剧院后门廊，不买门票，踮着脚听演出。结束后，还在兴奋之中的她一路奔回家中，拿起小孩子用的水彩笔给自己化妆，模仿莎

---

[1] 葛丽泰·嘉宝（Greta Garbo，1905—1990），美国二十世纪著名电影女演员。生于瑞典斯德哥尔摩，逝于美国纽约。她是电影史上最著名的女明星之一，被誉为"默片女皇"。曾获颁奥斯卡终身成就奖。一九四一年，嘉宝宣布息影。一九九九年，她被美国电影学会选为百年来最伟大的女演员第五名。

拉·伯恩哈特在舞台灯光中走动的样子。

在她十四岁那年，父亲去世了，家境变得非常困难。嘉宝在理发店做过一段时间的工，然后在斯德哥尔摩市一家百货商店找到一份卖帽子的工作。

有一天发生了一件不起眼的事情，这就是她命运中的转机，为她开启了一条做梦都不敢想的成名之路。她的工作就是摆造型给帽子做促销广告，正好百货商店打算拍一部关于帽子的广告影片，于是选她当模特。

如果不是某位有眼光的电影导演看到了这部影片，说不定她到现在还在卖帽子。这位导演一下子就被嘉宝吸引住了，当时她只有十六岁，这位导演建议她进戏剧学校进行专业学习。

放弃稳定收入，投身到一个经济没有保障的行业中，这需要维京人才有的勇气。直到现在，骨子里崇尚节俭的嘉宝还是认为当时的选择是她一生中最大的冒险。

某天，瑞典的大导演莫里斯·斯蒂勒派人到戏剧学校挑选演员，嘉宝被选中了。那时候她的姓还是格斯塔夫森，这可不够诗意，听起来不够响亮，不好记。于是她魔力一变，将葛丽泰·格斯塔夫森改成了葛丽泰·嘉宝。

嘉宝是世界上最腼腆、最神秘的女性之一，甚至与她共事的人都觉得她就是一个谜。华莱士·比里跟她在同一公司工作了两年，可从未看见过她，更让人吃惊的是他们曾在同一部影片《大酒店》中出演角色，华莱士·比里也没有遇见过她，可能是他们的戏拍摄地点不同，拍摄的时间也不同。

美国著名的评论家亚瑟·布里斯班来到好莱坞，他希望能目睹嘉宝在电影拍摄现场的风采。他被带到片场，可有他在的时候，嘉宝这只美丽的"瑞典天堂鸟"就拒绝出现。她说："我读过布里斯班先生的文章，很是钦佩，但是他在边上看的话我就不会演了。"

当拍到痛苦的情感戏时，她常常要求导演离开片场，现场除了摄影师，就没有其他人员了。这位摄影师就是威廉·丹尼尔斯，嘉宝在美国的第一部影片就是他拍摄的。那时，嘉宝讲英语经常会出现怪调，大家都笑话她，除了威廉·丹尼尔斯。他非常聪明，知道嘉宝非常敏感，放不开。当电影拍摄完成后，他向她表示祝贺，希望还有机会再次合作。听了这些，嘉宝差不多感激得哭了。去欧洲后，她没有给公司老板写过信，连张明信片也没寄过，却给威廉·丹尼尔斯发过电报。

刚拍完一场戏，嘉宝就赶紧躲进化妆间，像一头被追捕的小鹿，一直到下一场戏该她出场的时候才现身。

一名警察站在影棚门口，负责她的保安工作，另一名警察则守在她的片场外高高的围墙边，就算是拜会美国总统或者英国国王，都没有见嘉宝这么费劲。

大名鼎鼎的她已有百万拥趸，但知心朋友很少，自卑情结很严重，初次会见大人物还是会打哆嗦。她算是世界上最孤独的女人之一，圣诞宴都是自己一个人吃，坐在大大的房子里，对着家具，静静地进行。只有两位密友会去拜访她，电话铃声很少响起，屋子里也很少有笑声传出。

在美国，知道她的住处的人不超过三十五六个，就算是住在她隔壁的邻居也不会想到嘉宝与自己就一墙之隔。她曾经找了一栋房子，预付了三个月租金，然而安顿下来仅三天，就被记者发现了，只得再度搬离。

比起其他的电影明星，嘉宝的生活方式要简单得多。她经常驾着一辆旧车出去，车的漆都掉了，看起来很是滑稽。她雇了三个仆从：一个司机，一个黑人佣工，还有一个厨子。她的司机随身配枪。她每周生活开支差不多二十英镑，而每周的薪水却高达一千五百英镑，这些辛苦赚来的钱，应该有很多节余。

她喜欢动物，从狗儿或者马儿身边经过时，她总会上去抚摸一下，还跟它们说话。她在游泳池里养了青蛙、金鱼。我的朋友荷马·克罗伊说见到嘉宝时，她正在逗弄青蛙，谈话的内容都是青蛙。

她喜欢穿着毛衫、水兵裤出去溜达。不出镜的时候，她就素面朝天，不擦腮红，不抹口红，也不涂指甲，鼻翼两侧能看到星星点点的雀斑。

也许大家都听过关于她脚的笑话，事实上，按照她五英尺六英寸的身高，穿七号鞋的脚并不算大。据我了解，对于像她这个体重、身高的女性来说，这个尺寸很正常。她有一口光洁健康的牙齿，也从未去看过牙医。

"苹果沙司"是她学到的第一个英语单词，因为在影棚里经常有人提到这个词，她自然就学会了。如果现在让她用简洁的语言描述好莱坞，她可能还是会说："苹果沙司。"

第六章　鲁道夫

奥匈王储血溅鸳鸯枕，如果这位开明的王储还活着，很有可能不会让奥地利跟他热爱的英格兰交战，这样一来，就不会发生第一次世界大战，也不会有第二次世界大战。

一八八九年一月，一个寒冷的清晨，雾蒙蒙的，太阳即将升起。突然，一间狩猎行馆里传出三声枪响，住在这里的就是强大的奥匈帝国的王储鲁道夫。

鲁道夫的朋友们前一天晚上也住在这里，听到枪声赶紧过来敲他的房门，却没有反应。他们从合页处把门撬开，冲进房里，眼前的景象把他们吓傻了：屋子里一片狼藉，椅子被掀翻，空香槟酒瓶东倒西歪地横在地上，床上的枕头被鲜血浸得殷红，墙上溅有血渍，鲁道夫横躺在床上，衣衫齐整，还穿着猎靴，头顶被掀去了一块，他深爱的女人赤裸着躺在他的身旁，太阳穴上有处弹口，被头发遮着，鲁道夫最喜欢抚摸她这一头浓密的金发。她的身体上没有其他明显的伤痕，依然美若希腊女神，像活着时一样可爱动人。

这场惨剧发生在五十多年前的奥地利，但这起谋杀，一说是自杀，至今还在影响着人们的生活，对世界历史也产生了深远的影响。

原因很简单，如果这位开明的王储还活着，他很有可能不会让奥地利的军队在一九一四年跟他讨厌的德国皇帝结盟，也很有可能不会让奥地利跟他热爱的英格兰交战，这样一来，就不会发生第一次世界大战，也不会有第二次世界大战。

是不是鲁道夫杀死他的女人然后自杀的呢？或者是被人谋杀？这些都无从判断。这场爱情悲剧吸引了很多人的注意，他们纷纷写书，有德文的、有英文的，还有意大利文的，但这起皇室悲剧背后的秘密永远无法揭开。

惨剧发生时就只有鲁道夫的两位朋友在狩猎行馆现场，一位是菲利普王子，另一位是霍约斯伯爵。他们认为这是一起自杀，他们知道，所有维也纳人也都知道，王储的婚姻很不幸福。

八年前鲁道夫娶了比利时公主史蒂芬妮，但他并不爱这位金发公主，公主也不喜欢他，这完全是一场政治联姻。数年以来，他们一直疏远彼此，公主很少去他的住处，却非常嫉妒他对其他女人的关心。

鲁道夫游历很广，会讲十种语言，还出过书，深受民众的爱戴。他是维也纳的骄傲，整个帝国的偶像。

一八八八年，也就是出事的前一年，王储邂逅了巴罗尼斯·玛丽·维特沙拉，这个女孩活泼漂亮，身体里流淌着古希腊人的血液。那年，她年方十九,他二十九,坠入爱河的他们忘乎所以地相爱着。

这段炙热的恋情很快就在维也纳传得沸沸扬扬,闲言碎语也传到老国王弗兰茨·约瑟夫的耳朵里。起初,这位严苛的国王对此事睁只眼闭只眼,因为他自己也不是个道德完人。但他们越发明目张胆,事情也就越发糟糕,发酵成了一件众人皆知的丑闻,成了整个维也纳和布达佩斯人的谈资。老国王无奈之下,把鲁道夫招进宫里,让他结束这段不顾后果且不合规制的恋情。

但鲁道夫公然抗命,发誓绝不离开玛丽。老国王大发雷霆,气得直摇桌子,但也无济于事。对于鲁道夫来说,玛丽胜过财富、荣誉、金光闪闪的哈布斯堡王朝王冠。事实上他想放弃王位继承权,离婚再迎娶玛丽。盛怒之下的老国王对鲁道夫又是一番谴责。打那以后,鲁道夫和玛丽经常去行馆幽会。行馆掩映在松林之间,距维也纳城三十英里,正好可以避开人们窥探的眼睛和搬弄是非的舌头。

事发那周,他们又去了行馆,在一起幸福缠绵了几天,直到那改变了历史进程的三声枪响。

就在那天早上六点半,鲁道夫的仆从把他唤醒,仆从告诉他外面雾很大,天气非常冷,于是鲁道夫放弃了打猎的想法,让人找来马车准备返回维也纳城。

这个仆从是最后一个见到他的人,他说那天早上王储很高兴,还面带微笑。仆从坚信他们是被谋杀的。

鲁道夫有自杀的动机吗?世界上没有人比得上他,他拥有如山的财富,受到万民爱戴,且风华正茂,享受着爱情与名望带来的快乐,还有王冠宝座。

老国王急于收场,命令御医在一份声明上签字,声称鲁道夫死于中风,但医生断然拒绝了。

鲁道夫被按照君主之礼厚葬,与他的那些统治了奥地利六个世纪的先祖们葬在一起，而玛丽的尸体则被装在衣物篮子里，停在管家的储藏室中，一连数天都无人过问。最后，在一个晚上玛丽被埋在一座荒凉的修道院中，周围是一片茂密的松林。修士们用粗糙的松木板简单地给她做了口棺材。入殓时，她的裙子上还粘着松树皮，头下垫了顶帽子当枕头，生前她就是戴着这顶帽子快乐地去与鲁道夫幽会的。

悲风乍起，在松林间哀婉叹息着，这是唱给她的安魂曲。

第七章　马可尼

无线电技术诞生了，它注定要改变这个世界，那时马可尼才二十七岁。很快就有一些疯子给他写信大发牢骚，有几个家伙还扬言要杀掉他。

前几年，我幸得机会与一位大人物待了一小时，此人对我们的生活产生了深远的影响，改变了我们生存的这个世界。是他让消息能在七分之一秒内传遍地球，也是他让我们坐在家里拨动收音机就能听到白金汉宫里国王的声音，或者听到著名管弦乐队演奏优美的《蓝色多瑙河》。

他就是马可尼，我们常常以为他是意大利人。事实上，他的父亲是意大利人，母亲却是爱尔兰人，娘家就在伦敦。马可尼金发碧眼的爱尔兰血统特征让他看起来更像个英国人。他的英语讲得很棒，稍带些伦敦口音。他的左眼戴着单片眼镜，颇有一种英伦风尚，而右眼不幸在二十年前的一场车祸中失明了。

跟他交流时，他低声细语，谦逊低调，我都快忘了坐在面前的这个人是一位世界杰出人物。其实，多年前我还很小的时候，在密苏里州就听说过他的电讯技术发明。一九二〇年的某天，我和劳威尔·托马斯去餐馆吃午餐的时候，在那里第一次听说了新的无线电设备——收音机。现在，这位创造了一个个奇迹的大人物就坐在自己面前，我不禁有种做梦的感觉。

我问他为何开始对无线电试验感兴趣，他说主要是因为自己那个时候小，想做点什么实现自己走遍全球的梦想。他的母亲经常带着他从意大利回伦敦探望娘家人，沿途经过法国时，看着火车窗外闪过一座座冰封的大山、一道道湍急的河流、一座座浪漫的城堡，一股强烈的热爱之情在他幼小的心灵里诞生了。他说他一生都在钻研电讯技术，进行电波试验的时候，就有机会到处走走，也可以去边远的地方看看，他可受不了办公室的禁锢。他热爱旅游，横穿大西洋的次数竟达八十七次之多。他的工作差不多都是在游艇上完成的，这游艇也就成了实验室。

年幼的时候，他就在自己家中隔着房间进行无线电讯号收发。最后，讯号传输的距离竟达两英里，这可把他高兴坏了。他的父亲说这是浪费时间，但没过几年，年纪轻轻的马可尼把部分专利以五万英镑的价格卖给了英国政府，父亲很受震动。马可尼现在已是参议员，当我问到拿到钱后他干了些什么，他说出去买了辆自行车，然后跟往常一样回去继续工作。对他来说，试验能让他格外兴奋，其他任何用钱换来的东西都远不如这个有吸引力。

一九〇一年，马可尼认为实现梦想的时刻就要来了，于是他赶紧跨洋来到美洲，信心满满地期待着在这边能接收到从英格兰发出的讯号。

在纽芬兰上岸后，他将一只用竹子以及绸布做的风筝放飞到空中当天线，但风筝不结实，很快被风吹碎了。他又放飞了一只气球，不过也被大风吹破了，刮进了海里。最后他做了一只在空中能稳住的风筝，放飞到空中，在下面屏息听着，就这样一连数小时，等待着英格兰康沃尔郡那边发来的讯号,但是没有一点儿动静。此刻,马可尼灰心至极,就觉得他的试验失败了,他这一生的梦想已经破灭了。

突然,他听到了一声微弱的滴答,又是一声,接着又是一声。对,就是它,讯号终于来了,他们事先约定好了,发报员敲击三下代表字母"S"。马可尼激动得满脸通红,知道这一成就会被载入史册。他真想冲到房顶,大声宣布这一消息。可他担心没人信,只好把这事儿憋在心里,过了四十八小时后才给伦敦发报。这一消息一下子轰动起来,世界各地的报纸竞相报道,整个科学界都沸腾了。

人类又一次战胜了时空,站在新纪元的门槛,兴奋地颤抖着。无线电技术诞生了,它注定要改变这个世界。

那时马可尼才二十七岁。很快就有一些疯子给他写信大发牢骚,他们以为电波会穿过他们的身体,伤到他们的神经,让他们无法入睡。

有几个家伙还扬言要杀掉他,其中的一个是德国人,说是要来伦敦灭了马可尼。这封信被上交到伦敦警务总部,英国政府没有让这位德国老兄着陆。

我问他什么时候我们家里可以看上电视,他说差不多十年,或者早一点。大家都知道,十年已经过去了,这些年的战争耽搁了电视的发展。

第八章　　凯瑟琳大帝

她情人成群,沙皇丈夫是个低能儿。她牙掉光了,躯体也肥胖了,她那浪漫的骨子里仍然春心荡漾。她又爱上了一个小伙子,年龄跟她的孙辈相仿。

在俄国金光闪闪的国王宝座上曾坐过一位著名的女人,她就是凯瑟琳大帝。凯瑟琳并不是她的本名,她原先也不是俄国人,有些历史学家甚至认为她难配"大帝"称号。小时候衣着破烂的凯瑟琳是位破落的德国公主，初到俄国时名不见经传，举目无亲，身无分文，仅有的就是三件裙子。然而她却高攀嫁给了俄国的王位继承人彼得大公。这位大公是个傻里傻气的低能儿，得过天花的脸上留有坑洼不平的疤痕，他经常不脱鞋就上床。彼得成为沙皇之后，常常与仆人一起醉饮后，拿起鞭子抽打士兵，还常常趴在地板上摆弄穿着军服的蜡人，一趴就是几个小时。

凯瑟琳生了好几个孩子，但她那半疯半傻的丈夫认为孩子都不是他的。彼得常常当着数百位客人的面公开辱骂凯瑟琳，给她取了很多甚是难听的名号，还扬言要离婚，威胁说要把她送到修女院。他们之间的仇恨越来越深，最终凯瑟琳发动了政变，把彼得踢下宝座。她还让她的情人在彼得的伏特加酒里下了砒霜，但彼得的命很硬，砒霜未能把他毒死，于是这位情人把彼得掀翻在地，将餐布塞进他的喉咙，活活把他噎死了。

此后的三十四年中，凯瑟琳统治着这个拥有五十个民族的大帝国，她称之为她的"小家庭"。

没有再婚的她过得并不寂寞，数十甚至数百个情人都围着她转。她对孙辈们非常严苛，不允许他们学植物学，因为他们常问到植物的繁衍。她的隆恩普照着情人们，在他们身上花的钱竟达一亿英镑，即便是有些人一丁点才干都没有，她也给他们个将军、大臣的职位。征服波兰后，她派了一个情人去那里当国王，这位情人却不愿意干。最终烦透了他的凯瑟琳还是把他支到了波兰去。后来，她又把这位国王废掉了，还把镶金的宝座搬回俄国放在她的浴室里。

英俊的军官格雷戈里·奥尔洛夫有着希腊男神般的体格，又兼备野人的技能，深得她的宠爱。他曾动手把女王打得青一块、紫一块，也曾在腻烦的时候丢开她，一走就是数周，见到漂亮的宫女他都要上前亲吻。诸此种种，凯瑟琳全都不计较，要不然她也做不了女王。她原谅了他，还送给他宫殿以及数以千计的奴仆。但他最终和一个黄毛丫头跑了，后来又疯了。

再后来凯瑟琳爱上了其貌不扬的波将金，魁伟的他只剩一只眼睛，另一只在酒馆斗殴中被打瞎了。

虽然住在富丽堂皇的宫中，但波将金总喜欢光着脚、趿拉着拖鞋、蓬乱着头发，在宫里晃荡。他总也不洗澡，喜欢咬指甲，还喜欢生吃洋葱、大蒜。他力大无穷，哪怕仅是手的触碰，都能让幸福传遍凯瑟琳的全身。她怜爱地唤他为她的"金色农夫"、她的"鸽子"、她的"汪汪"。

她的这位"汪汪"成为了俄国历史上最伟大的将军之一。有意思的是，他很怕炮声，只要大炮一响，他就吓得像个小姑娘似的浑身颤抖。

凯瑟琳曾是世界上最富有的女人，饭食都盛在金盘中。然而她一天仅吃两顿饭，那些收入微薄的人差不多都吃得比她好。厨师有时把肉烧煳了，她都一笑了之，照样吃。

她纵情享乐，在历史上也是出了名的，但她从不饮葡萄酒或其他烈性酒，就爱喝甜味的加仑汁以及浓咖啡。一磅咖啡沏成五杯，她每天上午都要喝。

围在她身边的仆从数以百计，她却自己搭建壁炉，一生都不吸烟的她却用了很多鼻烟，只是用来喷衣服。她衣服上满是这种气味，老远就可以闻到。

凯瑟琳身材高挺，持着引以为傲的女王仪态，扬着脖子更显高大。其实在她小的时候，身体有些弯曲变形，她就一天到晚都穿紧身衣矫正，一穿就是数年。

她的头骨发育一直停留在六岁儿童的阶段，二十六岁时才闭合，致使她时常受到头痛的折磨。

骄傲的凯瑟琳目空四海，呈给她的信，如果上面没有"女王陛下"

字样，她是不会打开看的。曾经有一个醉汉声称自己是凯瑟琳的丈夫，她一怒之下派人把那人的鼻子割了下来。

年纪大了之后，她的身体开始发福，越来越胖，最后双腿都支撑不了自己的重量，只得坐上轮椅让人推着。

即使到了这个时候——牙掉光了，躯体也肥胖了，她那浪漫的骨子里仍然春心荡漾。她又爱上了一个小伙子，年龄跟她的孙辈相仿。凯瑟琳在位的最后几年里，这位昏头昏脑却又自命不凡的情郎掌控着俄国，俨然就是沙皇。

第九章　　约瑟芬

她出身贫寒，相貌普通，却成功地嫁给了历史上最著名的男人拿破仑。她比拿破仑大六岁，是拿破仑一生中唯一的真爱，第一个也是最后一个。

下面这则故事的主人公出生在西印度群岛的一个渔村里，自幼家境贫寒，住的房子低矮昏暗，陈设简陋，附近是一间蔗糖厂，但她却成功地嫁给了历史上最著名的男人拿破仑。

她叫玛丽·罗丝·约瑟芙·塔契·德拉帕热利，昵称"约瑟芬"。

她比拿破仑大六岁，第一次见面时，她三十三岁，他二十七岁。约瑟芬长相并不出众，牙齿也不太好，还拖着两个半大的孩子，背着沉重债务。她的条件确实不好，不过她有一种能耐，那就是懂得驾驭男人，孀居的她在这方面很有经验。

约瑟芬的第一任丈夫被法国革命派砍了脑袋，无依无靠的她，跟多数明智的寡妇一样，开始物色男人。她的朋友跟她说起了拿破仑，那时的拿破仑既没有名气也没有钱财，刚从前线回来，带回来唯一的东西就是疥癣，为了止痒他只好把头发剃光。约瑟芬的朋友都说拿破仑将来会出人头地，于是约瑟芬也就想见见他。怎么见呢？她想了个聪明的办法，让十二岁的儿子去找拿破仑，问他是否拿走了父亲的剑，拿破仑当面承认了。第二天约瑟芬打扮了一下，眼噙泪水去答谢拿破仑。

约瑟芬良好的性格以及非凡的魅力深深地打动了拿破仑。她邀请拿破仑去她家品茶，他感到万分荣幸。品茶时，约瑟芬说她相信拿破仑会成为名垂青史的将军。三个月后他们就订了婚。

拿破仑非常守时，"时间就是一切"就是他的座右铭。他曾说："我可以输掉战役，但我不会输掉时间。"然而婚礼当天他却迟到了。等着给他们主持婚礼的神父哈欠连天，后来竟睡着了。两小时后，拿破仑才赶来。

婚礼刚刚过了四十八小时，拿破仑就在意大利发起了一场战争，他率领着一支衣衫褴褛、忍饥挨饿的部队打了一场漂亮的大胜仗，威震欧洲。一千年来，在欧洲大陆还没有哪场战役能与此役相提并论。值得一提的是，战场上的拿破仑在百忙之中也会找时间每天都给约瑟芬写情书，多么感人！多么忠诚、火热的恋情！一九三三年，其中的八封情书在伦敦公开竞拍，最后以四千英镑成交。我读过这些信，信中有这样的语句：

亲爱的约瑟芬：
　　你让我爱火中烧，我已经失去了理智，饭不思、夜不眠。我不在乎身边的朋友，也不关心光辉荣耀，我只看重胜利，因为只有这样才能让你高兴。要不是为了这，我现在就撇下部队赶回巴黎，扑倒在你的裙前。爱流遍了我的全身，它让我陶醉痴狂，我每时每刻都在注视着你的画像，每时每刻都想亲吻你。

没有几个女人不会被这些情书打动,但约瑟芬却一点儿也不在乎。此时,她跟另一个男人有些暧昧,懒得给拿破仑回信,这让远在他乡的拿破仑坐立不安。时间久了,拿破仑对约瑟芬的冷漠也麻木起来了。在埃及作战期间,拿破仑邀了一位金发女郎一起喝茶,这事儿不胫而走,传到了约瑟芬耳朵里。拿破仑回到法国后,约瑟芬跟他做了解释,拿破仑也说了自己的想法,最后拿破仑把约瑟芬锁在了屋外。

后来,拿破仑的家庭出现了矛盾,约瑟芬过得很安逸,拿破仑的妹妹们很是妒忌,她们一想到约瑟芬的傲慢劲,气就不打一处来,她们指天发誓要修理修理她。于是,她们开始嘲弄约瑟芬,喊她"老女人",劝拿破仑跟这位"老肥婆"离婚,再娶个年轻的。

妹妹们大费口舌,却未能浇灭拿破仑对约瑟芬的爱火。虽然拿破仑最终与约瑟芬离了婚,但原因只有一个,那就是约瑟芬不能为他生育,拿破仑想再娶以延后嗣。在离婚协议上签字时,拿破仑泪流满面,心都碎了。接下来一连三天,他都待在宫里,仰天沉思,拒绝会客,也不做其他事情。不久,他娶了奥地利的玛丽·路易丝。让人感到奇怪的是,玛丽跟其他的奥地利人一样,自幼就憎恨拿破仑,还向上帝发誓说决不嫁给拿破仑,但玛丽的父亲出于政治原因逼她与拿破仑结婚。婚礼是代办的,这个时候她还没见过拿破仑本人。玛丽一点也不关心拿破仑,当他军事失利时,她就带着儿子跑了,还教儿子恨他的父亲。

约瑟芬是拿破仑一生中唯一的真爱,第一个也是最后一个。约瑟芬死后,拿破仑曾到她的墓前哭诉:"我亲爱的约瑟芬,至少你不会抛弃我。"

拿破仑在临终前还在呼唤约瑟芬的名字。

第十章　奥维尔·莱特

> 这架飞行器在空中忽上忽下，持续了十二秒。兄弟俩终身未婚，他们的父亲曾断言说，他们在飞机与老婆二者之间只能选一个。结果他们选择了飞机。

三四十年前，在俄亥俄州发生了一件事，在当时看来，这件事很不起眼，而到了今天，我们发现，这件事改变了我们的生活，也将会对我们子孙后代的生活产生巨大影响。

那一天，奥维尔·莱特走进俄亥俄州代顿市一座图书馆，他挑了本书，讲的是德国人李林塔尔的故事。李林塔尔成功地利用滑翔器飞上了天空，所谓的滑翔器其实就是一只巨大的风筝。有一点可以肯定，他的滑翔器没有引擎，但它真的飞了起来。回去后，奥维尔·莱特满脑子想着这事，一晚上都睡不着。这件事也激发了哥哥威尔伯·莱特的热情，从此，兄弟俩走上了"飞翔"的道路，最终发明了飞机，青史留名。

他们没念过多少书，中学都没读完，但他们身上有着比学历更为重要的东西，那就是灵活的头脑和远大的志向。多年前当他们还是孩子时，就常常去乡村捡牛骨和马骨，然后卖给肥料加工厂，有时捡废铁卖给废品收购商，后来他们成立了一家印刷厂，打算发行日报，可最终没办起来，再后来开了一家卖自行车的小店，顺带着修理。

为了吃上饭，他们尝试过很多事情，但唯一不变的是"飞翔"的梦想。遇到晴好的星期天，下午时他们会躺在山上，看着秃鹫、老鹰在上空盘旋、翻腾。

兄弟俩在自己的店里建了一个风洞，用风筝进行气流试验，观察气流对风筝翅膀的影响。经过一次次改进，终于一只巨大的风筝出炉了。

他们俩带着这只风筝来到北卡罗来纳州的杀魔山做试验，那儿临近大海，不仅风力强劲，而且沙子松软。

莱特兄弟尝试了数年，后来他们给风筝安了自制引擎，改造成飞行器。一九〇三年十二月十七日，这是个永载史册的日子，在这天兄弟俩要进行第一次试飞。他们抛掷硬币决定谁先试飞，结果硬币正面朝上，因此弟弟奥维尔先飞。

那天天色阴沉，寒风刺骨，海上布满了浮冰，半英里开外，巨浪拍打着沙滩，发出轰隆的声响。试飞前，他们对飞行器进行了最后调试。因为天气太冷，他们只得挥动着胳膊，蹦跳着，活动活动让身体暖和一些。奥维尔为了不给飞行器增加额外的重量，上去时连大衣都没有穿。上午十点三十五分，奥维尔爬上了已经发动的飞行器，他展开双臂，一拉操纵杆，这个怪模怪样的机器就"喘着粗气"冲向空中，排气装置里火花四溅。这架飞行器在空中忽上忽下，持续了十二秒，最后在一百英尺外的地方着陆。这可是历史性的十二秒，是人类文明史上重大的转折点。无数代人的梦想终于实现了，人类第一次摆脱地球的束缚飞向了蓝天。

然而奥维尔没有丝毫兴奋，一切都在他的预料之中。唯一一件让他感到刺激的事情是，小时候的一个晚上，他躺在床上睁着眼做起了飞翔的梦。

有件事却让人不解，奥维尔是第一个飞行的人，可他却没有飞行执照。一九一四年后他再没有驾驶过飞机，一九一八年后再没有上过飞机。

为什么呢？原来，一九〇八年，在弗吉尼亚州试飞中出现了事故，机上某个零件断裂了，飞机从空中摔下来，他的助手不幸遇难。他虽然幸免于难，但椎骨受了重伤，直到现在，他走路虽然没问题，但走久了就会很疼痛，也不能负重。

奥维尔很腼腆，对他来说，在公众场合大声说话是非常不自在的。他没给自己立传，从不照相，也不接受采访。哥哥威尔伯于一九一二年去世，他曾说："唯一能讲话的鸟儿是鹦鹉，它们却不能高飞。"

他们兄弟俩都很谦逊。有一天威尔伯伸手去掏口袋里的手帕，一不小心从兜里带出了一条红带子，在姐姐一再追问下，他才淡淡地说："哦，忘了跟你说了，今天下午法国政府给我颁发了一枚荣誉勋章，这是它上面的绶带。"

他们兄弟俩深受旧式教义的影响，星期天决不飞行。有一次西班牙国王希望星期天能搭乘他们的飞机，但是被他们拒绝了。

兄弟俩终身未婚，他们的父亲曾断言说，他们在飞机与老婆二者之间只能选一个。结果他们选择了飞机。

第十一章 华特·迪士尼

为了给米老鼠和其他卡通动物配音，迪士尼每周都会去动物园观察动物，研究它们的声音。

二十年前，华特·迪士尼名不见经传，而今天，现年四十四岁的他已经进入"名人堂"，成为名满全球的人物，正是他创作了《米老鼠》和《三只小猪》。

二十年前，他还在为生计奔波，而如今，南到斯里兰卡茶场，北到冰天雪地的渔村，人们都很喜爱他的作品，甚至连生活在北极圈附近的爱斯基摩人，在阿拉斯加观看了米老鼠系列影片后，对米老鼠也产生了浓厚兴趣，在冰屋里成立了米老鼠俱乐部。

二十一年前，迪士尼身无分文，如今他富甲一方，只要他愿意，完全可以坐着崭新的劳斯莱斯到处兜风，然而他依然开着辆二手车，把所有的利润都投回公司。他说，比起积累金钱，他更愿意进行投资，拍摄更好的电影。

他以前住在堪萨斯城，一直梦想着成为艺术家。一天，他去《堪萨斯之星》求职，编辑考核完他的绘画水平后认为他不适合做这份工作。听完，迪士尼心都碎了。最后他找了一份低薪工作，为教堂画画，租不起画室就利用父亲的车库。当时确实处境艰难，现在想来，正是在这个弥漫着汽油和润滑油气味的车库里，他获得了价值百万英镑的灵感。

事情是这样子的：有一天，一只老鼠在车库的地板上活动，迪士尼看到了，就放下手中的活儿，回到屋里取来一些面包屑喂它。没几天，老鼠跟他成了朋友，有时还蹦到画板上。

迪士尼后来去了好莱坞，开始创作动画《兔子瓦奥斯尔德》，但最终还是失败了，他又失业了，也失去了经济来源。

有一天，他坐在租的房子里构思着，忽然那只老鼠闪进了他的脑海，他立刻把老鼠的形象勾勒出来，就这样米奇老鼠诞生了。那只堪萨斯城的老鼠就是米老鼠的原型，这个经典形象出现在世界各国银屏上，吸引了大量影迷，它的受欢迎程度，是其他影片无法企及的。

为了给米老鼠和其他卡通动物配音，迪士尼每周都会去动物园观察动物，研究它们的声音。

在电影创作中，他将作画、作词以及编曲等工作都交给手下一百三十四位助理。迪士尼的时间主要用来创意构思，有了想法就会跟创作部的十二名助理探讨。大约十四年前的某天，他向助理建议以《三只小猪》以及《大恶狼》为题材拍电影，这两个故事都是小时候母亲给他讲的。

听到他的这个想法后，助理们直摇头，每每提及，他们都说会失败的，但是迪士尼对之念念不忘。最终他们妥协说："好吧，那就试试吧。"

但他们并没有什么信心。《米老鼠》的制作用了九十天，而《三只小猪》仅六十天就完成了。大家对之都不抱太大希望，然而《三只小猪》很快就在全世界引起了强烈反响，不管是在美国佐治亚州的棉田里，还是在英国德文郡的苹果园里，都能听到有人在唱"谁怕大恶狼啊，大恶狼啊，大恶狼啊"。

迪士尼说，这部影片在有些影院上映的次数竟多达七次，很显然，这是迄今为止卡通电影史上最成功的一部。

据估计，《三只小猪》的利润高达六十万英镑，迪士尼自己只拿到了两万五千英镑，这笔钱是他花了两年时间才挣到的。

虽然这些卡通电影拍摄于十年前，但现在仍然经久不衰，或许就在此刻，在某个地方就有观众正在观看。

迪士尼认为成功与否取决于对工作的热爱程度，钱不是主要动力。在工作中，他能获得真正的刺激，工作也是一场冒险。

他每天中午都会打棒球，偶尔还跟威尔·罗杰斯打打马球。迪士尼说，在这些运动中获得的刺激远不如工作中来的多。《谁怕大恶狼》是第一支走红的卡通电影歌曲，迪士尼的员工弗兰克·丘吉尔五分钟就把这支曲子写好了，把它记在了信封背面。《谁怕大恶狼》走红后，立刻就有五家电影公司向弗兰克·丘吉尔伸出橄榄枝。

第十二章　尼古拉二世

他统治过六分之一的地球，却被射杀在肮脏的地下室。苏联政府以谋杀沙皇罪逮捕了许多参与者，并进行公审，最后枪决了五人。

他曾是欧洲最富有的人，也是世界上最著名的人物之一。到离世的那一刻,他还拥有价值一千万英镑的土地、一万六千英镑的珠宝钻石,每个月还有二十万英镑的收入。然而,一九一八年六月十六日晚,午夜刚过,他与家人一起被射杀在一间肮脏的地下室里。

他就是俄国的最后一位沙皇尼古拉二世。他曾铁腕统治着这个占地球六分之一面积的国家,在位时间近二十五年。

一九一七年,苦战三年的俄国军队突然哗变,拒绝继续作战。三月十四日晚,临近十二点,一群军官闯进了沙皇专列的客厅,逼其退位。沙皇吓得面如死灰,难以自持,差点儿倒在地上。晚上,他辗转反侧、无法入睡,后半夜就干脆坐起来翻看莎士比亚的戏剧《尤利乌斯·凯撒》。

第二天上午十一点十五分,沙皇找了支铅笔在退位书上签了字,并如释重负地说:"谢天谢地,现在我可以做想做的了,回克里米亚的老家侍弄我的花儿。"

沙皇以及他的家人被软禁在乌拉尔山脚下的一个城郊,关在一间两室的屋子里,在那里他们度过了人生的最后一段时光。他们吃的跟农民一样,没有糖、没有咖啡、没有奶油、没有盐,也没有黄油,只有一片黑黑的干面包,一天两顿稍微浓稠的菜汤,窗户也不允许打开。有一天,沙皇的小女儿想透透气,偷偷地开了一扇窗户,立刻就有士兵朝她开枪。玻璃上刷了很厚的漆,他们看不见外面的情况。沙皇跟他的家人在小院子里每天只能活动五分钟,大儿子生病了,走不动,只好把他抱在怀里。看守的士兵在周边巡逻,晚上爬到窗户底下,冲沙皇的女儿喊脏话,哼下流的曲子。有一天,一个哨兵抓住皇后的钱包,把里面的钱掏走了,还冲她说:"你再也不需要钱了。"沙皇谦恭仁善,没有丝毫的抱怨,飞扬跋扈的妻子大发牢骚,并指天发誓说终有一天要找这帮畜生算总账。

一九一八年七月十六日晚,午夜刚过,卫队长叫醒了沙皇以及他的家人,说城里发生了暴乱,必须赶紧躲进地下室,之后会派汽车把他们转移到安全的地方。

皇后下到布满蛛网的地下室,由于惊吓过度,几乎瘫软在地。有人搬了把椅子过来让她坐下,儿子坐在她的腿上。

这时一群士兵冲了进来,大声嚷道:"你们的人妄图打过来,但被我们打回去了,现在我们就送你们上路。"

一名士兵用枪顶着沙皇,扣动了扳机,子弹打穿了沙皇的心脏,他应声倒下。接着,这群士兵开始朝女人们开枪,这群无助的女人惨叫着,在弹雨中东躲西藏,有的甚至抓着羽毛枕头抵挡子弹。射击过后,他们又用刺刀挑,几分钟的工夫,地下室中就只剩一只小狗能喘气了。它疯狂地叫着,在尸体上蹦来蹦去,寻找它的主人,最后也被一名士兵用刺刀捅死了。士兵们肢解了这些尸体,淋上汽油焚烧,然后把烧焦的遗骸扔进了一座废弃的金矿坑里。

几天之后,有士兵在灰烬中发现了一些宝石,原来是皇后和她的女儿们把宝石藏在了裙褶里。

应该说,这次事件不是新成立的苏联政府授意干的,而是嗜血的革命派的擅自行动。苏联政府以谋杀沙皇罪逮捕了许多参与者,并进行公审,最后枪决了五人。

烧焦的遗骸在美国的帮助下运抵巴黎,最终埋在了那里。当时的情形是这样的:一九二〇年一月,美国驻西伯利亚的总领事应友人的请求,将一个用粗绳捆绑的大木盒子通过西伯利亚,送到哈尔滨的英国使节团那里。当时这位美国领事并不知情,火车上冷得很,他们用脚踢木盒子,动一动暖暖身。后来他才惊悉,盒子里装的是沙皇和他的家人被烧焦的遗体。这个盒子经由上海转到巴黎,在巴黎打开后,还能看得到皇后的一根手指上面还戴着婚戒。

沙皇喜欢阅读莎士比亚的作品,想必他一定读过这句:"高高在上的他们必定会受到风的摧残,一旦倒地,他们定会摔得稀碎。"

第十三章　莫罕达斯·甘地

> 印度圣雄戴着一副假牙，腰间吊着一条兜裆布。若以金钱论，他的确是穷人一个。然而他有着强大的能量，胜过世界上任何一位百万富翁。

在印度，有时会看到这样一个人：他身材瘦小，体重不到一百磅，皮肤黝黑，腰间吊着一条兜裆布，躺在行军床上，不吃不喝，声称要一直绝食到死。世界各地的报纸都登载了有关此人的报道，他就是莫罕达斯·甘地，我们这一代人中的领袖。

若以金钱论，他的确是穷人一个，就算是变卖了他的全部家当，估计也卖不到三先令，然而他有着强大的能量，胜过世界上任何一位百万富翁。

他拒绝使用武装暴力，但他那强大的思想教化与精神影响力要胜过一百艘战舰。

印度人口占世界的六分之一，数百年来，印度人民一直在沉睡之中，瘦小羸弱的甘地唤醒了他的同胞，让他们焕发出了巨大的能量。他着手改革，在世界历史上留下了深远影响。

甘地身上有几件事，让人颇为好奇。

他有一副假牙，平时就掖在兜裆布里，吃东西的时候安进嘴里，吃完了取出来，洗一下又掖回去。

他的英语带有爱尔兰口音，这是受了他的爱尔兰老师的影响。现在他仅穿一条兜裆布，而从前他在伦敦生活的时候，可是头戴礼帽，脚套鞋罩，手执文明棍的。

他毕业于伦敦大学，做过律师。第一次在法庭上准备发言时，竟吓得双膝直哆嗦，最后不得不落座，一脸困惑、沮丧的表情。在律师这个职业上,他没有做出什么成绩,可以说是个失败者。

数年前,甘地西渡伦敦,那位爱尔兰籍的老师让他反复抄写《新约》中的《山上宝训》章节,本意只是让他练习英文。一小时接着一小时,他不停地抄写着"温柔的人有福了,因为他们必承受地土……使人和睦的人有福了,因为他们必被称为神的儿子"。这些语句对他影响深远。

不久,甘地被派到南非去收款,《山上宝训》中的思想就派上了用场,并且很奏效。不需要通过法庭,他就能和解当事人间的纠纷,这不仅节省了大量时间,也减少了开支,当事人对他就像众星捧月一般。很快,甘地的年收入达到三千英镑,正所谓"温柔的人必承受地土"。

这样他就幸福了吗?不,他知道,在他的身后还有数百万同胞生活在水深火热之中,他也亲眼目睹过千万饿殍的惨状,与这些相比,他的这点幸福真是轻如鸿毛。于是他散尽资财,誓守清贫,打那时起,他就开始把自己的生命奉献给穷苦百姓。

如今,印度还有十分之一的人口处在饥饿或半饥饿之中。面对着困境,甘地劝说他们少生孩子。

他也尝试过节食,想看看到底能有多省,同时又不影响身体健康。他现在吃的主要是水果、羊奶、橄榄油。

他的思想主要是受到美国人戴维·梭罗的影响。一百年前,梭罗毕业于哈佛大学,他远离尘嚣,来到马萨诸塞州的瓦尔登湖畔,花了五英镑十先令十便士搭建了一间小屋,过着隐士的生活。他又因拒不纳税,被投入监狱。后来他发表了《论公民的不服从》,书中称"公民不应该纳税",不过此书并没有引起当时人们的关注。而七十五年后,远在印度的甘地读到此书,决定效法梭罗。他认为英国政府未能履行印度自治的承诺,因此他呼吁印度人民宁可坐牢,也不要纳税,还呼吁抵制英货,以此来惩罚英国政府。为了反击英国征收盐税,甘地与他的追随者一起去海里自己晒盐。

按照印度教的说法,印度有六千万人永远是"贱民"。什么意思呢?比方说,你是印度人,你的先祖在两千年前已经被打上了"贱民"烙印的话,那么现在你仍然是"贱民"。"贱民"的待遇就是:你的今生就是来还前世债的,村头水井里的水不许你用,你只能喝路边小河里的脏水;大家很讨厌你,你都不敢进商店,只能站在门口,保持恰当的距离,店主会把你要的食物扔给你;你不能进法院,也不能接受教育,在公用道路上行走五百英尺都不行;如果你的身影落在了某个食物上,那么这食物就不能再吃了,要拿去销毁。

现如今,这六千万"贱民"的境遇是世界上最悲惨的,甘地正在做着努力,为他们争取权利。他自己收养了个"贱民"女孩,把她当亲生女儿来养。

数百万群众把甘地奉为圣人,也有人认为他是印度神灵转世。在这个充斥着贪婪、自私的肮脏世界里,甘地毫不利己,甘愿以自己的死换取别人的生。

第十四章　理查德·伊夫林·伯德

他是曾被海军拒绝的海军上将,是地球上第一个驾机飞临北极的人,也是第一个飞越南极的人。

一九〇〇年,在弗吉尼亚州的温切斯特市,有位少年写了本日记。因深受海军上将皮尔里的英雄事迹的鼓舞,这年秋天,这位少年在日记中写道:"我决心要成为第一个到达北极的人。"于是他马上着手为这场斯巴达式的历险做着准备。他不喜欢寒冷的天气,但为了让自己变得更刚强,大冷天他脱掉大衣,只穿着薄薄的内衣。

数年后，他果真实现了自己的愿望。事实上，他是第一个驾机飞临北极的人，也是第一个飞越南极的人，他就是理查德·伊夫林·伯德。

伯德曾宣布说巨大的南极冰原正在逐渐消退，终有一天，冰川下的数百万英亩陆地会很有价值。他说的很对，在北极方圆六百英里的范围内，我曾亲眼看到了煤炭，多数地质学家认为南极附近蕴藏着极为丰富的煤炭、石油。

伯德的一生都在有力地诠释着一位少年——他带着一颗不灭的雄心，克服重重困难，终究做出一番大事业的传奇事迹。

起初，他想去各个不同的国度走走，十四岁那年，他就开始了世界漫游。回来后，伯德进入大学，在这期间，他用了大量时间练习拳击、摔跤，以及踢球。他在训练中不小心弄折了一根脚骨，脚踝也发生骨折，成了瘸子。鉴于这种情况，政府让他从海军退役，理由是他的身体条件不适合继续留在那里，那时他才二十八岁。试想一下：不到三十岁就因身体原因退役，有些人肯定会低头认命。但是他不认命，他说驾驶飞机不一定非得站着，坐着一样可以，瘸着腿一样可以。他开始进行飞行训练，尽管在学飞行驾驶的过程中，摔下来两次，还有一次迎面撞上了另一架飞机，但他总算成功了。

他渴望着飞行之旅，渴望着飞越那冰封雪冻、还从未有人飞越过的北极。然而，每每这个时候，他都遭到了命运无情的拒绝与阻碍：第一次，他计划驾着一只巨大的飞艇往北飞，但是这家伙在飞行测试中摔坏了；第二次，为了确定合适的机型飞越大西洋，他恳请政府允许他进行飞行测试，政府又以他的脚疾为由不让他指挥这次飞行；第三次，阿蒙森计划飞越北极，他乞求政府让他驾驶其中的一架飞机，这回又吃了一个闭门羹，不过，这回拒绝的理由是他结了婚；而让他失落至极的是，还是因为脚的缘故，海军又一次让他退役。

也许伯德的想法确实不对，他认为主观能动性、勇气，以及大脑要比一双健全的脚更重要,这听起来是有些滑稽。他开始四下活动,到一些私人派对上拉赞助,后来他终于完成了壮举,震动了整个世界。他飞越了大西洋,飞临到北极上空,投下了一面美国国旗,然后折返,在南极上空又投下了另一面美国国旗。当他回到美国本土时,多达两百万群众为他鼓掌喝彩,当年凯撒击败庞培后率领大队人马返回罗马,场面也不曾有这么热烈。

最后,美国政府授予了年纪轻轻的伯德海军上将军衔。其实,早在十四年前,他就已经退役了。

第十五章 路易斯·卡罗尔

他平时在牛津大学教数学,却写出了世界上最受儿童欢迎的故事《爱丽丝梦游仙境》,他认为有失身份,不肯用真实名字出版。

大约七十年前的某天,一个腼腆怯懦的年轻人正带着三个小女孩在泰晤士河上划船。当他踏进船舱时,他还默默无闻;然而,三个小时后,当他迈出船舱时,他已迈上了一条成名的道路,后来成了十九世纪最著名的人物之一。

他就是道奇森,我们所知道的他并不叫这个名字,但这确实是他的真名。他平时在牛津大学教数学,星期日传教布道,所以人们有时称他为"道奇森牧师",有时就喊他"道奇森教授"。

他跟成人交流时,经常语塞结巴,但给小姑娘讲些荒诞故事,他很是擅长。那天下午,在泰晤士河上划船时,他就给这三个小姑娘讲了一则异想天开的故事。

故事讲的是一个小姑娘睡着了,掉进了一个兔子洞,醒来后发现自己身处仙境之中。这三个小姑娘瞪着眼睛认真地听着,满脸惊讶,早已经将划船抛置脑后。她们央求道奇森教授把这则故事给她们写出来,于是道奇森回去后就连夜动笔。这三个小姑娘中有一个叫爱丽丝,他索性给这个故事取名为《爱丽丝梦游仙境》。

故事写完了,道奇森就把这事给忘了,他从没有想到会有人来读这则故事。数年后,一位朋友偶然看到这份手稿,于是掸掉上面的落尘,翻开读了一遍,不料竟被这则故事吸引住了,这位朋友执意要将故事出版。

道奇森教授听后十分惊愕,什么?让全世界都知道堂堂的牛津大学数学教授给儿童写荒诞故事?不,这可有失身份,这事想都不用想。所以当《爱丽丝梦游仙境》出版时,他采用了笔名路易斯·卡罗尔。此书的出版获得了巨大的成功,吸引了整个英语世界的读者,很快被译成了十四种文字,无论是在田纳西州,还是在廷巴克图,都能听到人们一遍一遍地念诵:

"到时候啦,"海象说,
"咱们来海阔天空聊聊吧:
聊聊鞋子、船只与封蜡,
聊聊白菜和国王,
聊聊海水为啥烫,
聊聊小猪是否有翅膀。"

这本书越来越受欢迎,出版社的印刷机夜以继日地运转着。仅英语这一种语言就出了一百六十九个版本。现在七十年过去了,《爱丽丝梦游仙境》仍然是世界上最受儿童欢迎的故事。

第十六章 威尔·罗杰斯

他总是穿着旧衣服,惰性很重,约会迟到是常有的事。
他的英语很糟,但他的演讲费却高达每秒一英镑。

在美国谁挣的钱最多呢?这里不包括商人,也不包括投资客,就说那些单靠自己的天分、不从事商业活动、没有投资,也不雇工的人。他们中谁挣的钱最多呢?

查理·卓别林?不,他不能算,他都两年没有拍电影了,并且他也从事商业活动,有自己的公司。电影明星葛丽泰·嘉宝?不是。歌唱家鲁迪·瓦利?也不是。

这位赚钱机器读书不多,英语讲得也很糟,总是穿着旧衣服,惰性很重,约会迟到是常有的事,还喜欢嚼口香糖,他就是威尔·罗杰斯。

他拍三部电影,一年就能有五万五千英镑的收入;给新闻专栏撰稿,一天也能拿到八十英镑;做一场幽默讲演,也会有两百英镑进账;在广播里做节目,一分钟也能挣六十六英镑,就算是话语停顿的间隙,他都可以挣上两到三英镑。

他的生日刚好是选举日,他后来就以国会为题材,创作了不少精悍的幽默故事,卖了十万英镑。他从不投票,二十四年中他一直在各地演出,每个地方待的时间都不长,因此达不到选民登记投票的要求,并且他也不喜欢投票,不希望自己的想法受某一政党左右。

他降生在印第安人领地内的一个牧场上。他出生的那间木板房现在还在,距离俄克拉荷马州的小镇乌洛加四英里。几年前,美国商会在那儿立了块牌子,上面写着"此路通往威尔·罗杰斯出生的房子"。成群的游客到这间房子参观,他们这儿抠一点,那儿拿一点,最后商会不得不把牌子撤走,还在牧场入口周围拉了根铁链,不让游客进入。

他的母亲最初希望他做点什么呢？她其实是希望儿子能够成为卫理公会的牧师。威尔早年也确有这个打算。他跟母亲都是卫理公会教徒。这位母亲非常崇拜威廉·佩恩，所以给他取名为威廉·佩恩·阿戴尔·罗杰斯。

他父亲有八分之一印第安人血统，母亲有四分之一印第安人血统。他说他不会算，弄不清自己有多少印第安人血统。父亲很有见识，一连数年都担任切罗基族议事会成员，威尔本人也会切罗基语。

威尔头一回到纽约市，坐的还是一列运牛的货车。当时他负责给车上的牛喂食、喂水，困了就在车里坐着睡，就这样一路从俄克拉荷马州来到纽约。

初登百老汇的他脚穿牛仔靴，一身村野行头，观众见了都捧腹大笑，还有人抓走他的帽子戏耍他。而上一次他坐飞机过来，下榻在华尔道夫酒店，一上街就被人群围住，争相要他签名。

他年少的时候，想到世界各地走走，于是去了南美。他为了省钱，买了一张下等舱船票，在南美找了一份放牛的工作，薪水为每月十六先令。

南非的布尔战争爆发时，他坐着一艘运牛船去了南非，在那里为英国骑兵部队训练野马。战争结束后，身无分文的他只得继续留在军营，从厨师那儿弄些吃的。后来为了回美国，他加入了一个巡演马戏团，在那儿做起了马戏演员，还给自己取名叫"切罗基孩子"。

他娶了阿肯色州的贝蒂·布莱克小姐。他们第一次邂逅的情形是这样的：当时在俄克拉荷马州的克莱尔莫市，贝蒂正坐在前门廊处喝着柠檬饮料，威尔刚买了一辆单车，想骑着显摆一下，露一露自己的杂耍活儿。可一个不小心，威尔摔倒了。贝蒂见状赶紧冲过去，扶他起来，还为他清洗手上的伤口，就这样他们认识了。贝蒂就是现在的罗杰斯太太，他们育有三个孩子。

威尔一直住在好莱坞附近的牧场上，这片牧场面积达二百六十英亩，上面建有马球场，马球是他最喜爱的娱乐活动，还有一个高尔夫球场，不过他从来不打，他说他只玩有马有绳子的运动。

威尔身上还有很多让人惊讶的事情：他曾受到国王、女王的召见，也受过达官贵人的款待，可他就是没有一件正式的长尾大衣，在剧中或电影中他也不穿礼服，除非是迫不得已。他买了一份价值二十万英镑的人身保险，然而揣在衣服兜里的钱很少有超过一英镑的时候。在舞台上他当黑脸喜剧演员，特别喜欢模仿黑人，还曾在广播里面模仿过滑稽剧《阿莫斯与安迪》以及《哥哥克劳福德与鱼》。他从不吸烟，舞台下很少嚼口香糖，最爱吃墨西哥辣味牛肉。他也没有私人司机。

他总是穿一身旧衣服，就是去好莱坞或者洛杉矶也常常不打领带，常常脚蹬牛仔靴，身着打着铆扣的蓝色背带裤就出门了。

他为自己的印第安先祖感到骄傲，他曾说："我的先祖不是坐'五月花号'过来的，但'五月花号'靠岸时，是他们上去迎接的。"

后来他不幸在空难中丧生，噩耗传来，全世界都为这位奇才举哀。

第十七章　塞缪尔·卡德曼

他似乎没有接受教育的机会，然而后来却成了美国最博学的人。他通过无线电传道，藏有一本"邪恶"《圣经》。

我偶尔会从纽约的家中出发，跨过东河去拜访塞缪尔·帕克斯·卡德曼博士，找他待上几个小时，我们的聊天总是很愉快。他住在布鲁克林，曾是美国最知名的牧师，也是广播业的拓荒者，广播里时常能听到他的声音。

如果你觉得自己很忙，那就看看卡德曼一天都是怎么过的：早上七点起床；然后口述二十到三十封信；然后写一篇一万五千字的新闻专栏稿；然后做一些布道准备或者处理一下手头上正在写的书；再然后走访一下教区居民，参加两三个会议，还有一两场访谈；然后奔回家中，把新书从头至尾读一遍，这才算完成了一天的工作。倒床睡觉时都已经是第二天凌晨两点了。

这种安排，坚持两天就会让我头晕目眩，但他月复一月，甚至年复一年，真是让人难以相信！我曾就此事问过他，他回答说很简单，因为他制定了工作计划。

他说与对着秘书口述相比，对着留声机口述能节约一小时。他说威廉·格拉德斯通的工作方法给了他很多有价值的启示。威廉·格拉德斯通担任英国首相时，在办公室放了四把椅子：阅读文学作品时坐第一把，写信时坐第二把，处理政务时坐第三把，钻研点自己的爱好时坐第四把。他发现这种变化会让工作效率更高，于是在一把椅子上坐一段时间后，他会坐到另一把椅子上。卡德曼博士效仿了这一做法，他也不断地给自己安排不同的任务，这样能让他保持新鲜感、集中注意力。

他时常会调整阅读内容。如果你以为他只会钻研神学书籍，那你就错了。他很博学，他认为读书跟饮食一样，应该多样化。他每周会读两三本侦探小说，《神探福尔摩斯》让他爱不释手，在他看来，《巴斯克维尔的猎犬》是最好的侦探小说。

我拜访他时，就看到他的案头摆着四本书：一本是海伊医生的《饮食之道》，另一本是威尔弗雷德·格林菲尔的《拉布拉多之恋》，还有一本《路易十四宫廷回忆录》，还有一本新近出版的悬疑凶杀故事。

让我吃惊的是，为了维持弟弟、妹妹们的生活，他曾经在煤矿里做过工，那时他才十一岁，一干就是十年。在这漫长的十年中，每天他都要在地下待八个小时。

在当时看来，他似乎没有接受教育的机会，然而后来却成了美国最博学的人。他曾跟我说英语文学的每一个领域，他都有所涉猎。早在矿里做童工的时候，他就利用点滴时间阅读。当时，卸矿要等上一两分钟，就是这么点空当，他都要把书从衣服兜里掏出来，因为矿坑里黑洞洞的，伸手不见五指，就借着马灯那点微弱的光亮看书，不过很少能一次看上两分钟。他总是随身带着书，他说不吃午饭可以，但不读书却活不成。

他知道要想爬出这个矿坑，只有一条路，那就是读书。所以在矿上这十年，他读遍了所有能从旁边村子借到的书，估计得有一千多册，无怪乎这个少年能有今后的出息。什么都阻止不了他，除非是枪声。通过自学，十年之后他成功地通过了考试，并获得奖学金，最终就读于伦敦大学的里士满学院。

卡德曼是世界上最著名的牧师之一。每个周日，他通过无线电波给五百多万人传道，他的声音传遍了世界。理查德·伊夫林·伯德上将曾从南极基地给他发来无线电报，说在那儿还能听到他的节目真是太开心了。当初他来到美国纽约的米尔布鲁克，一百五十人来听他的布道，这些人本该每年支付给他一百二十英镑的工资，可是他们没钱，只好拿实物冲抵，诸如猪肉、土豆、苹果或者火鸡等，甚至还有人给他背来稻草。

他出生在英国什罗普郡一个产矿的小镇，还在摇篮里的时候，他的母亲用刀给他修指甲，而没有按照当地风俗用嘴咬。据此，他的一位邻居就预言说他长大后肯定会当小偷。

他告诉我亚伯拉罕·林肯对他的影响最大，萨克雷是他最喜欢的小说家，另外他最喜欢的诗歌有华兹华斯的《永生颂》和弥尔顿的《耶稣诞生颂》。

我问他最喜欢什么食物，他一脸沮丧，伤心地说："哦，我的上帝，我在节食,我想吃的几乎都不能吃。生命中有那么多好东西,我们都不能享用,尤其是对我们牧师而言,难道不是遗憾吗?"

他收藏了一些蚀刻艺术品、古董家具,还有一些珍贵书籍,其中有一本存世极少的"邪恶"《圣经》。之所以称之为"邪恶",是因为在印制的过程中,由于疏漏,《十诫》中有一条漏写了"不"字。

一九三六年七月十二日,他告别了这个世界。

第十八章　亚历山大·仲马

> 他一生写了一百多部戏剧,还有许多小说和历史剧,多达一千二百多册,曾自诩说有五百个孩子。

哪本冒险故事最受欢迎呢?《鲁滨逊漂流记》《堂·吉诃德》,还是《金银岛》呢?虽说是见仁见智,不过我要把我的票投给《三个火枪手》。

差不多一百年来,《三个火枪手》都是最畅销的,可能在你祖母还是小女孩的时候,她就在剧院里看得津津有味,而就在我写这份文字的此时此刻,也许全世界就有数百人正在读各种文字版本的《三个火枪手》。

它的作者亚历山大·仲马总是有着让人说不完的惊讶故事。他说他有五百多个孩子,听起来是有些自吹自擂。不过呢,他虽然胖头胖脑,其貌不扬,但也确实讨女人欢心。他一再说自己不会结婚,一位情人认为他是在说大话,于是以高价把仲马欠别人的债务买了过来,她就成了仲马的债主了。那个时候,欠债是要坐牢的,当有人客气地告诉这位大情圣,只能在结婚和坐牢之中选择一个时,他只好选择了结婚。

他有四分之三的白人血统,四分之一的黑人血统。他的祖母玛丽·仲马是黑人,曾经是西印度群岛上一个蔗糖种植园主的奴隶。她的家境贫寒，没受过教育，一生默默无闻，做梦都想不到她的孙子会赢得王子、诗人、富商们的敬重，更不会想到孙子竟会让她名扬天下。

仲马长得酷似奶奶，虽然他有着雪白的皮肤、天蓝的眼睛，但嘴唇厚、鼻梁塌、一头卷曲的黄发，跟奶奶一样。他还是个美食家，烤鸭或调汁的水平与他写作的水平相当。他的食量很大，一顿饭常常要有鱼子酱、肥鹅肝酱饼、鱼、菲力牛排、烤山鹑，还要有五六种蔬菜，上面抹着大量奶酪。但他从不饮酒，不喝咖啡，也不抽烟，忙起写作来，吃饭都抛到脑后。写作时，如果遇到有朋友过来玩，他就左手打下招呼，右手依然在纸上游弋着。

他对写作用纸有自己的一套要求。比方说，写小说，他只用蓝色的纸张，配有一套笔；写诗歌，他只用黄色的纸张，另配一套笔；写专栏稿，他只用玫瑰色的纸张。他绝对不用蓝色墨汁，因为他觉得看着就心里不安。他往往是窝在沙发上构思戏剧，肘下垫一块软绵绵的枕头，他曾说坐在桌前是构思不出戏剧的。

听起来有些荒唐吗？好像是有些荒唐，我们先别急于笑话他，还是看看他的成就吧。他一生写了一百多部戏剧，还有许多小说和历史剧，多达一千二百多册，这个数量几乎是约翰·高尔斯华绥、萧伯纳、罗伯特·路易斯·史蒂文森、H.G.威尔斯、鲁德亚德·吉卜林、玛丽·罗伯茨·莱因哈特、赞恩·格雷等人作品总和的两倍。

仲马一生挣了一百多万英镑，这一数字远远超过同时代的其他作家，历史上也很少有作家接近这个记录。其实刚开始他很穷，当时他的第一部戏要开演了，他赶到剧院，衣服的领子是用白色硬纸壳剪出来的，他就是穿着这身衣服参加了人生中最重大的一场活动。

他很爱自己的母亲，就在第一部戏开演前三天他的母亲瘫痪了，演出的当天晚上，每一幕结束时他都会溜出剧院，以最快的速度奔至母亲床边，问问她有什么需要。那个晚上，他的名字传遍了巴黎，他本人却躺在母亲床前的席子上。

在仲马的眼里，作品中的人物都是活生生的。他有时会梦到他们，会跟他们闲聊一通。他在这些人物身上倾注了大量心血与热情，一百年后的我们读到这些人物，依然为之着迷。他有时完全沉浸在作品中，与那些人物开玩笑，好像他们就坐在桌对面。

别的作家都觉得创作是件苦差事，而仲马却乐此不疲。他有着拳王杰克·登普西那样的体力，曾骑马或乘车很快游遍了欧洲。他经常同时创作五本小说，每天连载在报纸上。年纪大了之后，他沉迷于酒精、女人以及音乐。哦，他不饮酒，也不唱歌，但的确好近女色，在包容的巴黎，仲马的风流事还是成了一桩轰动一时的丑闻。

一天下午三四点钟，有朋友来拜访，此时他正跟三个女子鬼混，一个坐在他的腿上，一个躺在他的脚上，还有一个站在椅子后伸着脖子过来吻他那厚厚的嘴唇。这三人穿着暴露，几无遮掩。

这些"掏金客"掏空了他的钱财，弃他而去。年迈的仲马最后穷困潦倒、孤苦伶仃，他甚至把首饰、大衣拿去典当换钱交房租。如果不是他的儿子给他置办生活所需，他估计都得饿死。快去世的时候，他的儿子见他正在看《三个火枪手》，就问："爸爸，你觉得这书怎么样？"他回答说："很好。"

如果你有闲暇，就拿起这本书再读一遍吧。继《三个火枪手》之后，出现了数百万本小说，但是它们都被尘封在遗忘的角落里，这本书却依然不朽，几百年后你的后代们应该还会愿意熬夜品读。

第十九章　卡瑞·纳辛

当她第一次在堪萨斯平原上发怒时，禁酒运动的影响还很小，但是在她的推动下，这场运动声势越来越浩大，最终

禁酒令作为第十八条修正案写进了美国《宪法》。

一九〇一年一月二十一日,在堪萨斯州威奇塔市的街上,一位女子手执利斧,高唱"前进吧,基督的战士们"。当她来到道格拉斯大街,看到吉姆彭斯酒吧,就迅速冲了进去。她挥舞着斧子,大声吼着:"我是上帝派来的,来帮你们脱离酒海。"酒吧里的客人吓得夺门而逃。她抓起酒瓶朝着玻璃就砸,举着斧子对着威士忌酒桶就劈,酒保吓得只得猫到了桌子下面。几分钟的光景,酒吧里一片狼藉,就像刚被一场风暴袭过。

确实是一场风暴,不过,这是一场衬裙风暴。

这位女性就是曾轰动美国的卡瑞·纳辛,禁酒运动中的圣女贞德。她要发起一场禁酒战争,这一消息很快通过电报传遍了全世界。她的壮举唤起了人们对酒的愤慨,十七年后,全国禁酒得以实现。

卡瑞·纳辛憎恨酒吧,因为她曾深受其害,威士忌毁了她的家庭。她的第一任丈夫醉酒而死,撇下她以及襁褓中的女儿,当时的处境是家徒四壁。起初,她在马路上或在酒吧门口布道祷告,她拉着手风琴,唱着歌曲,以期打动酒吧老板的心灵。这个办法倒是有些效果,有几家酒吧就此关门,但是这个办法终究还是来得太慢,必须得采取其他行动,于是就出现了上面的一幕。她知道她的行为是违法的,可是这些酒吧也没有遵守法律,堪萨斯州已经禁酒二十年了。

她不害怕吗?她从来都没怕过,即使曾经被人打翻在地、拳打脚踢、棍鞭加身,被打得皮开肉绽、半死不活,她还是一如既往,因为她坚信是上帝让她这么做的,这是上帝的旨意。有时,打开《圣经》,她觉得能听到天使挥动翅膀的声音;看着上面的字,她感觉每一个字都在闪着柔和的亮光。

送她进监牢不是个好办法,因为她总在那儿唱歌颂扬上帝,堪萨斯州的很多监牢里都有人在哼唱着她教的歌曲。

庭审时她给自己当辩护律师。法官正要宣读堪萨斯法律，她大声说："堪萨斯法律不适用此案，就依照《传道书》审理此案吧。"说完她站了起来，朗读起《圣经》来。

法官让她坐下，她却甩出一句："别命令我，论我的年纪，我都可以给你当妈。"

她的第一任丈夫去世后，为了养孩子、婆婆，还有她自己，她找了份教书的工作。不过四年之后，她又失业了，只得向上帝祷告："主啊，我无力支撑这个家庭了，我祈求您的帮助。如果再婚是最佳选择，我愿意。但我不知道该选择谁，亲爱的主啊，请帮我做出最好的选择吧……"

几个月后，她与报社编辑大卫·纳辛结婚，她想这应该就是上帝给她的安排。大卫·纳辛还是个乡村牧师，后来成了教堂牧师。卡瑞·纳辛觉得自己可能比丈夫更懂布道，于是她为丈夫选择题材，写布道词。丈夫在讲坛上布道时，她就坐在前排，小声地告诉他讲的时候哪儿嗓门该高，哪儿该低，哪儿该快，哪儿该做手势。如果她觉得时间差不多了，就站到过道上大声说："今天差不多了，大卫。"如果丈夫还没有马上停下来，她就会冲上讲坛，当着他的面，"乓"的一声把经书合上，然后把帽子递给他，让他回家。

过了几个月，教堂辞退了他，不过他倒也乐意如此。

数年后，丈夫要跟她商议离婚，她说："你太迟钝了，我们不适合。"她需要的不是丈夫，而是一头堪萨斯驴。

看到她的事迹，我就倍感亲切。她比我早出生五十年，我出生的那个镇子，就是她成长的地方，也是杰西·詹姆斯团伙发迹的地方。我们曾在同一所大学就读。现在，她安卧在我的家乡密苏里州毕尔顿市，我也希望自己将来能终老于此，能永远地跟她成为几步之遥的邻居。

我曾见她在教堂里与人争执。一天上午，牧师说了些她不喜欢的内容，她当即在教堂公开表示反对。还有一次，我看见她直奔人群中的一位男子，伸手就打掉了那位男子嘴上的烟，还跟他说他应该感到羞愧，他身上的烟味跟狗的味道一样难闻。卡瑞·纳辛只喜欢赛马，她出生在肯塔基州，所以只觉得赛马还不错。我曾见过她在街上拦下年轻女子，告诫她们不要跟年轻男子一起驾车出行。

她是不是精神不正常？她女儿确实被关在精神病院，她的神智可能也不是完全正常。但今天的人谁又正常呢？

她做过一些事情，令人很是钦佩。例如，当年她的父亲去世，留下了很多债务，十五年后她替父亲还清了，尽管她可以不还，也没有人逼迫她还。

去世前的几年，她举行了不少演讲活动，挣了一些钱，就把这些钱捐给了穷人、饥民，还在堪萨斯城建了一个收容所，专门接收被酒鬼们抛弃的妻子、孩子。

当她第一次在堪萨斯平原上发怒时，禁酒运动的影响还很小，但是在她的推动下，这场运动声势越来越浩大，最终禁酒令作为第十八条修正案写进了美国《宪法》。

堪萨斯州为了纪念她，将一条公路命名为"卡瑞·纳辛路"，这条路上的标示牌用的就是斧子的形象。

第二十章　米尔·奥斯曼·阿里汗

他有一个后宫，里面蓄着五百多位妃子，但他只宠爱其中的一位。他是世界上最富有的人，却用手喝汤。

虽然他是世上最富有的人，吃饭却不用刀、不用叉，也不用勺，用的只是手,甚至喝汤都用手。

这里要说的既不是挑剔的银行家摩根先生,也不是节制的石油大王洛克菲勒先生,更不是忙碌的汽车大王福特先生。

这位首富没到过华尔街,不玩股票,也没有多少人听说过他的名字。他就是米尔·奥斯曼·阿里汗,印度海得拉巴邦君主,古代莫卧儿帝王的后裔。多个世纪以前,他的先祖越过开伯尔山口,一路南进,劫掠了印度,统治了富庶的海得拉巴邦。

他有一个后宫,里面蓄着五百多位妃子。虽然有这么多妃子,但阿里汗只宠爱其中的一位。这位妃子经常坐着劳斯莱斯兜风,行进时就把车帘放下,街上的平民就看不到她的尊容。阿里汗毫不关心后宫里其他美人,说是美人,有些言过其实,二十三年前,他的父亲老邦王去世,后宫的美人就留给了他。这些人在二十三年前还算美,但如若参加现在的选美比赛,估计她们都得落败,时间已经在她们的脸上留下了沧桑的痕迹。阿里汗对她们十分严苛,不允许后宫里有太监。

每天天蒙蒙亮,一群乐师就准时站在他的床边奏唱,阿里汗就翻身起床。他信伊斯兰教,每天早起铺开拜毯,面朝麦加,俯伏在真主安拉像前,开始祷告,这时太阳才升上海得拉巴的山顶。

阿里汗身边有五个仆从,专职负责他的衣着。但每个人负责的部位不同,比如说,其中一个仆人负责裤子,如果让他帮着穿衬衫,这对他就是一种侮辱。他帮阿里汗穿好裤子后,就坐在阴凉处休息,第二天早上继续重复这个工作。

阿里汗是绝对的君主,手里执掌着一千五百万人的生杀大权,行人遇到他都纷纷伏地跪拜。

每天早上他都要洗一次香浴,用的不是香皂,而是树皮末。起床时他不吃早餐,四个小时后才吃一顿早中饭。他不饮酒,也不喝咖啡,只是喝些牛奶和凉白开水。

盛早餐的盘子是金子做的，这早餐也够奢侈的！还会上十几个热汤，配上鸡蛋，有煮的、放咖喱的、炒的、煎的等。玉砌的宫殿里甚至还会出现稀有菜品，如咖喱孔雀、咖喱野鹤、咖喱极乐鸟等。

阿里汗一般穿着白色绸缎外套，上面绣着金丝，颈上戴着珍珠、玉石。不过也有人看见他穿着一件黑色的束身洋装，上面油渍斑斑。

有专门的理发师负责给他修容，可有时候他还是会顶着一头蓬乱的头发，蓄着一脸络腮胡子，四处溜达。

他有许多椅子、沙发、马车，甚至还有纯金浇铸的大炮，表面镶有宝石。当然这些大炮材质很软，不能发射弹药，只做迎宾用，会给宾客留下威严的印象。

这么多的财富来自哪里呢？多数来自于海得拉巴的戈尔孔达山谷，那里有世界上最丰富的钻石矿场。这个矿区出产了不少著名的钻石，如闪闪发光的"科依诺尔钻"，这颗巨大的钻石现在镶在英王的王冠上，还有"希望钻石"，这颗倒霉之钻此后引发了一系列的迷信传说以及流血事件，还有"奥洛夫钻"，也是一颗巨大的钻石，被凯瑟琳大帝安在了她用以发号施令的权杖上。

尽管守着如此巨大的财富，阿里汗还会跟普通人一样，去搞点副业。比方说，他举行一场盛大的宴会，被邀请的客人应该带上一定的现金当礼物。他有时一次宴请五百人，每人两英镑，我们可以算得出他敛入了多少英镑。

他时常会去集市品尝那里的食物。按照规制，只要他喜欢，他都有权免费享用，因此仆从每次都是列着长队，扛着整篮整篮的食物随他胜利回宫，都不用花一分钱。然后他再把这些食物送给朋友，每个篮子上都贴上价签，朋友就照价出钱。

大概十二年前，阿里汗宣布要出个人诗集。一本普通诗集卖四英镑，这位君主的诗集却卖到了二十英镑。海得拉巴邦的贵族不敢抵制他的大作，于是在书未出版前就纷纷抢购。可是数年过去了，书还是没有印出来，钱却不给退还了。

他还有些特质，比如喜欢戴耳环，好睡硬板床，英语讲得棒，坐在象背上射杀过老虎，对那位爱妃很大方，每个月赏赐她四十英镑的零花钱。

第二十一章　列宁

在苏联的饥荒时期，列宁不让在茶里放糖。他没有配备秘书，每天工作长达十八至二十小时，所有的信件都是亲自写。

二十二年前他离开了人世，为了纪念他，一座七十万人口的城市以他的名字命名，一亿人都尊他为"保护神"。

他就是列宁，他在俄国开始了迄今为止世界上最伟大的经济形态试验，这场试验注定会影响到你我，以及世界上每一个人。

列宁身材瘦小，满脸皱纹，已经谢顶，鼻孔稍微外翻，一只眼睛有些斜视。他的腿很短，坐在椅子上，双脚几乎够不着地面，裤子总是偏长。

他毫不在意自己的形象，一生都没有戴过礼帽，也没有穿过双排扣大衣。不过，他的婚姻很幸福，他的妻子很爱他，即使在他被流放到西伯利亚的时候，她也不离不弃，伴在身边照料他。

流放期间，列宁有大把闲暇时光，他利用这段时间学习国际象棋，会好几种玩法，甚至还通过邮件与远方的朋友下棋。

列宁小的时候不苟言笑，很少跟其他孩子玩耍，从来都不参与体育活动。长大后他对音乐、诗歌、宗教也都失去了兴趣，但他喜欢研究法律，能讲法语、德语、俄语以及英语。

他的哥哥图谋刺杀沙皇亚历山大三世，因计划败露被处以绞刑。他自己也因观点激进被当局流放到冰天雪地的西伯利亚。在那儿列宁亲眼目睹了俄国农民贫困悲惨的境遇，他们只有在重大的宗教节日里才能吃上肉，就算是这样，一年也只能吃上二十顿肉。

一八九一年爆发了大饥荒，数以百万的贫困农民死于饥饿、伤寒、霍乱。这一切让他深深感到只有采取激进措施才能解决问题。从此以后，他成了一个坚定的革命者。

在接下来的二十五年中，他被政府通缉，不得不四处藏身，到过德国、奥地利、法国、波兰、瑞士以及英国。在伦敦期间他经常去社会主义之父卡尔·马克思的墓地，在墓旁一坐就是数小时。

为了躲避追捕，他有时化装成农民、船员、工人，有时戴上一副假胡子，有时乔装成女人，出行时他就把秘密材料藏在旅行箱的夹层中，有时他把材料藏在菜地里，上面种上洋葱和圆白菜。

为了躲避看守的检查，列宁在狱中用牛奶写字，这种字迹只有泡在热水中才能显示出来。列宁告诉他的同志们就用这个办法给他写信。他得到信后会跟看守要杯茶，等看守背过身去，他就立刻把信件浸入水里，内容就会显现出来。

一九一七年十一月，列宁领导的革命终于获得了胜利，建立了苏联，他成了苏联的最高领袖。恐慌中的地主纷纷逃离，农民接管了他们的财产。珍贵的织锦被这些农民撕碎做成了鞋子，那些出自于欧洲名匠之手、价值连城的花瓶被他们抱走当泡菜坛子使用。

虽然他是苏联的最高统治者，却厉行节俭。在苏联的饥荒时期，列宁不让在茶里放糖。他没有配备秘书，每天工作长达十八至二十小时，所有的信件都是亲自写。

五年后列宁因动脉硬化中风瘫痪，失去了说话能力。他不得不像小孩子一样重新开始学习说话，右手瘫痪了，只能用左手学习写字。他跟死神斗争了两年,这两年间他一遍一遍地说:"我还有很多工作要做。"

苏联的每个家庭、每座工厂、每个俱乐部都挂有列宁的肖像;面包师在蛋糕顶上描上他的形象;园艺师精心摆置,让花儿按照他的样子开放;地毯厂也把他的样子绣到布上;百万民众把他当神来敬仰。在农民中间流传着一个故事,说列宁复活了,回来继续帮助有困难的工人。

列宁的遗体经过防腐处理后被安放在水晶棺中。也许就在此刻,正有一些虔诚的人排着长队,摘下帽子,上前瞻仰他的遗体。红军战士站立在他的旁边,手举刺刀,保卫着这位开启了一个伟大历史时代的人物。

第二十二章 约翰·劳

他尝试了历史上最大的一次冒险,他的疯狂造就了半个法国的乞丐。他造就了数千百万富翁,自己却潦倒离世。

两百年前,法国巴黎来了位陌生人,他就是英俊的约翰·劳。他是苏格兰人,最初在巴黎举目无亲,名不见经传,后来却能够在法国的金融界发号施令,成为欧洲最有影响力的人物之一。十二年后,在民众愤怒的呼声中,他灰溜溜地离开了法国,这些民众恨不得要杀他饮血,把他碎尸万段。

约翰·劳既有卡萨诺瓦的倜傥风流,又有约翰·穆勒的经济头脑,他尝试了历史上最大的一次冒险。他的疯狂造就了半个法国的乞丐,他制造的"密西西比泡沫"也成了金融蠢行的代名词。

早熟的约翰·劳在数学方面很有天分,十二岁时他就让爱丁堡大学的教授为之惊叹。十七岁时他变成了位花花公子,出门时手夹着鼻烟,头顶着假卷发,趾高气扬,穿着红色丝质外套,上面还镶着蕾丝二十岁时他迷上了赌博，好玩纸牌，喜欢掷骰子的声音。二十六岁时他爱上一位有夫之妇，她的男人气急败坏，找约翰·劳决斗，最终死于他的剑下。约翰·劳因此事被捕下狱，获谋杀罪被判处绞刑。在行刑前两天，他用药毒倒了看守，脱去了枷锁，翻过监狱的高墙，逃到了法国。

而此时的法国正处于艰难时刻，民众骚乱蔓延，满腔仇恨的饥民上街游行，砸毁了已故国王路易十四的雕像，要求新政府采取措施拯救法国。就在此时约翰·劳出现了，他凭借三寸不烂之舌和激进的理念，成功游说法国政府印纸钞，很快股价上扬，商业又开始活跃起来，幸福的日子又回来了。在法国，约翰·劳被尊为"创造奇迹的人"，后来他继续推广一系列措施，建立了一家垄断公司，专权从事法国与中国、印度、加拿大以及其他美洲法属殖民地之间的贸易。

约翰·劳大肆鼓吹他的路易斯安那计划，声称那是一个现代的"黄金国"，能带黄金和宝石，他保证有百分之一百二十的年终分红。计划刚一推出，股价疯涨，民众也跟着疯狂了。

无论是公爵还是洗碗工，也不管是伯爵还是杀人犯，他们都挤进约翰·劳的房子，等着购买股票，在歇斯底里的人群中甚至有人被挤死。政府开动机器印钞，约翰·劳继续发行股票。整个法国呈现一片繁荣景象，人人变得富有，连仆人、喂马工都在股市里进行投机交易，一觉醒来就成了百万富翁。有位公爵夫人去剧院看戏，她惊奇地发现旁边的包厢里坐着她以前的厨子，一身珠光宝气。巴黎街上就像过狂欢节一样，路上搭了许多摊点，以供表演、休息，轮盘赌博也是热火朝天地开了起来，就连从欧洲贫民窟里跑过来的小偷也大发了一把。

巴黎人口激增了三十万，小酒馆就像一座座兵营。一些家庭主妇很会安排，在阁楼上、厨房里，甚至马厩里，都添了些床位接待住宿。街上车水马龙，行走只能一步一步地往前挪。股价飞涨，工资也跟着飞涨，机器日夜轰鸣，到处建着别墅，整个法国就像乘着一辆镀金的马车向前疾驰。

但是危机终于出现了苗头。孔蒂王子一怒之下，装了三车钞票到银行兑换黄金，还有人把自己的钞票装上马车，扮成农民，穿着木屐，把钱运往比利时。

"密西西比泡沫"就此破灭了，人们的信心没了，正如它来时一样迅速。银行开始停止兑付，约翰·劳被解职，法国陷入一片恐慌之中。先前挤着要购买股票的人这回急着要兑回自己的现金，踩踏中有十四人丧生。

人们愤怒至极，捡起石头砸约翰·劳的窗户，扬言要杀了他。他吓得直打哆嗦，匆忙只身逃离法国，他那价值数百万英镑的财产都被充公。他的书籍、家具被变卖，老婆、女儿都沦为了穷人。

最终，约翰·劳在威尼斯去世。这位一度比法国国王还有影响力还富有的人物死时的景象非常凄惨，他窝在一间阴冷的房子里，身边没有朋友照料，身无分文，脚上穿的袜子早磨出了窟窿，连取暖用的柴火也买不起。

第二十三章　劳维尔·托马斯

不到一小时的工夫，他就收到二十五万封电报。劳维尔·托马斯是我见过的最忙的人之一，但一点也看不出他的匆忙，他总是显得很平静、很放松。

数年前的一天，美国西联电报公司在广播中宣布，当晚发给劳维尔·托马斯的电报不收取费用。这一消息传开后，电报像雪片一样向他飞来，不到一小时，他就收到了二十五万多封电报。

劳维尔·托马斯是我所认识的最优秀的人之一,他写过很多书,多得连他自己都记不住书名,他在英语国家做过四千多场演讲,听众达到了四百万。周复一周,月复一月,伦敦的人们排着长队,等待数小时,去聆听他那别开生面的演讲。

劳维尔·托马斯曾经在金矿做过工,也做过牛仔,还做过报社记者和编辑,还当过大学教授。他历时数年走遍了欧洲、亚洲、非洲、阿拉斯加、澳大利亚以及各地岛屿,曾跟威尔士王子一道巡访了印度,获得进入阿富汗荒野地区探访的许可。他还曾跟摄影师一起用镜头记录下了英国、法国、意大利、比利时、塞尔维亚、美国以及阿拉伯部队作战的影像,他还想用镜头记录印度各个民族的风情。印度政府为他提供专门的培训,还为他提供了轮船、大象,作为交通工具。

劳维尔·托马斯是当今世上最著名的演说家,以前在普林斯顿大学讲过《公共演讲》。在美国他拥有数百万听众,不仅如此,远在澳大利亚的牧羊人,或者近在纽约星星监狱的罪犯,他们都曾收听过他的节目。他时常收到各地粉丝的来信,有南非矿工的,也有新加坡船长的,不管他在哪里演讲,总会有一大群人赶来听。我曾看过一份报道,上面统计说在宾夕法尼亚州阿尔图纳市曾有七千人赶去听他的报告。在过去十五年中,这种火爆场面在波士顿、爱丁堡、旧金山以及墨尔本都曾发生过。

他现在多大年纪呢?从他的经历来看,应该跟萧伯纳年纪差不多,胡子应该已经花白,而实际上他只有五十出头,头发一点儿也没白。

我第一次遇到劳维尔·托马斯是在十九年前,那时他还在普林斯顿大学读书,攻读宪法博士学位。那时的他既没钱也没名。后来他成名了,还是一点儿没变,还像以前一样善良、谦虚、无私,还是以前大家亲切称呼的那个"汤米"。

在纽约高档的华尔道夫酒店,劳维尔·托马斯有一套公寓,不过他宁愿回农场生活。他在纽约市北部七十英里处有一片农场，面积达三百英亩。每天晚上他都会回农场，这是他最开心的事。下午七点整，劳维尔·托马斯结束一天的播音工作，赶乘七点五分的火车回家，这是每天最后的一趟。就算他以最快速度，还是赶不上，因此纽约中心铁路公司发布了一条规定，这趟火车只能在他登车后才能驶出车站。他一天往返一百四十英里，第二天上午赶回纽约上班。

十岁时，劳维尔·托马斯在赌场以及矿工沙龙里卖过报纸，不过他并没有染上那里的习气。他不抽烟、不喝酒，也不赌博，过着诗人般平静的生活。他的心思都花在家人身上，妻子来自于科罗拉多州，为他生了个儿子。

他的演说费每场一百英镑，但私下他总是默不作声，喜欢听别人谈论。

在冬天的晚上，我经常看到劳维尔·托马斯伸开四肢躺在壁炉前的地板上，旁边陪伴着小狗，一躺就是数小时，眼睛盯着火苗一言不发。

他上学的时候很穷，给人看过壁炉，当过厨师、服务员，给教授养过奶牛，做过兼职教师，还卖过房子。

劳维尔·托马斯现在也有一群奶牛，不过我从来没见到他自己动手挤奶。如果你要去拜访他，不要去牛场，他很可能在游泳池里，也很有可能在逗弄水貂、臭猫、狐狸、黑熊或是在骑马。

纽约警察局弄来了一批野马，性子很烈，乱蹦乱跳，很难驯服。其中一匹跑了出来，冲进了第五大街，踩伤了人，还把背上的警察摔到地上。警局找来了劳维尔·托马斯，他跨上马背，把马骑得大汗淋漓，最终野马被制服了。

劳维尔·托马斯是我见过的最忙的人之一，但一点也看不出他的匆忙，他总是显得很平静、很放松。记得有一天，我跟朋友在他的农场上，都要赶早晨的火车回纽约。时间很紧，吃早餐的时间只有七分钟，大家都匆匆忙忙的，只有他不紧不慢地走进餐厅，还打算把壁炉生上火，边吃边看着火苗。

劳维尔·托马斯可能是唯一一位先会驾驶飞机后会开车的人。

第二十四章　哥伦布

世人认定他为发现美洲的第一人。事实上，中国和尚法显曾发现过美洲大陆，比他要早一千年；挪威人雷夫·埃里克森也曾发现过这块大陆，比他早五百年。

每年十月十二日，美国民众都会举行盛大活动，庆祝在这一天哥伦布发现美洲大陆。但有意思的是，哥伦布并不是在这一天发现的美洲，准确时间应该是十月二十三日。

我们现在所用的日历是教皇格雷戈里创制的，在哥伦布去世一百年之后才出现了这种日历，一七五二年在美洲开始被采用，当时人们把时间往前调了十一天。

哥伦布年少时，经常乘海盗船出海，那个时候这种情况很正常，条件好的人家都会把儿子送到海盗船上，让他们增加自信，感受海洋的气息，开阔他们的眼界，同时还可以挣些钱。在当时，这个做法一点也不丢人，除非是被抓住了，那就惨了。

上学的时候，哥伦布看过毕达哥拉斯写的书。毕达哥拉斯称世界是圆的，于是哥伦布头脑中产生了一个念头：如果世界是圆的，要是能找到一条捷径去印度，那就发财了。

在学识渊博的大学教授以及哲学家们看来，他的想法愚蠢可笑，印度远在东方，航向朝西怎么可能到达东边的印度？他们告诫哥伦布：地球是方的，如若不信，他最后的下场只有自杀，他的船会驶到地球的边缘，然后跌入无穷无尽的宇宙中。

哥伦布努力寻找资助人帮助他完成探险，然而苦苦寻找了十七年，也没人愿意出钱，最后他绝望了，放弃了这个想法，住进了一座修道院，打算了却余生。那时的哥伦布还不到五十岁，也许是经历了太多的磨难和痛苦，他已是满头秋霜。

罗马教皇得悉此事，呼吁西班牙伊萨贝拉女王资助哥伦布。女王同意了，派人给他送去十三英镑。一向穿着破旧的他赶紧买了一身新衣服，还买了一头驴用来赶路，一路乞讨去见女王。

女王给哥伦布备足了船只，却没有船员，根本没人愿意加入这趟冒险。于是他就到码头上强行抓捕水手，威逼利诱迫使他们加入船队，甚至还到牢里找罪犯，向他们承诺只要去就可以获得自由。

终于一切准备停当。一四九二年八月三日拂晓时分，哥伦布带着他的八十八名船员扬帆起航，开启了世界史上具有划时代意义的航程。

然而在新的土地上，迎接哥伦布的只有失望与灾难。他在第一块殖民地留下了部分船员，结果都被印第安人杀掉了。第二块殖民地的头领嫉妒哥伦布，罗织了各种罪名将他逮捕，戴上枷锁遣回西班牙。回到西班牙后他被释放了，但是这些事情伤透了他的心。

哥伦布六十岁时在悄无声息中去世，他的房子破败不堪，通风条件很差，墙上还挂着当年坐牢时所戴的枷锁，一看到它，他就想到了人们的虚荣与忘恩负义。

哥伦布完成了历史上最伟大、最有勇气的壮举。他得到了什么呢？他原本指望能发财，但死时却穷困潦倒。女王曾经承诺封他为"海洋元帅兼印度总督"，但根本没有兑现。美洲是哥伦布发现的，却是以意大利人亚美利哥·韦斯普奇的名字命名的，这位意大利人绘制了美洲地图。哥伦布得到的只有心碎和屈辱。

当时，他根本没有意识到自己到了一块新大陆，只是以为发现了一条通往印度的路。他把在新大陆上发现的红皮肤人种称为印第安人。

不过他总算有那么一点运气,世人认定他为发现美洲的第一人。事实上,中国和尚法显曾发现过美洲大陆,比他要早一千年;挪威人雷夫·埃里克森也曾发现过这块大陆,比他早五百年。现在,在马萨诸塞州查理斯河两岸依然还残存着一些房屋废墟,史学家们认为这就是雷夫·埃里克森建造的,从这儿步行就可以到达哈佛大学。

哥伦布毫不退缩的勇气与决心将永远被人们铭记。当所有船员都在打退堂鼓时,他执意坚持;当惊吓过度的船员威胁说如果不掉头就要杀掉他时,他只回答:"前进!前进!再前进!"

第二十五章　嘉里·雅各布·邦德

西奥多·罗斯福总统曾邀请嘉里去白宫为他演唱,她穿着旧窗帘布演唱,写出了二十世纪最流行的歌曲。

弗兰克·邦德医生的家在密歇根州北部,四周满是茂密的松林。大约四十年前的一天晚上,他即将出诊,临行时吻着妻子说:"亲爱的,真不舍得每天跟你说再见,爱情是世界上最伟大的,我们依然相爱。"当时外面天寒地冻,白茫茫一片。

这差不多是邦德医生说的最后一句话。仅过五分钟,有个在打雪仗的孩子从他身后跑过来,顺手推了他一把,他一个趔趄,重重地摔在了溜滑的冰面上,肋骨断了,疼得他直在地上打滚儿,最后竟一命呜呼。

噩耗传来,他的妻子嘉里·雅各布·邦德如遭晴天霹雳,不知所措。丈夫留给她的只有八百英镑的保险,再就是一堆债务,还有一个年幼的儿子。

嘉里一直都是家庭主妇，别的都没有做过，还患有风湿，多年来一直病怏怏的。不过，她很有骨气，不希望看到别人的怜悯，也不希望得到别人的慈善资助，她切断了所有与朋友、亲戚的联系，只身前往芝加哥，独自面对艰辛的未来。

她能做些什么呢？她尝试着把房子里的单间租出去，但是挣来的钱都不够花销；她又想卖瓷器，上面的图案都是自己手绘的，生意却无人问津；她又想创作歌曲，但没有哪家出版商愿意掏钱买她的作品。

十五年后，她创作了歌曲《完美的一天》，销量竟高达六百万，卖了五万英镑。而最初，她的一首歌曲连一英镑都卖不上，生活窘迫，连房租都付不起，她甚至担心会被人赶到大街上。在寒冷的冬季，为了保暖，她只有待在床上，每天只能靠烧两小捆柴火取暖。她一天只吃一顿饭，家具、餐具都被变卖以换点吃饭钱，免得挨饿。

虽然处境异常艰难，但她依然坚持创作歌曲。买不起专用纸张，就把歌曲记在包装纸上，由于煤气灯的费用高，晚上她就点着蜡烛写歌。

她想在音乐杂志上给自己的歌曲做一下宣传，但出不起版面费，于是她给该杂志的女主编做裙子，以此抵版面费。

起初，她唱一晚上也挣不到一英镑。后来她出了名，英国的社会名流弗兰克·马凯给了她二十英镑，还给她提供往返的路费，就为了听她演唱十二分钟。当嘉里第一次登台表演，下台时观众一片嘘声。看到这一情景，她的心都碎了。她顾不得戴帽子、披外套，直接从剧院的后门冲了出去，眼泪哗哗地往下流。但数年后，她在剧院表演一周就可拿到两百英镑。

有一次，她得到一个机会，应邀给伊利诺伊州州长演出，但她没有合适的裙子可穿，又没钱去买，只好翻开了一只旧旅行箱，从中搜罗出两块蕾丝窗布和一些发黄的白绸布，用这些布料给自己做了条长裙。

二十七年前,她跟朋友一起驾车出游,沿途景色美不胜收:鲜花夹道的南加州、爬满常春藤的高墙、俄斐金色的玫瑰篱墙,这一切让她陶醉了。傍晚时分,她爬上路毕多山的山顶,看到落日的余晖映衬着天空,呈现出一副壮美的景象。她目送着燃烧的火球慢慢地坠入平静而神秘的太平洋,不禁自言自语:"完美的一天。"她在脑子里打起了草稿,一首赞美感恩的歌曲涌上心头。她迅速写下两段歌词,不一会儿曲调也出来了。

不经意间,一首传遍世界的名曲就这么诞生了,销量创造了自歌剧《皮纳福号军舰》以来的最佳成绩。

西奥多·罗斯福总统曾邀请嘉里去白宫为他演唱。这首歌曲也是沃伦·哈定的最爱,他当总统时,把它指定为海军陆战队乐队演唱会的结束曲。

第二十六章　罗伯特·L. 利普莱

> 人们送给他十个外号,估计世上没人像他有如此多的名号,他也乐意被人称为世上最大的骗子。

世界上谁收到的信件最多呢?克拉克·盖博[1]?梅·韦斯特[2]?鲁迪·瓦利?他们都不是。

我认识一个人,世界各地的人都给他写信,他每年收到的信件至少得有一百万封。在一九三二年,来信竟达三百万封,平均下来一天

---

[1] 克拉克·盖博(Clark Gable, 1901—1960),美国电影演员,第七届奥斯卡最佳男主角。
[2] 梅·韦斯特(Mae West, 1893—1980),她非常丰满,最开始表演舞台剧,后来在好莱坞,凭着天赋身材红极一时,是二十世纪三十年代中期美国薪酬最高的女人,人们称她为"银幕妖女"。

得有八千封。

在信中他常常被称为骗子,人们送给他十个外号,估计世上没人像他有如此多的名号,不过他倒是乐意如此。

有些信封上只写着"世界上最大的骗子亲启",其他什么也没有,不过这难不倒邮局,他们会把信送到罗伯特·L.利普莱的手中。

利普莱总能弄出点让人意想不到的东西,这就是他谋生的手段。有一次他给我拿来一封信,竟然是写在一块人皮上;还有一次他拿来一根头发,说上面有别人写给他的内容,放在显微镜下看我才相信是真的,上面写着"向罗伯特·L.利普莱致以最热烈的欢迎",就像写在纸上一样清楚;有封信是用几千年前维京人的语言写的;另一封是用内战时期联邦间谍的军用密语写的;还有一封来自于宾夕法尼亚州阿达拉市,写在米粒上,七百五十个字,总计得有两千八百六十个字母,竟然写在一粒米上,只有在显微镜下才看得清楚。

利普莱说滑铁卢战役的地点不在滑铁卢,宾夕法尼亚州不是以威廉·佩恩的名字命名的,"水牛比尔"并没有射杀过水牛。他还说,假若半夜他把我杀了,有人听说这事后,十二分钟内告诉另外两个人,然后继续以一人传两人的方式传下去,不等天亮全世界就都知道了。有一天他问我:"如果你请五十个人去家里吃饭,按照不同的办法给他们安排坐席,得花多长时间呢?"我粗略地合计了一下,回答说可能得数小时吧。他说,各种组合算起来的话,得花上二百五十万年。

利普莱的生活经历跟他笔下的卡通形象一样,让人难以置信。他的父亲是个木匠,曾经告诫他说,搞艺术会被饿死。父亲希望他今后能够做个水管工或者泥水匠。他曾先后在三家报社做过事,最后都被"开"了。不过呢,当初开他的那些老板现在都不如他有钱。他没有专门学过画画,然而他的卡通作品却是被人模仿最多的。

他到过世界各地的名人墓地,包括诺亚、拿破仑的墓地等,然而却从未去过格兰特的墓地，虽然离他的住处只有三英里。他总喜欢跑去偏远的地方，如库尔德斯坦、坦噶尼喀湖等。

在人生的最后六年里，他只去过三次自己的办公室，因为他不喜欢处理生意上的琐事，干脆就交给其他人去打理，他自己就待在工作室作画。

利普莱的工作室里堆满了各种材料、书籍、证书、小物件等，乱糟糟的，反正这种工作室我是一天也待不下去。他是艺术家，就喜欢这种凌乱，他还常常穿着睡衣工作。

他对运动有着浓厚的兴趣，写过几本书，有关于手球的，还有关于拳击的。其实最初他打过职业棒球，加盟过纽约巨人队，后来胳膊受伤不能再打了，就改行搞卡通创作了。

一九一八年圣诞节前一周，他正在办公室琢磨卡通创作。一两个小时过去了，他的脑子里还是一片空白。最后的期限快到了，情急中他的脑子里闪出了些新奇的运动见闻，他赶紧画了下来，取名为"傻瓜与冠军"，后来他又划掉了，更改为"信不信由你"。

这就是他人生的转折点：一个阴冷沉闷的下午，一个小小的想法，就这么把他推上了享誉世界的成功大道。不过他的成功也不是一朝一夕的事情。

十年间，每周他都画一期卡通《信不信由你》，刚开始没有多少人关注。这期间，他的创作差点儿失败。他曾经对我说："十年辛苦，十分钟成名。"

一九二八年九月，他创作的卡通在社会上引起了强烈反响，读者多达一百万。

利普莱曾引发过全国性的争议，他说林德伯格是飞越大西洋的第六十七人，有些人听了很生气，要求他收回这些不实之词。他解释说，在林德伯格之前，布朗和阿尔科克完成了飞越大西洋的壮举，另外还有一只载有三十一人的英国飞艇，一只载有三十三人的德国飞艇都曾完成过，林德伯格自然就排在第六十七位。

威廉·伦道夫·赫斯特[1]经营着一份报纸，看到利普莱的卡通作品时，他十分兴奋，极力邀请利普莱在他的报上连载《信不信由你》，每天一期。就这样利普莱迅速走红了。

常常有人问他，每天都创作卡通，素材怎样才能不枯竭呢？现在他有的是素材，足够他创作一生。就在此刻，世界各地都有人给他写信，提供更好的素材，现在得有一百万人写信给他出主意。

利普莱知道的新奇事比任何人都多，然而他竟然记不住自己办公室的电话号码。最近我有事，需要他给自己的办公室打个电话，结果他拿起话筒，吱唔了半天也不能确定，最后秘书进来了，告诉了他办公室号码。

第二十七章　艾美·森普尔·麦克弗森

她的经历就像《天方夜谭》中的故事一样，她开着辆破车来到洛杉矶，十八个月后就拥有了一笔财富。

全世界上头版新闻最多的女人可能要数艾美·森普尔·麦克弗森了，哪怕是一条关于她的小报道，都会引起无数人争相买报来看。几年前，洛杉矶某报纸报道了她染发的消息，这家报纸当天的销量猛增百分之三百。她的经历就像《天方夜谭》中的故事一样，她的全名叫艾美·森普尔·麦克弗森·赫顿。她的忠实追随者都亲切地称她为"艾

---

[1] 威廉·伦道夫·赫斯特（William Randolph Hearst, 1863—1951），美国报业大王，在新闻史上是个饱受争议的人物。

美姐姐"。

　　五十五年前,她出生在加拿大安大略省的一户农家。小的时候,她白天骑着一头老白驴上学,晚上在家帮母亲刷碗、挤牛奶,还要教小牛饮水,她把手指放在一桶温热的奶中,然后让小牛吸吮她的手指。

　　某个秋天,穷牧师罗伯特·森普尔游荡到了她的村上。他以前打过锅炉,在布道中也透着铁匠的那股热劲。艾美姐姐那时才十七岁,深受他的影响,开始信奉基督教。不久艾美姐姐嫁给了他,随他远赴中国传教。两年后丈夫死了,艾美姐姐身无分文,还带着一个孩子,她只好筹措了路费返回纽约。

　　后来她在救世军聚会中遇到了年轻的食杂店老板罗伯特·麦克佛森,后来跟他结了婚,他们在一起生活了六年。离婚后,她开着辆旧车,带着两个孩子直奔西部,在沿途经过的每个镇子停下来,劝说有罪之人忏悔。有时车会困到泥里,她跟孩子就只能在车里过夜,还要挨饿,有一次他们差点冻死在科罗拉多州。一天傍晚,她来到了"天使之城"洛杉矶,她的伟大事业就此开启。那时的她没有名气,身边也没有朋友,只有两个饥肠辘辘的孩子陪在身边,还有一辆破车,身上的现金不足二十英镑。然而十八个月后,她成了加利福尼亚州最著名的女性,还有了二十万英镑的财产。

　　艾美姐姐开始传播福音,宣讲说"天国近了",许多人都赶过来听,人太多了,加利福尼亚最大的礼堂都装不下,只好挪到拳击场,还是装不下,最后只好选在公园进行。听她宣讲的群众激动万分,很快整个洛杉矶疯掉了,从来没出现过这种场面,警察不得不赶来控制局面。一年多后,她的会众耗资三十万英镑,建起了一座安吉拉教堂送给她,由她自己支配。教堂配备了一支银色铜管乐队,比亦萨铜管乐队更大、更响亮;还有一只风琴,价值能抵上一座巴黎圣母院。他们还组建了女子唱诗班,比纽约大都会歌剧院的合唱团规模还要大,还要漂亮。

教堂里往往会出现这种场面：布道还没有开始，会众就已经提前一小时来了，教堂内挤得满满的，还有数百人聚集在外面。听她宣讲的人就像被施了魔法：罪者开始忏悔；瘸子都抛掉了拐杖，称自己已是健全人。我曾去过那个教堂，那里有间"奇迹之屋"，里面堆满了拐杖、行军床、轮椅，都是那些恢复健全的人丢掉的。

一九二六年三月十八日，艾美姐姐穿着绿色泳衣去海洋公园游泳，一不留神游进了太平洋，就这样消失了。听到这一消息，整个南加州的人都慌了，会众跑到海边燃起篝火，有唱的、有哭的，还有为她祈福的，持续了三十个昼夜。渔民、潜水员、飞机都出动了在海里寻找。有个女孩因此自杀了，还有名潜水员因在冰冷的水下待得过久而殉职，还有些会众想跳海自杀，幸好都被制止了。美国的西海岸从来都没有出现过如此大的宗教狂热，全世界都在报道此事。安吉拉教堂悬赏五千英镑，只要能找回艾美姐姐，不论死活。失踪三十二天后，艾美姐姐出现在墨西哥一个村庄边的小屋里。

她去哪了？她自称被人关了起来。三月十八日那天她在海边游泳时，有个妇女找到她，让她为病危的儿子祷告。艾美姐姐听说了情况就跟她过去了，哪知后来被强行塞进沙丘旁的一辆车里，还被施行了麻醉。她称在沙漠中的小房子里被关了三十一天，最后一天晚上，她拿了一瓶西红柿罐头，割断绳索，爬了出来，在滚烫的沙漠中走了一天一夜。许多人不相信，他们认为艾美姐姐在烈日下走了十八英里，皮肤应该有灼伤，可她却没有，衣服也是完好的，鞋子也没有磨坏，头发还是一丝不乱，也一点也不口渴。后来她接受了调查，那些老练的法官想尽了各种方法也没问出个究竟来。

有人奚落她，有人崇拜她，但敌人也好，朋友也罢，他们都承认一点：她做了很多善事，是二十世纪最杰出的女性之一。

第二十八章　厄普顿·辛克莱[1]

> 现在他的读者最多，多年前他总是吃不饱饭。他的小说比较激进，可能就是它们引发了俄国"十月革命"。

厄普顿·辛克莱写过四十八本书，出了五百多本小集子，在德国销了两百万册，在俄国销了三百万册。他的小说比较激进，可能就是它们引发了俄国"十月革命"。虽然厄普顿·辛克莱是美国人，他的书在欧洲却非常受欢迎。有一次，我进了法国里维埃拉的一家小书店，发现里面有很多他的书，其他英美作家的作品全部加起来也不及他的多。他的书已被译成四十四种文字，其中一些他自己也不知道叫什么语言，什么人讲。在当今世界，若论哪位在世作家拥有最广大的读者，辛克莱绝对算一个。

现年六十八岁的辛克莱十六岁便开始创作，至今已经有五十多年。他累计写了数百万文字，超过了《旧约》和《新约》的字数总和。

辛克莱长得有点像伍德罗·威尔逊总统。他总怀有一个梦想，那就是消灭贫穷，他知道那种生活有多苦，他曾经常挨饿，这种折磨持续了六年之久。

辛克莱的父亲推销威士忌酒为生，是个大酒鬼。小时候，他常常在夜里挨个酒吧找父亲，然后把父亲搀回家，扶上床，母亲趁着父亲酒醉，掏走他兜里的钱，好第二天拿去买点食物。一家人穷得只能租住便宜的单间，里面常常会有蟑螂、老鼠出没。就算是这样，他们也得不断换住处，因为租金一涨，他们就付不起了。

父亲的嗜酒毁掉了家庭以及他的童年，后来他就坚决支持禁酒，

---

[1] 厄普顿·辛克莱（Upton Sinclair，1878—1968），美国现实主义小说家。"社会丑事揭发派"作家。

这可以理解，换做是任何人，也都会那样做。他的两位密友杰克·伦敦和尤金·维克托·德布斯都是因喝酒早逝。他也不喝茶，不沾咖啡，也不抽烟。

辛克莱十岁才上学，但在这之前，他自学读完了狄更斯以及萨克雷的作品，同时还读了大百科全书，以及很多其他著作。小学才上了两年，他就升入中学了。

他先后进入纽约城市大学以及哥伦比亚大学学习。在此期间，身无分文的他还得想办法赡养母亲，于是他开始创作笑话，一则笑话卖四先令，还给杂志写小说。他每晚都要口述一则八千字的故事，一个月下来差不多就是两部中篇小说的工作量了，白天还得上八个小时的课，一百万人中也找不到一个像他这样努力的。

辛克莱大学毕业后，给少年类杂志供稿，写些扣人心弦的故事，一周能有十四英镑的收入，这对于一个不到二十岁的年轻人来说，可是一笔大收入。不过，他创作不是为了钱，而是想要消灭贫穷以及不公平，这才是他创作的原动力。

尽管他的妻子身体不好，还要养孩子，他还是捐出了所有收入。他在新泽西州支起帐篷，在里面开始写小说，希望能推动世界进行变革。五年间他写了五部小说，卖了两百英镑，平均下来一年只有四十英镑，一天还不到两先令六便士。

他家里经常揭不开锅。某天，妻子想"奢侈"一下，花了一先令六便士买了张红格子桌布，结果被他逼着退了回去，因为这一先令六便士就是一家人一天的伙食钱。

他的第六部小说《屠宰场》引起了巨大轰动，卖了六千英镑，不过他把这些钱拿去了资助哈德逊河两岸的社会主义公社建设。这种公社类似于合作式家庭，从事创作的、艺术的以及从事音乐的人都可以在这里开心地生活，而不用花太多钱。

作家辛克莱·刘易斯[1]在那儿住过一段时间，他的职责是看壁炉。一天晚上，他一时大意，壁炉里的火窜出来了，把整个房子烧光了，公社也就此停办了。

辛克莱积极支持社会改革，他第一个发动了纽约妇女争取选举权的游行，并且一直在争取家庭生育自由权。三十年来，他一直是美国社会主义的领导者。

他做事的决心很大，一旦决定做，八匹马也拉不回。他曾经下决心学小提琴，说学就学，一天练习八个小时，连续三年，天天如此。邻居嫌吵的时候，他就带着琴来到树林里，对着鸟儿、松鼠拉起来。

厄普顿·辛克莱进过四次监狱。第一次在特拉华州威尔明顿市，被关了十八个小时，原因是他礼拜天打网球；第二次在纽约，被关了三天，原因是他在石油大王约翰·D.洛克菲勒办公室前默不作声地走来走去；第三次是因为他向波士顿警局卖《圣经》；第四次是因为他站在别人的宅子上大声读美国《宪法》，不过事先他已经取得了主人的书面同意。

第二十九章　P.T.巴纳姆

他是世上最著名的马戏人，他自称为"骗界王子"，甚至还出了一本书《骗术世界》。人们骂他是个大骗子，他却扬扬得意。

如果要问"在美国历史上，谁是最大的骗子"？P.T.巴纳姆绝

---

[1] 辛克莱·刘易斯（Sinclair Lewis, 1885—1951），美国著名作家，一九三〇年诺贝尔文学奖获得者。

对可以获此"殊荣"。来自东北部康涅狄格州的巴纳姆是世上最著名的马戏人，他自称为"骗界王子"，甚至还出了一本书《骗术世界》。人们骂他是个大骗子，他却扬扬得意。

他就喜欢行骗，曾做过一则广告，说他的马戏团里有一匹马，马头和马尾刚好长反了。好奇的群众纷纷赶来，掏一先令三便士买票去看这个怪物，只见一匹马正回马栏，尾巴绑在食槽上。还有一回，他要展示一只猫，称这只猫是樱桃色的，其实它是黑色的。好奇的观众纷纷掏钱进场观瞧。他给出的辩解是这个猫是黑的，许多樱桃也是这个颜色。

一提起巴纳姆的名字我们就会想到马戏，而事实上，他六十岁那年才组织了第一场表演，我们现在称之为"马戏"。他七十岁时才组建"巴纳姆和贝利马戏团"。他说得对，许多人容易上当受骗，展览一些稀奇古怪的动物让他捞了八十万英镑，不过偶尔他也会上当受骗。

他年轻的时候在一家熊脂公司投资了五千英镑，熊脂能帮助生发。这五千英镑可是他当时的全部财产，然而他的合伙人花光了所有钱，逃到了欧洲，留给他的只有一张熊脂配方。他曾倒卖过插图本《圣经》，他雇的人却把他的钱骗个精光。有一次，他买了个灭火器，还是个专利产品，这个灭火器什么都好，但就是灭不了火。后来他又投资生产钟表，又被人骗跑了十万英镑，因此破了产，这件事曾轰动了全美国。

倾家荡产的他开始写书，出了本《赚钱之道》，还在牛津大学、剑桥大学进行演讲，一晚上挣了两百英镑。

巴纳姆曾说想把莎士比亚出生的房子买下来，拆了运回美国，在百老汇展览，英国人听了十分愤怒。

尽管他总是很高调，但也有疑虑、沮丧的时候。在利物浦时，他曾坐在暗黑的酒店房间里哭过，因为遇到了挫折，外加思念家乡。

巴纳姆是个虔诚的教徒，他好饮点儿酒，这一习惯保持了二十年。

后来他听了一场讲座,说的是酗酒的种种坏处,听完后,他立马奔回家砸碎了所有香槟酒瓶,并签了禁酒承诺书,还跑到朋友家里让他们也签了承诺书。

巴纳姆曾住在康涅狄格州布里奇波特市,他在屋顶上挂了一面白旗,旗上写着他名字的首字母,这样一来,朋友们都知道这是他的家。为了宣传他的展览馆和动物园,他让人穿着小丑裤在铁路旁赶着大象犁地。按照火车时刻表,当火车经过时他们就开始干活。车上的乘客纷纷凑到窗边观瞧,报纸对此也进行了大幅报道,一时间,全国上下都在谈论此事,许多农民来信要买他的大象。一个夏季下来,大象犁了五十次地,也就做了价值两万英镑的免费宣传。

一八五五年,巴纳姆出了本自传,此后三十五年中不断地修订再版。他自己以每本四便士的价格买了一百万册,然后以每本四先令的价格卖出。

他在办公室的墙上钉了一个箱子,箱体上写着几个黑色大字"巴纳姆去世之后方可打开"。他的员工很兴奋,都希望他能留下一笔钱财给他们。然而当他们打开箱子时发现里面满满的都是《巴纳姆自传》,老员工每人获赠一本。

巴纳姆这个名字让他感到自豪,但他的儿子们没有用这个名字。他跟孙子说,如果愿意叫巴纳姆·西利的话,就奖励他五千英镑。

他快过世的时候,《纽约夕阳报》来人与他的经纪人商量,询问是否可以在他去世前把讣告发出来,经纪人说:"可以,他看了会高兴的。"

第二天,他读到了四条自己的讣告新闻,他非常喜欢。在他去世后,各个报纸大幅报道他的生平,在美国只有一位总统超过了他的这份哀荣。他要是能看到,那得有多高兴。

临终时,巴纳姆最后问的竟是马戏团当天在麦迪森广场花园表演的收入情况。

第三十章　菲尔加摩尔·斯蒂芬森

> 他曾在北极圈以北的地方生活了十一年，其中的六年他完全是靠吃肉喝水维持生命。他吃过鞋带，竟上了瘾。

我曾跟斯蒂芬森交流过三小时，他一头金发，面容俊朗，血管里流淌着维京人的血。他曾在北极圈以北的地方生活了十一年，其中的六年他完全是靠吃肉喝水维持生命。

他是第一个到达北冰洋的探险者，当时他的脚下是浮冰，没有食物，也没有燃料，就靠捕猎生存。

当他提出去北冰洋探险的想法时，专家们都说他疯了，爱斯基摩人警告他小心会饿死，然而他不大相信。为了搜集科学工作材料，他跟另外两个同事一起，带上枪和子弹就启程了。

他们在冰上生活了几个月，随着浮冰四处漂移。小的浮冰跟足球一般大小，大的面积跟马恩岛差不多，薄的只有几英寸，厚的竟达几百英尺，浅处有一英里深，深处得有三英里。

最开始的四十天，他们还有带来的食物吃，吃光后他们只能靠猎杀海豹、北极熊维生。饮用水从哪里来呢？他们用海豹的脂肪生火，烤化海冰获得淡水。

让人惊讶的是，他们三人随着浮冰漂了七百英里，并没有像专家们预料的那样饿死，一连九十七天，他们顿顿都有吃的。

他说如果光吃瘦肉的话是活不下来的，除了吃瘦肉还要吃点肥肉，这样生存就没问题。他们虽然有时也吃生肉，不过一般都是煮着吃，用海豹的脂肪或者北极熊的毛生火。

有一次在路上，他的同伴把烟抽完了，他的烟瘾犯了，只好把装过香烟的衣服放在嘴里咬，甚至把烟斗打碎，把碎块放在嘴里嚼。

多数探险者都是用狗拉雪橇搬运食物,最后有些狗也会饿死。但是斯蒂芬森以打猎来维持生存,在北极十一年的探险中没有饿死一条狗,它们甚至都没体验过饥饿的滋味。谁怕大恶狼呢?他可不怕,他先后吃了数十只狼,甚至觉得烤狼肉比烤牛肉好吃。

他吃过野鸭、大雁、山鹑以及猫头鹰,如果要问最喜欢哪种肉,他会说是猫头鹰。斯蒂芬森自己还吃过真皮鞋带,他觉得煮动物皮吃还不错,味道像猪爪。他说在北极穿皮质衣服要比穿羊毛的好,因为一旦饿了还可以煮皮衣吃。如果你家里有旧皮靴,那最好是留着,说不定哪天就能派上用场。

有些著名的饮食专家认为,这种纯粹吃肉的生活方式是根本行不通的。为了科学的利益,斯蒂芬森和另外一个同伴安德森接受了卡纳尔大学医学院和罗素塞奇学院联合进行的为期一年的实验,期间只吃肉、喝水。在这一年中,这两人接受了严苛的医学实验,定期抽取他们的血液进行分析,每周测量一次血压,肺里呼出的气体也要进行检测。最后实验结果如何呢?效果还不错,实验发现只吃肉更耐得住夏天的高温。在实验之初,安德森患有高血压,有脱发症状,还常患感冒。实验进行到九十天后,他的血压恢复正常,头发不再脱落,感冒的次数也少了许多。这一年中,他们几乎没有发生龋齿,斯蒂芬森说只有爱斯基摩人不会有龋齿,因为他们百分之九十九的时间都在吃肉,但假若跟我们吃的一样的话,他们也会出现龋齿。

第三十一章　赞恩·格雷

某天,格雷终于下定决心放弃牙医职业,开始写小说。他一写就是五年,这期间完全没有收入,他的作品变不了钱,就只有靠夏季打打职业棒球挣点儿小钱。

起初，赞恩·格雷贫困潦倒，经历了一次次创作挫折。后来，经过不懈努力，他终于成了一名成功的小说家，拥有大量读者。现在，他的小说还没完成，杂志编辑们就预先给他支付一万五千英镑作为版权定金，小说销量连续三年均达一百多万册。而最初，他的创作连连碰壁，一本书连三先令都卖不上，经常受冻挨饿。

最初，他的父亲要他学牙科。在他看来，当牙医跟当煤矿工人一样，没有一点儿意思。不过他还是听从了父亲的话，开了间牙科诊所，给别人补牙，但他的心思完全不在这份工作上。

格雷常常手上忙着给人看牙，心思却已在西部驰骋，想着那里的紫色鼠尾草，想着那里的骑手。一听到窗下鹅卵石上有马蹄经过的声音，他就立刻想到了邮件抢劫案与小马快递。

当了数年牙医后，他发现每天的生活就是一场悲剧。他厌恶自己的职业，每天早上逼着自己去诊所，就像做苦工的奴隶被赶进了地牢，只能在自己的白日梦里找到一丝快乐。

某天，格雷终于下定决心放弃牙医职业，开始写小说。为了节省一点开支，他搬到了村子里住，在写作之余还可以打猎、钓鱼。

为了写好一部小说，他绞尽脑汁，一写就是几个月，甚至一整年。写完后他还要进行修改调整，然后带着一股极大的热情从头至尾通读一遍。他觉得自己写得不错，成名有望了，可就是没有哪家出版商愿意掏钱给他出版。

他一写就是五年，这期间完全没有收入，他的作品变不了钱，就只有靠夏季打打职业棒球挣点儿小钱。

有一天，查理斯·杰西·约翰斯上校发布了一则招聘启事，要找一名会写作的人跟他一起去西部，把他们的游历都记录下来。正在推销书的格雷看到后，第一次看到了希望，这可是个好机会，一想到这趟旅程，心都醉了。

他在西部跟牛仔、野马一起待了六个月，之后回到家里创作了小说《最后一个平原人》。他信心满满地把手稿寄到了哈珀出版社，等待答复。过了两周，还是没有消息，他按捺不住，干脆自己跑到出版社询问。

出版商把稿子退给了格雷，说："很抱歉，我们没能看到您在小说上的天赋。"他一下子就呆住了，就算此时有人棒击他的头，他都不会如此麻木，这可是被拒的第五本书了。他踉跄着下了楼梯，靠在灯柱上，腋下夹着书稿，哭了起来。回到家中，他已是万念俱灰。家里的开支一直靠妻子的那点钱撑着，这五年也快花光了，还有个嗷嗷待哺的孩子要养，生活十分窘迫。不过，妻子还是鼓励他继续创作。数九寒冬，因为家里的火炉太小，不能给整个房间供暖，写着写着，他的手指就冻麻了，每过几分钟，他就得到火炉边烤烤手。一直到来年夏天，他都在伏案写作。小说终于完成了，可是出版社还是不满意，格雷恳求编辑把手稿带回家好好读一读。两天后格雷又来了，这回编辑满脸堆笑说："我爱人昨晚读了您的书，一直读到天亮。她认为很棒，所以我们决定给您出版。"这本书叫《沙漠遗产》，一出版，立马获得了巨大成功。

经历了多年的贫困与失败，格雷即将成为当世最受欢迎而且挣钱最多的小说家之一。打那以后，他又出版了六本书，总销量高达一千五百万册。

第三十二章　玛丽·托德·林肯

我花了三年时间写《林肯传》，在写的过程中详细了解了他的家庭生活，也反复核查了每一份材料，最终我不情愿地得出一个结论：林肯一生最大的悲剧就是他的婚姻。

大约一百年前,亚伯拉罕·林肯和玛丽·托德在伊利诺伊州斯普林菲尔德镇结婚,这是历史上最不幸福的一次结合。婚礼刚过一周,林肯给塞缪尔·马歇尔写信,他在附言中写道"除了我的婚事,没别的消息,这门婚事我自己也搞不懂"。这是林肯对他们的婚姻做出的唯一一次书面评价,现在这封信保存在芝加哥历史学会。

威廉·H.赫恩登做了林肯二十年的律师搭档,他最了解林肯,他说:"二十年来都没看到他幸福过。"他认为林肯最后的悲剧跟这门婚姻有关。

我花了三年时间写《林肯传》,在写的过程中详细了解了他的家庭生活,也反复核查了每一份材料,最终我不情愿地得出一个结论:林肯一生最大的悲剧就是他的婚姻。

林肯跟玛丽订婚不久,他就意识到他们的性情、品位、欲求以及所受的教育完全不同,这样的婚姻不可能幸福。

玛丽在肯塔基州上过女子学校,接受过最好的教育,能讲一口巴黎口音的法语;而林肯只上过不到十二个月的学。玛丽有着引以为豪的家世,她的祖父、曾祖父、曾叔祖当过将军、州长,其中一位还当过海军部长;而林肯的家世乏善可陈,他在斯普林菲尔德生活时,只有一位亲戚去过他家,后来这位亲戚还受到了盗窃罪的指控。玛丽讲穿着,好排场;而林肯对自己的外在形象毫不在意,有时甚至是一只裤管掖在马靴里,另一只裤管却露在马靴外。

玛丽打小就知道餐桌礼仪是庄重的,然而林肯在泥地面的小木房里长大,没有接受过这些教育,他会把刀放在盛黄油的碟子上,他的一些举动把玛丽气得够呛。

玛丽目空一切,而林肯则谦逊民主。她的嫉妒心很重,只要林肯瞟了其他女人一眼,她都要现场大闹一回,就是在今天来看,她的醋劲也是骇人听闻。

刚订婚不久，林肯给她写了封信，信中称自己还不够爱她，所以不能结婚。他托朋友把信转交给她，然而这位朋友把信撕了扔进了火里，建议林肯本人当面去把话说清楚。林肯照着做了，跟她见面后，说出了不想跟她结婚的想法。玛丽听了号啕大哭，这下子林肯过意不去了，把她拥在怀里，吻着向她道歉。

婚礼原定在一八四一年一月一日举行，蛋糕已经烤好了，客人都到了，牧师也来了，但迟迟不见林肯。这是怎么回事？后来玛丽的姐姐解释说他疯了，姐姐的丈夫也说"林肯完全疯了"。而真实的情况是他病了，身体、心理都出现了严重问题，他患了抑郁症，神志不清。朋友们看到他喃喃自语，说不想活了，还写了首自杀主题的诗，发表在当地的报纸上。有一次林肯试图自杀，朋友看见了赶紧把刀夺了下来。

林肯给在国会工作的赫恩登写了一封信，下面就是原文：

我是世界上最苦的人，如果把我的感受分给所有的人，地球上就不会再有笑脸。我不知道我会不会好起来，恐怕是不会了。我现在的状况是不可能维持下去了，好不起来的话，就只有死了。

此后两年中，林肯跟玛丽互不理睬，后来有人自告奋勇在中间撮合，又把他们拉到了一起。玛丽对林肯说娶她是他的责任，林肯只好照做。

为了写好《林肯传》，我去了伊利诺伊州拜访吉米·迈尔斯大叔，他就住在斯普林菲尔德附近。他的叔叔就是威廉·H.赫恩登，他的婶子曾经营了一家旅馆，林肯夫妇刚结婚时曾在那里住过。吉米·迈尔斯大叔听婶婶说起过这么一件事：一天早上，林肯夫妇下楼来，跟其他住客一同吃早饭，不知道当时林肯说了什么，夫人听了很不高兴，端起一杯热咖啡，当众朝林肯的脸上泼去，而林肯却默不作声，婶婶给林肯拿了一块湿布擦拭。多年来，类似的事情可能在林肯家里也发生过。我们也别太苛责玛丽，她后来疯了，可能早先她的脑子就不太正常。

林肯做的最了不起的一件事就是忍了长达二十三年之久的不幸家庭生活，没有痛苦，没有怨言，也从不跟人提及。他像基督一样宽宏大量，有着上帝才有的忍耐力。

第三十三章　奥斯卡·奥得·麦金太尔

他讨厌人群，但其报纸专栏的读者每日却高达两千万。当时，他的工资比美国总统还高，一年的写作收入高达两万多英镑。

多年以来，奥斯卡·奥得·麦金太尔一直因其主笔的《每日纽约》专栏而闻名。出过该专栏的报纸达四百九十八种，读者每日多达两千万。

在纽约人看来，麦金太尔无疑是他们生活的最佳评论员。对数百万人来说，麦金太尔是多年以来最著名的纽约人，他的朋友称他"奥得"。不过，出生在密苏里州的麦金太尔三十四岁时才平生第一次来到纽约。

几年前我在得克萨斯州阿马里洛待过，我发现当地人只谈论两个人，即奥斯卡·奥得·麦金太尔和阿瑟·布里斯班。

你可以将麦金太尔的照片贴在一个不具名也不写地址的信封上，然后投进某个邮筒，这封信准保能送到他位于公园大道的家中，他曾经每星期都收到至少一封这样的信。

他的身上有不少"奥而难得"的趣闻。比如，多年来有人每周给他支付三百四十英镑,然而他一生中同那人见面的次数不超过三次。

当时,他的工资比美国总统还高,一年的写作收入高达两万多英镑。

他有办公室,但从没去过,他所有的工作都是在家里完成的,也没有聘用速记员,全凭一台打字机,文字都是他自己一点一点敲出来的。

有一年,他收到三十一份电台演讲合同,因为不喜欢电台演讲,他最终都没有签订。有公司想将麦克风装在他纽约的家里,并开出每分钟一百英镑的价格让他对着麦克风演讲,但他不答应。他说一想到这事儿就浑身起鸡皮疙瘩。

他不想在电影里出镜,尽管好莱坞多年来对他真诚邀约。华纳兄弟电影公司开出优厚的待遇诚聘他,但被他回绝了。这家电影公司仍然不放弃,给他寄去一份空白合同,上面写着:"写下你期待的价码——随便写——签字后寄回。"他倒是把合同寄了回去,但没在上面签字。

我曾问他为什么拒绝这些优厚的待遇,他说:"我根本不懂演讲。"他说在洛杉矶时曾打算在欢迎杰克·登普西的宴会上发表演讲,当他站起来后,却不知所措,结结巴巴,最后一个字也没说出来。

他说倘若做电台演讲或在电影中出镜,他会崩溃的。他还说:"挣那份钱有何用?会扣掉百分之八十的税。"

麦金太尔出生在密苏里州的普拉茨堡,他的父亲在当地经营着一家旅馆,母亲在他三岁时便离开了人世,他被送到俄亥俄州加利波利斯由祖母抚养。我常想,一个在小镇上长大的男孩是如何成为百老汇之音的呢?他说:"我年幼时住在加利波利斯,有位纽约眼科医生来到我们镇,给我祖母配了眼镜。此人头戴礼帽,身穿礼服,看起来特神气。我一直瞪大双眼瞅着他。在我的记忆中,他是我见过的第一位穿白边内衬马甲的人。"

后来,麦金太尔在当地的一家酒店上晚班,在那儿他见到了不少来自纽约的游人,他们脚穿长靴,谈起纽约时一副无所不知的样子。

这一切给这位乡村少年留下了非常深刻的印象，于是他决定出去看看。

他既没钱也没"关系"，但他那颗年轻的心却踌躇满志。有关纽约方面的书籍，但凡能找到的，他都一一读过。在俄亥俄州几家报社工作数年后，他来到了曼哈顿，在《汉普顿杂志》找了份差事。然而安顿下来刚三个月，这家杂志便倒闭了。他又在《晚邮报》找了份校编工作，还兼化妆师，后来他因身体原因被解雇。

之后他便着手做自己一直想做的事情，开始写在纽约发生的每日一事。但作品无处登载，于是他将作品免费寄往各家报社，终于获得了认可，他的作品在市场上火了起来。

后来他精神上出现了问题，身体也变得很差，每次只能写一小会儿，之后就不得不卧床休息一两小时。所幸的是他最终恢复了健康。

他还有件鲜为人知的事儿：尽管他身处人口最为稠密的纽约，但面对人群他总有一种挥之不去的恐惧。他曾整整一年没有踏出过所住的旅店。他的朋友们顶多只能让他走到前门，他绝不踏出前门半步，好似总有一只无形的手在往后拽他。

对这种情感折磨，心理学家有个说法，称为"人群恐惧症"。麦金太尔告诉我，他多年不去剧院，除非他的座位靠着过道。他说置身在人群中，他总是害怕得要命。

麦金太尔经常出入各种派对，但他不沾烟酒，他送过我唯一的东西只是一包口香糖。他有一辆劳斯莱斯和一名专职司机，他最喜欢的运动却是走路，每天至少要走上三英里。

他的衣服由巴黎服装师朗万为他量身打造，他的衣橱堪比威尔士王子的，但写作时他整天穿着睡衣。

他二十四岁时与妻子结婚，这是他唯一的女人。他称妻子为"斯诺克丝小猫"，妻子则叫他"情人"。

他最喜欢的电影演员是威尔·罗杰斯，最喜欢的书是威廉·萨默塞特·毛姆[1]的《人性的枷锁》，最喜欢的音乐是《印度之歌》。

麦金太尔于一九三八年二月十四日去世，再过几天就是他的五十四岁生日。

第三十四章　圣诞老人

圣诞节为何会引起如此强烈的反应呢？有一个原因是清教徒认为耶稣并非出生于圣诞节那天，学者就其生日时间争论了两百年。有人认为他生于五月二十日，有人认为是四月十九日，还有人声称是十一月十七日。对于耶稣生日这一遥远的概念，现代学者承认他们所知甚少。

大约三百年前，当时的新英格兰还是英国王室遥远的殖民地。十二月的一天，马萨诸塞州哈德利镇的一位乡绅夫人穿过田野去拜望一位德国女士。该女士家里正准备庆祝圣诞节，她事先在森林里砍了棵小松树拖回家，然后在树上点了几支蜡烛，孩子们围着松树一边唱颂歌，一边跳起舞来。

当时新英格兰地区的教父都是遵经守道的清教徒，他们将这位女士拽到乡村长老会面前进行严厉训斥，并且将她赶出教堂，那个时候这无异于是遭到了社会排斥。

她庆祝圣诞节就犯了异教之罪。旧时的清教徒鄙视圣诞节，他们站在讲坛上对圣诞节大加斥责。他们将其打上了邪恶的异教节烙印，并声称这个节是对上帝的侮辱。他们甚至还颁布了一道法令，对任何试图庆祝圣诞节的人给予罚款和公开羞辱。

---

[1] 萨默塞特·毛姆（Somerset Maugham，1874—1965），英国著名小说家、剧作家。

性情暴烈的克伦威尔率领着士兵推翻英国王朝后，他颁布法令废除圣诞节。

圣诞节为何会引起如此强烈的反应呢？有一个原因是清教徒认为耶稣并非出生于圣诞节那天，学者就其生日时间争论了两百年。有人认为他生于五月二十日，有人认为是四月十九日，还有人声称是十一月十七日。对于耶稣生日这一遥远的概念，现代学者承认他们所知甚少。

即便是在耶稣的出生地伯利恒，每年的圣诞节也会在三个不同的时间进行庆祝。有人在十二月二十五日庆祝，有人在一月六日，还有人在一月十八日。除三月外，阿比西尼亚人每个月都要庆祝一次。

耶稣并非生于一千九百三十四年前，而是一千九百四十五年前。这是怎么回事儿？原来在耶稣去世八百年后人们才开始计算他的生日，而那个时代的计算办法很原始，所以出现了误差。

数千年来，罗马人有个传统，就是在每年十二月份要庆祝农神节。庄稼收割后，他们开始一系列庆祝活动：用松枝和冬青把房屋装点一下，给小孩儿送上布娃娃，相互馈赠礼物。

数百年前，年迈秃顶的君士坦丁在罗马元老会上宣布将基督教定为罗马国教，在此之后，他将两个节日合二为一，下令要求基督教徒们在农神节庆祝耶稣生日。

围绕圣诞节出现过各种有意思的传说，一些老太太相信，当平安夜的钟声敲响时，蜜蜂会唱第一百首圣歌，绵羊会咩咩地叫出"伯利恒"。

我的一位秘书是在路易斯安那州长大的，她告诉我说黑人跟她讲过，奶牛在平安夜几乎都会跪在地上相互交流。路易斯安那州的奶牛也许会那样做，不过我曾在南达科他州当过放牛娃，如果西部的奶牛在平安夜真的会讲话的话，那一定讲的是"行话"或者"洋泾浜英语"，我肯定是听不懂的。

在挪威，平安夜的时候农民会给自己的牛端上一盆自酿啤酒，结果那些动物不仅说话，而且还靠在灯柱上唱"甜美的阿狄丽娜"呢！

圣诞老人是古代众民族的火神，他年轻时并不信奉基督教，在平安夜会从烟囱进入人们的家中。数千年前，他给罗马的小孩们送去了礼物。现在他总是一副乘着驯鹿拉的雪橇，响着清脆的铃铛从遥远的北方过来的形象。他跟我们先民敬奉的诸神一样，生活在北极星附近闪亮的空中。

数千年前，圣诞节也许就是异教徒的狂欢节，可谁又会在乎这个呢？今天，它成了西方世界共同庆祝的节日。

第三十五章　玛丽

> 她出生在统治俄国长达三百年之久的罗曼诺夫家族。她想结婚的原因之一却是希望在婚后有丝袜可穿。

不久前，我有幸成为俄国女大公玛丽的客人。沙皇亚历山大三世是她的伯父，末代沙皇尼古拉二世是她的堂兄，她的玩伴也都是沙皇家的公主。整个西半球最著名的皇家人物，兴许非她莫属。

现年四十多岁的她会是什么样子？美丽动人且个性十足？友好民主或冷漠孤傲？哦，我发现她原来高雅友善且很有魅力。

她跟我讲了一件事，让我十分诧异：以前她一直胆小害羞，自卑情结非常严重。

她出生在统治俄国长达三百年之久的罗曼诺夫家族。她的出身高贵，年幼时乘坐的便是由六匹白马拉着的金质马车，周围簇拥着身穿绯红色礼服的骑兵，人们总会聚集在道路两旁等上几个小时，就为一睹她的尊容。而身为俄国公主兼女大公的她竟有严重的自卑情结，不太可信吧？

这种自卑情结与她年幼时的教养不无关系。她从小就失去了母爱，她的母亲在她一岁半时便去世了。她的父亲再婚娶了一位非皇家血统女子，这一做法不符合俄国皇室规制，父亲被逐出俄国，财产也被没收。玛丽基本上是由保姆、私人教师等人带大的。六岁时，她连一个俄文单词都不会说。直到现在，她讲的一直是英语，非常蹩脚的英语，就像那些教她英语的保姆一样，她往往不发"h"这个音，常常把"好幸福"发成"袄幸福"。

那些私人教师刻意隐瞒她作为皇室人员应享受的权利和威望。鉴于过去的王子因过于张狂而招来强烈的怨恨，她的老师受命将谦卑的品性灌输在其幼小的心灵里，她们遵旨行事，而且做得非常到位。

她告诉我，她是在"极度俭朴"的环境中长大的。她说哪怕是浪费拇指大的一点面包，都会遭受惩罚，如果将面包屑掉在地上，那就必须捡起来放回到餐桌上。她吃的食物非常简单普通。对她来说，晚餐只吃面包和牛奶是常有的事儿。

她的衣着也是普通至极，尽管她生活之处满是油画和价值连城的艺术品，尽管俄国皇室拥有数百万英镑的财产，但到结婚时这位公主穿的仅是棉衣、棉袜，戴的仅是棉手套。她告诉我想结婚的原因之一便是希望在婚后有丝袜可穿。

后来她跟伯父、伯母住在一起，但伯母不喜欢玛丽住在家中。如果她吃饭晚了一分钟，就会受到伯母的责罚，她还会因为跟客人交流得不愉快而受到惩罚。伯母甚至不允许她在自己面前大笑，因为她认为小孩的笑声很可怕，也很粗俗。

玛丽告诉我，她从未体会到真正的家是什么样儿。她的童年凄惨孤独，她的外婆希腊王后奥尔加是世上唯一给予过她母爱的人。玛丽非常渴望得到母爱，很想一下扑进外婆的怀里，不过她说："我当时不太习惯拥抱，不知如何是好。"

她十六岁时,很想得到一把曼陀林琴,可没钱买,也没勇气跟伯父开口,害怕遭到拒绝,于是让自己的老师去问伯父可不可以给她买一把。

伯父说"当然可以",不料这竟成了伯父说的最后一句话。几秒钟之后,一名无政府主义者扔来一颗炸弹,伯父不幸遇难。

第三十六章　威尔弗雷德·格林菲尔爵士

他沿着险象环生的拉布拉多海岸,在哈德逊海峡一带给人看病,成为世上最受尊敬的医生。

拉布拉多的格林菲尔医生是世界上最幸福的人之一。他头发灰白、眼神倦怠,双手因霜冻、极风而粗糙不已。他曾四次遇险,船只撞上了冰山沉没,他只好整夜待在浮冰上。他迷过路,差点冻死在拉布拉多的荒野中。他曾饿到极点,仅靠吃海豹皮靴充饥。

他七十岁时去世,一生没有任何积蓄,但不必为他伤心。我曾嫉妒过他,因为他曾四处找寻过世上最重要的东西,即快乐和满足。

四十五年前,格林菲尔医生从牛津大学毕业后在伦敦富人居住的梅菲尔区开办了自己的诊所。他的事业越做越大,但他也需要休整一下,于是决定去拉布拉多跟那里的渔民一起度暑假。

拉布拉多气温低,人烟稀少,从纽芬兰南部延伸至哈德逊海峡北部,总长五百英里,每年有九个月时间被冰雪覆盖,直到次年七月初才解冻,这儿的渔民常用鳕鱼和鲸鱼尾巴喂牛。

格林菲尔医生惊讶地发现,这儿的三万多渔民竟没有医生。那个夏天他竭尽所能为他们服务,秋天返回伦敦,对伦敦的富人来说他的工作似乎可有可无。他感觉到了北方的召唤,于是又回到了拉布拉多。

此后的四十二年中,他沿着险象环生的拉布拉多海岸,在哈德逊海峡一带给人看病,成为世上最受尊敬的医生。为此,英国乔治国王封他为爵士,以表彰其勇敢无私的精神。

我曾与格林菲尔医生长谈过数小时,了解到他有许多非凡的经历。有一次,他前去为一位老太太诊病,早些时候她在冰上摔断了大腿,已经感染,只得截肢。可这位老太太虔信《旧约》,拒绝用麻醉药。她相信是上帝赐予了她疼痛,那么忍受疼痛就是一名基督徒的义务。她决心已定,谁也改变不了。格林菲尔医生为她锯腿时,她让五个儿子压在她的身上,她竟然没发出一点呻吟。看到此,格林菲尔医生心都碎了。

人们常常给格林菲尔医生寄去书籍和衣物,让他分发给拉布拉多居民。他曾收到一桶脚套,不妨想象一下年迈的渔民双脚罩上脚套那一情景,还有一个桶里装着一件狩猎服和一顶礼帽。还有人送来一本有关礼仪的书,是大约一百年前出版的,包装精致。这本书被一页一页地撕下来,当作墙纸贴在墙上,这样木屋里的老渔民在漫长的冬夜可以阅读,见识一下一百年前上流社会的言行举止。

拉布拉多的渔民非常信仰上帝,非常虔诚,他们常常忍饥挨饿。格林菲尔医生去过一个村子,一连数周村里的人一直靠面粉和水和的面糊度日,拒绝杀猪吃肉。为什么?因为那些猪先前闯进过教堂,还啃了一本《圣经》,于是他们觉得这些猪是圣洁之物,它们心中装着上帝,绝对不可触碰。

格林菲尔医生一生中最扣人心弦的经历发生在一九〇八年的复活节那天。当时住在六十英里外的一名男子打来求救电话。这个可怜的人疼痛难忍,若不赶紧开刀,将不久于人世。于是格林菲尔医生套上雪橇立刻就出发了,与死神争夺时间。为节省时间,他抄近路从海湾上的浮冰穿过。然而,风向突转,浮冰开始朝海上漂去,情况非常紧急。

几只狗朝岸上狂奔，但为时已晚。松软的冰层裂开了，狗都掉进了冰冷的水中。格林菲尔医生抓起身上的刀子割断雪橇绳将狗放开。很快雪橇沉了下去，他裹着湿漉漉的衣服和狗一起爬上了一块浮冰。

夜晚寒风吹来，他都快冻僵了，意识也开始模糊起来，这回估计是在劫难逃了。为了求生，他掏出小刀，杀了三条狗，把狗的尸体围在颤抖的身体四周挡风。他在冰面上趴了一夜，随海浪起伏。第二天清晨，他用狗的骨头绑成一根杆子，再将自己的衬衣挂在杆子的顶端，朝岸边悬崖处使劲挥舞了数小时。希望似乎很渺茫，毕竟漂得太远了，被发现的可能性不到千分之一。

突然，他觉得自己在清晨的阳光里看到了一支闪动的船桨。不，那不可能，准是他的眼睛在开他的玩笑。随后，他又看到了闪动。没错，分明就是一支船桨！一艘船正奋力穿过冰层。他获救了。

多么不凡的经历！多么了不起的人！当我如此盛赞格林菲尔医生时，他却摇摇头。"得了吧，"他说，"你就别逗我啦！不过，那倒是一件趣事。"

第三十七章 路易莎·梅·奥尔科特

在她完成《小妇人》后，她觉得自己写了一部失败的作品。

然而该作品却迅速成为了一部"畅销小说"。

公元前五百年，希腊剧作家埃斯库罗斯在雅典把其不朽的悲剧搬上了舞台。但是，从遥远的埃斯库罗斯时代到《埃比的爱尔兰玫瑰》那一创纪录的时代，绝无任何别的戏剧作品可与电影《小妇人》相提并论，该电影在纽约连映三周。

在《小妇人》上演的第十七天，购票的长队延伸到几个街区之外。

本打算购物的顾客竟站在一旁惊讶地望着这一盛况。此情此景，纽约历史上绝无仅有。

这一悲情杰作的创作本身就是个令人感叹不已的故事。

《小妇人》的作者路易莎·梅·奥尔科特年轻时就是个吹着口哨的假小子。即使是在她长大成人后，她对女孩的东西也没有丝毫兴趣。她也不想写有关女孩的作品。她的出版商坚持要求她写一个女孩的故事，她虽然同意了，内心却非常抵触。

现今，作家中差不多有这样一个箴言，那就是，如果作者在故事创作时感觉不到乐趣的话，读者更不会读出其中的乐趣。

然而，在写作《小妇人》过程中，奥尔科特就没有找到快乐。事实上，她对该故事的写作非常厌烦，甚至到了难以忍受的地步。她无数次放下纸笔，唤来小狗儿，跑去树林散心。还有些时候，她把书稿扔到一边，赶到城市的另一头，跟朋友拉尔夫·沃尔多·爱默生聊天去了。

在她完成《小妇人》后，她觉得自己写了一部失败的作品。然而该作品却迅速成为了一部"畅销小说"，且一直保持"畅销"状态，长达七十年之久。大约有两千万人读过《小妇人》，在最近的一次图书管理员大会上，《小妇人》被一致推选为全球最受女性欢迎的图书。

少女时，奥尔科特十分活跃，马萨诸塞州康科德镇的人都认为她是个"怪异之人"。她喜欢吹口哨，而当时规矩的少女是不吹口哨的。她跟男孩赛跑，还将裙子卷到脚踝上，而当时规矩的少女也不那样做。她甚至还爬上苹果树，坐在树杈上读书，有人据此预言说她将不得善终。

她的母亲身体不好，妹妹又年幼，为了替家里分担些困难，她开始写作。她的父亲为人和蔼，但很理想化。他经常演讲，但真正愿意聆听的人却寥寥无几，每次仅能挣到一两英镑。尽管家里差不多是吃了上顿没下顿，但她的父亲仍然多数时间呆坐家中，一边挠挠胳膊肘，一边赞美简朴的生活。

父亲为人非常慷慨，有一次他竟把家里最后的那点柴火送给了一户贫苦人家，一家人只得待在床上取暖。妻子和女儿们抱怨家里太冷，他却说："哎，不必着急，上帝会送来柴火的。"那天晚上，一场暴风雪席卷了整个新英格兰地区。第二天醒来时，家人惊喜地发现门口有一捆柴火。父亲相信这是上帝送来的，于是就把柴火扛了回来。

起初，奥尔科特将自己写好的故事寄往出版社，然而它们却像弹力球那样，立刻反弹回来。一位编辑告诉她，说她不可能写出吸引读者的东西，还告诫她要放弃从事文学的想法，继续做自己的缝纫活儿。

她住过的那间白色旧木屋至今仍矗立在康科德镇上，每年会有两万三千名游客去那里参观。对他们许多人来说，那地方简直就是一个圣地。我也去参观过，那天我看到有位女士在经过梅格、乔、贝斯和艾米曾打闹、玩耍过的房间时，一直都是泪流满面。

有位年轻人渴望成为小说家，他向奥尔科特请教。"不，"她回答道，"但凡你能够干点别的活儿，哪怕是挖沟渠，就不要当作家。"

第三十八章　弗兰克·W. 伍尔沃斯

> 她的外公是如何赚到数百万英镑的呢？他的唯一优势就是"穷"。

年轻漂亮的芭芭拉·哈顿·格兰特在家里为自己二十一岁生日举行派对，她请来一支匈牙利乐队，明星们纷纷为她亮嗓献艺，整个晚上都弥漫着柔和的异乡音乐。她有理由搞这个派对，因为她即将继承四百万英镑的遗产。这四百万英镑的遗产是从何而来的呢？一部分来自你我的腰包。

她的外公弗兰克·伍尔沃斯开了多家六便士店，每六便士的收入中就会有一部分落入了她的口袋里。她的外公是如何赚到数百万英镑的呢？他的唯一优势就是"穷"。刚开始，他住在农场，家境贫寒，穷得叮当响，一年中有一半时间光着脚板儿，在寒冷的冬天，他甚至连买件外套的钱都没有。

倒是这种贫困帮了他的大忙，激发了他的雄心壮志，使他强烈渴望上进。他不喜欢农场，一心想当老板。二十一岁时，他将家里的老马套上雪橇，赶往纽约卡塔基镇，希望在那儿谋份差事。但当时的他看上去呆头呆脑，少不更事，应聘前也不知道打理一下头发、穿着，自然就没有哪一家店铺愿意用他。

最后他遇到一位车站员工，此人开了个铺面，他的库房里存有不少杂货。为了积累经验，伍尔沃斯替他免费打工。

后来他又找了家布店，老板觉得他应对顾客的能力不够，给他安排的工作就是一大早到店里生生火、打扫打扫铺面、擦擦玻璃、送送包裹等。除非是中午客流高峰时段，一般情况下他是没有机会卖货的。前六个月，他没有领到一分钱薪水。于是，他告诉老板说他前十年在农场上只攒了十英镑，那就是他所有的家产。不过，如果之后老板每天给他两先令的话，他同意前三个月靠自己以前的积蓄生活。就为了这两先令，他每天得工作十五个小时，每小时的工资大约是三个半便士。

他后来跳槽到了另一家商店，工资为每周两英镑，住地下室，睡觉时他在枕头下放一把左轮手枪以防窃贼盗店。此时的伍尔沃斯倒霉极了，雇主不停地刁难、斥责他，扣他工资，甚至威胁说要解雇他。他觉得自己不可能有什么出息，于是又回到了农场上，精神也出现了问题。整整一年时间里，他连一点活儿都干不了。

大家不妨想想这一处境，这位后来成为世上最大零售商的男人沮丧至极，完全放弃了再涉足商业的想法，改为养鸡。

后来的某一天，让他非常惊讶的是，原来的雇主派人来请他回去。那天，地上积了七英尺厚的雪，伍尔沃斯的父亲正打算把一些土豆运到集市上去。于是伍尔沃斯爬上雪橇，坐在土豆袋上，去了纽约市的沃特敦，在那儿他将开始新的生涯，踏上了一条富贵之路，这是他做梦都想不到的。

他的成功秘诀是什么？成功来源于一个主意，仅此而已。他借了六十英镑，开起了一家六便士商店，里面卖的所有物品都不超过六便士。他的第一家店开在纽约的尤蒂卡，最后却是关张大吉。有时，店里一天的收入还不到十先令六便士。伍尔沃斯最初的四个店中，有三个很快就关了门。

由于不想负债，商店起初发展得很慢。在从商以来的前十年里，他只开了十二家分店。

最后，他成了美国最富有的人之一，花了二百八十万英镑为自己建起了当时世界上最高的写字楼，在家里摆了一台价值两万英镑的管风琴，还收集了拿破仑的一些遗物。

数年前，他还是穷小子的时候屡遭挫折，几乎对自己丧失了信心，他的母亲总是摊开双臂拥着他，安慰他说："别泄气，孩子，总有那么一天，你会富有的……"

第三十九章　林肯的尸骨

造假团伙试图盗取林肯的尸骨，这一密谋很危险吗？这群诡计多端的骗子深知伊利诺伊州没有法律条文给盗窃尸骨行为定罪。

有史以来，以"大个子吉姆"金尼利为首的帮派是最狡猾的造假团伙之一,他们曾让美国秘密警局大为光火,却不知所措。多年来,非法造假币让他们赚了很多钱,所获的利润之多令人瞠目结舌。不过,到了一八七六年春,这个团伙却遭到了致命的打击,他们印制假钞的供货源几近枯竭,因为替他们伪造假币的雕版师本·博伊德被捕入狱。法官判其十年监禁,在伊利诺伊州的乔利特镇进行监内劳动改造。

面对这一危局,"大个子吉姆"金尼利及其团伙召开了一次会议。利欲熏心,外加对其实力极为自信,他们发誓不惜一切代价,一定要将本·博伊德从监狱中捞出来。因此,一八七六年秋,他们计划实施一次行动,目的就是要让民众愤慨,逼迫政府。

这个团伙打算盗取亚伯拉罕·林肯的尸骨,将其装入一个长长的袋子中,放到马车的底层,快速运到印第安纳州北部。他们打算将尸骨隐藏在密歇根湖岸边某个僻静的沙丘里,沙上的痕迹很快就会被湖风吹平,除了空中的海鸥,谁也不会知道。整个美国必定上下哗然,这时候他们就顺势施加压力,逼迫政府同意将本·博伊德从监狱里释放出来,并支付五千英镑赎金,他们才肯归还林肯尸骨。

这一密谋很危险吗?这群诡计多端的骗子深知伊利诺伊州没有法律条文给盗窃尸骨行为定罪。

一八七六年十一月六日晚,金尼利手下的三名成员登上了芝加哥至奥尔顿的火车,直奔林肯的故乡伊利诺伊州的斯普林菲尔德。

在离开芝加哥之前,他们买来一份报纸,从上面扯下一角,然后将余下部分塞进芝加哥一家酒吧的林肯雕塑里,该酒吧就是这个团伙的老巢。

三名盗贼打算在盗得尸骨后,将扯下的那一片报纸留在墓穴内,侦探会在第一时间看到那片报纸,把它作为侦破线索。然后,就在国人愤怒之际,他们便向伊利诺伊州州长提出归还林肯尸骨的条件。

那么州长如何才能知道盗墓是何人所为呢?这很简单,盗贼会拿出那张报纸，跟侦探手中的那片报纸进行对接，由此便可确认。

这一邪恶的计划就此密谋完成。一八七六年选举日当天，这几名盗贼来到了斯普林菲尔德。这个日期选得非常高明，因为自内战以来，一场搅动全国民众的竞选将在当晚展开。

广播播报了第一轮选举的结果，斯普林菲尔德一片沸腾。陶醉在胜利喜悦中的民众正在广场、街道上组织游行，载歌载舞，他们还点燃了沥青和警戒围栏，一时间火光冲天。此时正是行动的好时候，林肯墓地就在两英里外那片暗黑的森林里，无人看护。

盗墓贼在确认安全后，动手锯开林肯墓地铁门上的锁，潜了进去。他们撬开石棺上的大理石，接着又把棺盖挪开了一半。这时，盗贼中有个叫思威格斯的，说要去牵马匹，就在两百码外的一个山沟里。

思威格斯其实是个密探，外面并没有什么马匹，有的只是八名警察，他们持着枪在墓地的另一端埋伏着。思威格斯趁着没人注意，朝警察处飞奔过去，他划了一根火柴，点燃雪茄，然后吹了一声暗哨，这就是发给警察的信号。

这八名警察为了避免声响只穿着袜子，手持左轮手枪，接到信号后从隐藏处冲出。他们跟着思威格斯快速绕过纪念碑，冲进暗黑的墓穴。警察勒令盗墓者缴械投降，然而里面却没有任何回应。一名警察划了根火柴借光一看，棺材还在那里，其中一半外露在石棺上。盗贼呢？难道他们全都逃之夭夭了？警察在墓地的四周展开搜索。此时月亮刚爬上树梢，夜色半明半暗，晕头转向的警察乱射一通。就在此时，在一百英尺外等待思威格斯的几名盗贼朝着橡树林落荒而逃，消失在黑暗中。

十天后，这几名盗贼先后在芝加哥落网，他们被戴上手铐押回到斯普林菲尔德，关进了监狱，由重兵看守。

林肯的大儿子罗伯特出高价请芝加哥律师起诉这个盗墓团伙，不过这群饱学的律师遇上了一个烫手的山芋，因为如前所说，伊利诺伊州没有法律条文给盗墓者定罪。这帮盗墓者事实上也没有窃到任何东西，于是只能指控他们密谋盗取仅值七十五英镑的棺材。

庭审被一次次推迟，八个月后才得以审理。那时，人们已经不再那么愤怒，政治斗争、各种私人间的妒忌以及恩怨等掺在一起，公平的审判难以维持。

事实上，有四名陪审员在第一轮表决中投票同意释放盗墓者。在随后的几轮表决中，十二名陪审员最终达成一致，把这伙盗墓贼送进乔利特监狱服刑一年。

第四十章　赫伯特·乔治·威尔斯

如果腿没断的话，他一辈子可能就是个布店伙计。他慢慢发现那其实是因祸得福，后来他成了世界上最著名的作家之一。

大约七十五年前，一群男孩正在伦敦郊外的马路上玩耍。其中一个大个子男孩一把抓起一个名叫伯蒂·威尔斯的小不点儿，将他抛了起来。落下时，大个子男孩没有伸手去接，伯蒂重重地摔在了地上，摔断了一条腿。

一连好几个月，伯蒂只得躺在床上，腿上绑着重物，疼得直打滚。然而，骨头并没有接好，只得重新接。这可太要命了，小伯蒂吓得直尖叫。

在当时看来，那似乎是个悲剧，但他慢慢发现其实是因祸得福，后来他成了世界上最著名的作家之一。读者都知道，他不叫伯蒂，而叫赫伯特·乔治·威尔斯，后来写就了《世界史纲》，他的作品达七十五部之多，也许你读过其中一部分。

连他自己都说那场意外或许是他一生中最幸运的事儿。为什么呢？因为那场意外让他一年都出不了门，无事可做就只好把能找到的书都通读一遍。从此，他对书籍、文学产生了极大的兴趣，深受书籍鼓舞的他决定克服眼前的困难，这场意外是他生命中的一个转折点。

威尔斯成为了世上稿费最高的作家之一，仅凭着一支笔，他就能挣二十万英镑。然而小时候，他家里生活拮据，父亲是职业板球运动员，为了生活，开了一家陶器店，却濒临关门，威尔斯就出生在那家店铺楼上的小房间里。家里的厨房设在地下室，那里简直就是个脏兮兮的黑洞，唯一的光线来自头顶上那人行道的格栅。威尔斯幼年的记忆之一就是坐在厨房里仰望着金属格栅上那无数双脚。多年之后，他曾写过那些脚，还说他学会了如何根据那些脚上穿的鞋来判断人。

陶器店最终还是关门了，家里的日子更加艰难。他的母亲不得不去苏塞克斯一个大户人家做杂工，跟其他仆人住在一起。威尔斯常去那里看望母亲，正是在那儿，他第一次观察到英国上层社会的生活，是通过下人居住的地方观察到的。

十三岁时，威尔斯到布店当伙计，早上五点钟就要起床，打扫店铺，生火，每天要做十四小时的工，他非常厌烦这种枯燥乏味的活儿。刚做了一个月，老板嫌他不爱整洁、做事拖沓、惹人心烦，把他给辞退了。后来他又在一家药店找到份工作。药店管他一顿饭，但工作时间更长一些。他时常趁领班不注意，溜到地下室去读赫伯特·斯宾塞的作品。

在那里工作了两年后，威尔斯实在没法再忍受下去了。一天清晨起床后，他来不及吃早饭，空着肚子走了十五英里去找他的母亲。威尔斯极度烦躁，哭着恳求母亲让他离开那家药店，还说如果让他再待在那里，他就会自杀。

后来，他给自己的小学老校长写了一封长信，说自己十分难受，心碎欲绝，甚至不想活了。让威尔斯万万没有想到的是，校长给他写了回信，还给他安排了一份教师的工作。事情有时真是说变就变，教书成了他人生的另一个转折点。

威尔斯晚年时常提起他在布店干活儿的那段艰辛岁月，他说是因祸得福，原本懒惰拖沓的他在布店学会了如何工作。

从教几年后，又发生了一场事故。他当时正在踢球，比赛十分激烈，他被人撞翻在地，差点儿被踩死。他的一侧肾脏受伤，右肺穿孔，出了大量的血。医生认定他是没救了，可他在鬼门关前徘徊了数月，最终挺了过来。

此后十二年里，他像半个废人一样。不过，正是在那些年里，他培养出了一种让自己以后能享誉文明世界的能力。五年时间内，威尔斯大量写作，但他写的书、文章以及故事业余而又乏味。他有自知之明，意识到了这一点后，他将所写的一切全都烧掉了。

威尔斯拖着半残的身体，又找了一份教书的工作。他的生物课上有位漂亮的学生，名叫凯瑟琳·罗宾森。他很快发现自己对她的兴趣远远超过了生物课。跟他一样，她也体弱多病，他俩都想立刻抓住属于自己的幸福，于是他们就结婚了。

后来，威尔斯恢复了健康，精力十分充沛。到一九四六年去世前，他每年创作两部长篇巨著，在全世界引起了强烈反响。

威尔斯不时迸出新的想法，他甚至半夜起床把脑子里的一些零散感受记录下来。他在笔记中积累了大量素材，足够使他写上一百五十年。

他在任何地方都可以写作，诸如在伦敦的工作室里、火车上、地中海边的沙滩伞下。他在法国里维埃拉租了两套别墅，一套用做工作室，另一套用做会客房。

他白天写作，只在晚上才会见客人。即便他不去火车站接客人，他也做得够好了，他派人用自己那辆马力极大的车前往接站，还随车送去他那储品繁多的酒窖钥匙。每当他一出现，客人总是笑逐颜开。

第四十一章　莫扎特

> 他的葬礼只用了十二先令五便士，有人给他弄了口廉价的松木棺材，六人为他扶灵，后来遇雨，这六人竟也跑光了。

已故的莱奥波德·奥尔是俄罗斯伟大的钢琴教师，在我们这一代人中，他发现并培养的音乐人才多过其他任何人。他曾说，如果你想成为一个伟大的音乐家，就应该有个贫寒出身，贫寒能历练出一种东西，这种东西虽然说不清道不明，但它会藏于心灵，神秘而美妙，它是一种感觉、一种力量、一种同情、一种温柔。

莫扎特很穷，住着一间破房，连取暖的柴火都烧不起，为了保暖他把手插在羊毛袜里。然而，他却谱出了美妙的曲子，名垂乐史。长期的寒冷、饥饿，以及营养不良损害了他的健康，莫扎特三十五岁时因肺结核病故。他的葬礼只用了十二先令五便士，有人给他弄了口廉价的松木棺材，六人为他扶灵，后来遇雨，这六人竟也跑光了。

哈罗德·斯坦福德是作曲家维克多·赫伯特最亲密的朋友，他告诉我说赫伯特刚到美国时很穷，一年四季只有一件衬衫，他的妻子如果把衬衫拿去洗熨，他就只能待在床上了。还记得"一战"初期传唱的那首歌《通往蒂伯雷利的漫漫长路》吗？这应该是当时最流行的战歌了，它的作者杰克·佳吉为了谋生，白天卖鱼，晚上演出。还有一首最流行的歌曲《白发吟》，是哈特·佩斯·丹克斯写给他妻子的，出版商以三英镑买走。后来他跟妻子之间出现问题离了婚。一九〇三年，他在一家旅馆带着孤寂与贫寒离世，他的床头桌上留了一张字条，上面写着："孤独老去的滋味太苦。"

世界名曲《幽默曲》是安东·德沃夏克所作，几乎每时每刻都有人在哼唱。他的父亲是个屠夫，这首歌曲就是德沃夏克在猪圈里写的。

五十年前,他来到美国,由于忍受不了纽约的喧嚣、嘈杂,搬到艾奥瓦州斯皮尔维尔,住在一个边远的村庄里,直到今天那里还没有铁路和公路。

在斯皮尔维尔期间,他完成了《新世界交响曲》的一部分,这是人类所谱写的最美妙的音乐之一。由于是在斯皮尔维尔的田间地头创作的,他曾想把它命名为《斯皮尔维尔交响曲》。

九十二年前,他出生在遥远的波西米亚的一个小村庄,没念过多少书,每天都要去父亲的肉店里帮忙,一忙就是数小时。他常常是手里灌着香肠,脑子里琢磨着旋律;手里剁着猪肉,心里想的却是歌曲。后来他离开了父亲,来到布拉格学习音乐。钱从哪儿来?他身上只有几便士,还是沿街演奏小提琴挣来的,只能住在贫民窟的一间阁楼上。房租很便宜,就算是这样,他也只能跟五个学生合租。

到了冬季,房间冷极了,有时他饿得一点力气都没有,因为他要省下饭钱租用一架破旧钢琴,钢琴上有些键都快不能弹了。就这样,他坐在钢琴边创造了优美的旋律,但从来都没有用纸记下来,因为他买不起纸,有时只能在街上捡些废纸把曲子写在上面。

不过我们倒不必为他感到难过,正是贫穷才成就了他的音乐才华。

下次当你听到《幽默曲》时,不知道你是否能感受到曲中那种神秘的美、那种温柔、那种感受,一个历尽磨难、饥寒交迫、曾深深绝望的人的感受。

第四十二章　乔治·格什温

如果她母亲没有买钢琴,格什温也许就不会走上音乐的道路,交响名作《蓝色狂想曲》也就不会出现,美国的音乐史也不会有今天。

乔治·格什温大概是美国最杰出的流行音乐作曲家。我曾向他请教过成功之道，他说："很简单，弄清楚自己想要的，然后为之努力。"

的确，他一直在努力着，直到去世。他每周要去听三次音乐课，每次大概一个半小时，这让我感到十分惊讶。

格什温创作的第一首歌曲只卖了一英镑，而九年后，他的《蓝色狂想曲》被好莱坞影片使用，片方给他支付了一万英镑。

他的第一次剧院演出很失败，可以说就是一场灾难。当时，他应聘到纽约第十四大街的福克斯城市剧场演出，周薪是五英镑。第一个晚上演出时，台上的他方寸大乱，无法继续演奏，脸都急得通红。台上的其他演员都在讥笑他，台下的观众也哄堂大笑。他羞愧急了，冲出剧院，眼里满是愤懑。这是他最屈辱的一次经历，他离开了那儿，头也不回，薪水都没有领。

小时候的格什温想当个画家，后来却成为了音乐家，这事还得归功于他的母亲。在格什温的家乡，钢琴是富裕的象征。有一天，他的舅妈买了架钢琴，他的母亲很是嫉妒，发誓决不能输给那些摆阔的亲戚，于是她也买了架立式钢琴，当然这个是二手的，并且是分期付款。如果她没买钢琴，格什温也许就不会走上音乐的道路，交响名作《蓝色狂想曲》也就不会出现，美国的音乐史也不会有今天。

格什温写了数百首歌曲，写了扔，扔了再写，一直到《斯万尼》走红。一九一八年，他第一次在纽约百老汇国会剧院演唱《斯万尼》，当时没人注意，但歌手艾尔·乔森[1]听到后，觉得这首歌能流行。

九个月后的一场演出中，艾尔·乔森把《斯万尼》作为主打曲进

---

[1] 艾尔·乔森（Al Jolson，1886—1950），美国著名歌手、喜剧演员、电影演员。

行了演唱,台下的观众都被深深感动,五分钟之内,这首歌曲就走红了。一个月后,半个美国都在传唱;两个月后,数百万人开始和着它舞动起来,对此,格什温自己也是大吃一惊。他先前一星期才有七英镑收入,现在已是财源滚滚,一首歌能卖到一万二千英镑。一万二千英镑?就一首歌?他压根儿也没想到会有那么多钱。

格什温是现代剧院音乐的重要人物之一,他本人却很少去剧院;虽然他谱写了很多让人陶醉的舞曲,他自己却很少跳舞。

他不抽烟,也很少饮酒,一般会工作到半夜,第二天正午才起床。他爱好收藏法国名画,住的是两层的公寓套房,里面还有练功房。因为患有神经性消化功能紊乱,他一周得看两次医生。他一辈子都没结婚,心情不好的时候从来都不写"蓝调布鲁斯"。

一九二四年,一个雪花纷飞的下午,格什温创作的《蓝色狂想曲》登上了纪念林肯诞辰的舞会,这首交响名作就像一道闪电使全世界为之震惊,后来乐评人称赞这一天为当代美国音乐的转折点。

这首名作的出炉实属偶然。当时,保罗·怀特曼要举办音乐会,请格什温给他创作一曲爵士乐,需要庄严一点的。格什温手头正忙着一部音乐剧,竟把这事忘得一干二净。有一天,他在一份报纸上看到那场音乐会的宣传,上面写着:交响曲由乔治·格什温创作。看完,他自言自语说:"好吧,写就写,我要让那些势力的乐评人看到爵士乐庄严的一面。"于是他挤出时间,以惊人的速度创作了蜚声世界的《蓝色狂想曲》。

演唱会当天,人们蜂拥至演唱大厅,就像观看一场棒球比赛或是拳击比赛那样热闹。演唱会的反响强烈,观众报之以雷鸣般的掌声。就这样,美国音乐传统被打破了,一种新的音乐诞生了。

第四十三章　马克·吐温

他偏偏对电话机这种小玩意儿没有兴趣,有人让他购买贝尔电话公司的股票,他嗤之以鼻,就这样与百万财富失之交臂。

你负过债吗?你投资赔过钱吗?如果有的话,也许你可以从那些最聪明的人身上找到慰藉,他们在投资上也笨得一塌糊涂。拿马克·吐温来说,他能够让整个世界跟着他大笑或是痛哭,但在投资上,他还不如你我呢。

马克·吐温在各种发明上进行过投资,包括蒸汽发电机、船舶电报机,还有一些后来引起印刷革命的机器,总共赔了两万英镑。他偏偏对电话机这种小玩意儿没有兴趣,有人让他购买贝尔电话公司的股票,他嗤之以鼻,就这样与百万财富失之交臂。他跟一位亲戚合伙做生意,结果赔得只剩下厨灶。

马克·吐温的朋友愿意替他分担一半债务,但他谢绝了友人的好意。他的忠实读者发起了订书活动,从全国各地给他汇来支票,但他退回了每一分捐助,坚持自己还债。不擅演讲的他为了还债进行环球演讲,不得不客居旅馆,承受着寂寞与对家的思念。他花了六年时间终于把债务还清。

格兰特将军也是个绝顶聪明的人,他打败了李将军[1],打赢了内战,后来当上了美国总统。但他却被稀里糊涂地卷进了华尔街。在他人生的最后几年,有两个骗子找到格兰特,劝他合伙投资。这两个骗子利用他的声望进行非法交易,捞取了三百二十万英镑。股市崩盘后,为

---

[1] 罗伯特·爱德华·李(Robert Edward Lee, 1807—1870),美国职业军人,为南北战争期间联盟国最出色的将军。

了还债，格兰特卖掉了农场，还有费城以及纽约的房子，甚至还卖掉了佩剑和奖章。此时，他家徒四壁，身患癌症，想到自己死后妻子的日子将会极其艰难，于是打算写回忆录，为妻子挣些稿费。他一直口述，直到最后喉咙不能说话。最后，他忍着剧痛，用铅笔在书上签上名字，回忆录就此完成。最后一章完成后仅三天他就去世了。马克·吐温出版了这本书，格兰特夫人得到了十万英镑的版税。

以前的国务卿丹尼尔·韦伯斯特曾经因为欠屠户肉钱还不起而被起诉；著名小说家奥利弗·哥德史密斯曾因付不起房租而被逮捕；法国不朽的小说家巴尔扎克欠了很多债，都不敢开门；英格兰国王查理二世也是债台高筑，他把一块地作价一万五千英镑划给威廉·佩恩，这块地就是现今的宾夕法尼亚州；林肯总统的夫人也是一身债务，不得已卖掉自己的衣物、首饰，丈夫遇刺后，离开白宫的她更缺钱了，只好把印有林肯名字首字母的衬衫卖掉变钱。

美国著名的艺术家维斯乐也是东挪西借，把自己的画作拿去典当还债。债主上门搬走了他的椅子和床，他就把椅子和床画下来。法警来没收他的房子，他捉弄法警，让法警扮成男管家，给他以及他的朋友们沏茶。

一百年前，英国的博·布鲁梅尔穿着十分讲究，他曾指导过威尔士王子穿着，引领过英国的着衣风尚，但不会打理自己的银行账户。他迷恋赌马和纸牌，欠下一身债务。后来警察找上门来，他赶紧钻进衣橱，藏在裙子后面，最后因债坐牢。今天博·布鲁梅尔这个名字俨然已成了优雅与完美的代名词，而他本人最终却穷困潦倒、衣衫褴褛，饱受他人嘲讽。有意思的是，这些人都是他曾经嘲讽的对象。他完全没有了往昔的讲究，穿得脏兮兮的，最后死在精神病院。

林肯年轻的时候，跟朋友一起开了家百货店。这位朋友是个酒鬼，店倒闭了，朋友也死了，债务都落到了林肯头上。当时，林肯完全可以利用法律漏洞躲掉债务，但这违背他的做事原则。他一点点地积攒，十一年后，他终于连本带息还清了债务。

苏格拉底是历史上最有智慧的人之一，他很穷，为了能吃上晚饭，他不得已跟别人借鸡。他临死前还记挂着他的鸡债，交代的最后一件事就是托朋友帮他把鸡债还了。

第四十四章　杨百翰

当杨百翰娶到第二十四个女人时，麻烦就来了。他有五十六个孩子，他最喜欢的那个女人给她生了十个，有十一个女人没有生养。

摩门教杰出的领袖杨百翰一生娶了二十七位妻子。这些女人每天都在同一张桌上吃饭，晚上她们一起跪着祷告，年复一年，这些女人也都相安无事。

所有的女人都同桌吃饭这个说法不准确。应该说除了一位金发美女，其他女人都在一起吃饭，这位金发美女的事情后文再作交代。

杨百翰为什么要娶这么多妻子呢？是他很淫荡好色吗？当然不是，他是一个非常严格、非常虔诚的教徒。他曾在一次布道中说："我不迷恋女人，世界上像我这样的男人没几个。"

摩门教徒严格遵照《旧约》，根据书中记载，亚伯拉罕、艾萨克、雅各布、所罗门、大卫等都是一夫多妻，他们也就认为自己应该多娶女人，在地球上繁衍后代，这是最直接的神启。

一些摩门教领袖在布道中公开称耶稣娶了玛丽和玛莎，他们这么说并不是想亵渎圣灵，反而是一种虔诚的追随。

杨百翰曾在布道中说，如果男子不认同一夫多妻制，必将受到天谴。

他告诫单身汉,如果他们不结婚会受到上帝的诅咒。

杨百翰觉得应该给他的会众做个表率。于是有一天,他一早出门,不到午饭的工夫就娶回了两个女人,然后稍作休息,匆忙吃了点东西,又出去了,晚饭前又娶回了两个,一天娶了四个女人。那时他四十四岁,其中有个女孩才十七岁。他还娶了两个寡妇,杨百翰心里很清楚,这些女人现在是他的妻子,今后还是会去天堂与她们原先的丈夫团聚。

许多摩门女教徒认为能嫁给杨百翰是一种荣幸。有位十七岁的英国女孩叫伊莱扎·伯格斯,她疯狂地爱上了他。她在《旧约》中读到,雅各布曾给一位女子打过七年长工,分文不取,最后这个女子成了他的妻子。于是她就效仿这一做法,开出条件称如果杨百翰答应七年之后能娶她,她就到杨百翰的家里做七年用人,分文不取。来自佛蒙特州的杨百翰生来精明,遇到这等好事,当然就同意了。七年之后他兑现了承诺,娶了伊莱扎。

当杨百翰娶到第二十四个女人时,麻烦就来了。一八六二年,美国内战正酣,那时杨百翰六十一岁,已经有这么多妻子,按说应该不会再娶,但是他遇到一位金发美女艾米丽娅,疯狂地爱上了她。他觉得艾米丽娅跟别人不一样。当然,她们中的每个人都不一样。

那时艾米丽娅二十五岁,风姿绰约,会弹钢琴,有时从她的樱桃小嘴中会飘出一个曲子。杨百翰饭不思、夜不寐,哀求艾米丽娅嫁给他。她却仰脸摇头故作矜持。他越坚持,她就越矜持。最后杨百翰说愿意给她让出教主的位置,嫁给他是上帝的旨意,她终于同意了。

问题这就开始了,这位金发美女能弹会唱,自命不凡,跟那些女人住在一个屋檐下哪儿能行?当然不行。她要求杨百翰给她建一座富丽堂皇的大厦,杨百翰照办了。后来这座大厦成了犹他州多年的汇演场所。她会跟那些嚼舌根的女人们同桌吃饭吗?不管怎么说,她总算同意屈尊在同一个屋子吃饭,但她有自己的小桌子,杨百翰还得跟她一块儿吃。据说,她常常能吃上草原榛鸡,而其他女人吃的总是腌肉。

杨百翰小时候家境贫寒,生活拮据。他自己编织草帽,因此他向妻子们倡导节俭,给她们羊毛让她们自己织吊袜带,还吓唬说如果谁再继续买丝绒带,大手大脚地花钱赶时髦,就跟谁离婚。

这个要求把艾米丽娅气得够呛,她继续弹她的钢琴,继续买她的香水、丝织品、首饰,还坐着马车到处炫耀,看戏时偏要坐在其他女人的前面。如果杨百翰家里有猎枪,我想会出现这一幕:某天早上,有人发现艾米丽娅已经被打死了。

杨百翰曾在布道中说,他的会众如果遇到麻烦向他咨询,他会告诉他们上帝的意旨。有一天,一个上了年纪的女人找到杨百翰问:"按照上帝的意旨,贴身的法兰绒我该穿黄色的还是红色的?"杨百翰思考片刻说:"黄色。"又来了一位哭天抹泪的老妇人,说她的丈夫让她去死。杨百翰拍了拍她的胳膊,郑重其事地说:"现在?您可千万别。"

杨百翰有五十六个孩子,他最喜欢的那个女人给她生了十个,有十一个女人没有生养。有时候一个月会有三个孩子降生,有时两个女人赶到同一天分娩,最后一个孩子出生时他已经六十八岁了。他给孩子们建了一所私人学校。布道时,他让大女儿穿上丝质的黑长裙,在一旁速记。

我曾经也对他的家庭生活说长道短,但一夫多妻的生活对他的职业有特殊的意义。他只上过十一天半的学,但他成了十九世纪杰出的领袖之一。曾经担任林肯政府国务卿的威廉·亨利·西华德说:"美国从来都没有哪位政治家能像杨百翰这样优秀。"

自学成才的杨百翰领着迷茫的劳苦民众,乘着牛车、马车,跨过干旱的平原,在一片荒漠上落地生根。经过他们的辛勤开发,这片不毛之地终于生机勃勃。他建立了一个经济帝国,担任着摩门教的最高领袖,在他的苦心呵护下,摩门教终于像棵月桂树一样开枝散叶。

他给后人留下了一段精彩的故事。

第四十五章　范德比尔特

> 他是美国最强大的人,什么也不怕。不过他会在床的四脚垫上盘子,盘子里装满盐,认为这样睡觉时可以驱鬼辟邪。

有人送过你八百万英镑吗?年轻的阿尔弗莱德·格温·范德比尔特生日那天就收到了这么一笔巨额财富。

听起来有些不可思议,阿尔弗莱德将继承美国最大的一笔财产。他没上过大学,他压根儿就没想着去,他有私人教师陪着环游世界。他巡游过加勒比海,也到过非洲草原,在那里拍过大象、长颈鹿的影像。

他不喜欢社交活动,但对赛马非常感兴趣,这一点与他家族其他人一致,他从父辈那里继承了美国最贵的马厩。第一次世界大战时,他的父亲老阿尔弗莱德·格温·范德比尔特搭乘的卢西塔尼亚号被德国鱼雷击中,他虽然热爱运动,却不会游泳。救生艇上给他安排了个位置,他刚坐上不久又出来了,把位置让给了一位女士。不一会儿,有位妇女在甲板上东奔西窜,万分着急,歇斯底里地喊着说自己没有救生圈。看到这一情况,他竟把自己的救生圈给了她。几分钟后船开始下沉,老范德比尔特最终随着卢西塔尼亚号葬身大海,算得上是位真正的绅士。

范德比尔特家族的财富是在科尼利尔斯·范德比尔特手上打下基础的。他是个很有意思的老人,现在纽约第四十二街中央车站前还立着他的铜像。

一百四十多年前,科尼利尔斯出生在史德顿岛上的一个农场,十六岁生日那天，他跟母亲借了二十英镑，买了条小渡轮，运送从史德顿岛到纽约的客人。依靠铁路和轮船投资，这二十英镑的起步资金最后滚成了两千万英镑。

科尼利尔斯虽然坐拥巨额财富，但他生活依然节俭。在最后一次生病的时候，医生建议他喝点香槟，他大声地说：“什么！香槟？天哪！医生，我喝不起，苏打水不行吗？”

他刚结婚就开始创业，他的妻子在新泽西州纽布伦斯维克市开了家旅店，抽空还得照料十一个孩子。她想着有一天有钱了就不用那么劳累。但是当她的丈夫成为世界首富后，她却总说最幸福的时光是在新泽西，那时很穷，为了养家而打拼。

科尼利尔斯发财后想搬进城里，但守旧顾家的妻子却坚决反对。为此他们经常发生口角，科尼利尔斯认为她疯了，把她弄到精神病院关了一年。

科尼利尔斯认为大儿子比利没有出息，做不好生意，就把他留在农场上。一直到四十岁，比利才开始显露出他的才干，老科尼利尔斯把肥料卖给儿子，价钱是运一趟十六先令。他想的是儿子会用马车拉一趟，结果倒好，比利弄来了条驳船，也是拉一趟。老科尼利尔斯上当了，但心里暗赞他的精明。他喜欢快马，当他看到自己的马不如比利的跑得快时，就确信儿子已经很优秀了，是时候让他离开农场，掌管纽约中央铁路公司了。老科尼利尔斯去世时给比利留下了一千八百万英镑的财产，而比利去世时留下的遗产已达四千万英镑。

老科尼利尔斯有许多古怪的习惯：他从来不用支票簿，常常找来半张普通纸，在上面写上金额，这半张纸就成了支票。他听不进别人的丝毫意见，八十四岁时他趴在床上，拒绝听取别人的建议，护士、医生让他做点什么，他会举起热水杯朝他们砸去。在他去世前的几周，家中挤满了记者，等着报道他的死讯，这可把他气坏了。有一天，有个记者按响了门铃,他爬下床,费力地挪到楼梯口,冲着记者喊:"我还没死呢!我死不了!"

生病时,老科尼利尔斯会找几个通灵的人,让他们跟他那已经去世了四十年的母亲对话。他的母亲托话给他,在背上疼痛处抹点芥子膏,他便听从母亲的话。他跟母亲的感情很深,母亲去世后,每当他乘坐豪华的游艇从司德顿岛农场旁边经过时都会放烟花,以纪念母亲。

他是美国最强大的人,什么也不怕。不过他会在床的四脚垫上盘子,盘子里装满盐,认为这样睡觉时可以驱鬼辟邪。

第四十六章 玛丽·罗伯茨·莱因哈特

> 在美国,她是最高产的作家之一,也是身价最高的作家之一,但她曾说"写作完全是个苦差事"。

玛丽·罗伯茨·莱因哈特写过四十四本书,在杂志上也发表过数千篇小说,拥有百万读者。她开始创作时,已是三个孩子的母亲,不是为了出名,而是被债务所迫。她的第一部小说只卖了六英镑十先令,而现在,编辑们愿意出六千八百英镑来出版她的一本书。在美国,她是最高产的作家之一,也是身价最高的作家之一,但她曾说"写作完全是个苦差事"。

她曾以每捆书十五英镑的价格把自己的小说卖给电影公司,后来别人出一万英镑的高价让她去好莱坞写电影剧本,她却拒绝了。

莱因哈特身体不好,常常需要做手术,因此她要么在床上写作,要么在轮椅上,要么在医院里。有一次,她患了白喉病,在此期间写了些诗歌,手稿只有经过消毒才能寄给编辑。她常说是疾病成全了她,正因为下不了床,才写了这么多小说。

不过那些寄给编辑的诗歌都没有卖出去。她曾经写过一本儿童诗集,为了联系出版社,她从匹兹堡跑到纽约,跑了一家又一家的出版社,走得满脚是泡,最终愿望还是落空了。回到家中,她气馁了,想放弃写作。

忽然有一天,华尔街的老故事又上演了,发行了太多股票,公司的利润微薄,人们开始恐慌,股市暴跌。这场金融灾难也波及她的头上了,一天之内,她的积蓄全没了,还背负上两千四百英镑的债务,她吓坏了。当时的情况极其糟糕,她后来说这个数字可能高达两百万英镑,她彻底绝望了。

丈夫是个医生,她想帮忙做点什么,分担一下生活压力,于是想到了创作。但她白天忙于家务,晚上累得筋疲力尽,还得隔两个小时就起床热牛奶,喂两个营养不足的孩子。

一天傍晚,她的丈夫出诊回来,跟她讲了个事:他的病人失忆了,脑子里只有年轻时的那段记忆,不认识自己的妻子,当别人告诉他屋里跑动的小孩是他的时,他竟哈哈大笑。这件事引起了她的兴趣,她当晚就坐下来开始写故事,写完就邮给了报社。让她感到意外的是,这家报社不但接受了她的故事,还给她寄来一张六英镑十六先令的支票,让她继续写。

莱因哈特的创作都是利用业余时间进行。其实她并没有多少闲暇时间:她每天要把三层楼的房子从上至下打扫得干干净净;照顾丈夫和孩子;家里虽然有个仆人,但她还是会去买菜,帮着准备一日三餐;给家人做果冻、腌泡菜、做果酱;做些缝补的活儿,自己和孩子的衣服多数是自己动手缝制的;她的母亲身体不好,十四年来一直由她照料着;她还帮丈夫整理账单、做账,遇到急诊时给丈夫打个下手。因此写作只有在傍晚丈夫出诊后进行。一年之后,她卖了四十五个故事,挣了三百六十多英镑,这可是个了不起的成绩。

她住过两处"不干净"的房子,一处在长岛,另一处在首都华盛顿。

参议员彭罗斯刚去世不久,莱因哈特全家就搬进了他住过的房子,她住的恰好就是彭罗斯去世的那间卧室。很快,毛骨悚然的事情开始出现了。

没人按门铃,门铃却响个不停;没人推门,门却自己慢慢地开了;门窗都关着,家里也没有烟囱,小鸟和蝙蝠却在家中出没;床头出现了一些神秘的图纹;夜深人静时,还有人敲门;凌晨两点,打字机的键盘咔咔作响,可那跟前儿并没有人;小狗冲进一间屋子,里面明显也没有人,出来时毛都立了起来,眼里充满恐惧,贴着地板往外爬;盆栽直直地立到了客厅中间,盆子却还在三十英尺外的原处没有动;一到晚上,桌子、椅子乱动发出瘆人的声音。

她吓坏了,晚上睡不好觉。有朋友相信魂灵的存在,建议她听到声响时就跟魂灵说话,问问他们想要什么,她能做些什么。

第二天夜里,客厅的窗户又自己关上了。她爬下床,一步步挨到客厅,靠着墙,害怕极了,哆哆嗦嗦地跟另外一个世界的精灵对起话来。突然厅中铃声大作,像火警一般,把她吓得抱头嘶喊,后来才发现是自己碰到了墙上的按铃。

她并不相信魂灵的存在,也不认为已故的彭罗斯会在屋子里出没。用她自己的话说:"我得承认,很多次我都在想是不是有一些精灵在我们身边嬉戏玩耍,只是我们看不到他们而已。"

第四十七章 托马斯·爱迪生

老师说他笨得出奇,不适合学习,医生说他脑子可能有问题,他脑袋形状有些异常,跟正常人不太一样。

某天,我去范德比尔特酒店吃午餐。过来一位服务员把我的帽子拿去保管，但并没有给我开票，我感到有点奇怪，就上前问个究竟。她说能记住我，不需开票，后来她果然做到了。她告诉我说她专门负责保管客人的衣物，多的时候会有两百多位客人，他们的衣物都叠放在一起，客人离开时她能准确无误地将东西还给每位客人。我跟这家酒店的经理说起此事，经理说她多年来从来没出过错。

我在想，就算给爱迪生一百万英镑，估计他也未必能做到像那个服务员那样。爱迪生的记忆力很差，尤其是在青年时期，老师教什么他就忘什么，成绩总是班级垫底。老师说他笨得出奇，不适合学习，医生说他脑子可能有问题，他脑袋形状有些异常，跟正常人不太一样。爱迪生一生中只进过三个月的学堂，他母亲在家里教他。这位母亲真是了不起，因为她的儿子后来几乎改变了整个世界。

后来爱迪生的记忆力变得惊人，尤其擅长记科学数据。他家有个大书房，他的科学知识都是从那里获得的。他的注意力非常强，可以完全集中在手头的事情上，忘记其他的一切。

有一天，他在法院排队等着纳税，脑子正在思考一个科学问题。当轮到他时，他竟然忘记了自己的名字。旁边有人看出了他的尴尬，提醒他帮助他摆脱了窘境。爱迪生后来说，有时还真想不起自己的名字。虽然他一生都离不了这个名字，有时还真的忘了。他曾认真地考虑去学习一种能提高记忆力的方法。

爱迪生经常通宵达旦做实验，有一天早上他正等着早餐，等着等着就睡着了。他的一名助理已经吃过了，心情不错，就想捉弄一下他。于是助理把自己吃过的空盘子放在爱迪生的桌子上。几分钟后爱迪生醒来，揉了揉眼睛，看到眼前盘子是空的，咖啡杯也是空的，就剩了一些面包皮，想了想，自己必定是吃过早餐了。想到这儿，他就起身离开餐桌，点了一支烟回去工作。一旁的同事们看了哄堂大笑，他才意识到是有人在和他开玩笑，自己根本没有吃早餐。

美国著名的植物学家阿萨·格雷能背出两万五千多种植物；据记载，凯撒能叫出数千名士兵的名字。

卡莱尔·罗宾逊给卓别林当了七年的私人秘书兼经纪人，经常跟卓别林进进出出，可是七年下来卓别林还是不知道他姓什么。

埃及开罗有一座伊斯兰神学院，它是世界上第二大学校。入学考试要求学生背诵《古兰经》。《古兰经》是伊斯兰教的圣经，跟《新约》的篇幅差不多，背完需要三天，不过呢，两万多名学生中就会有一名做得到。拜伦勋爵曾说他能记住自己所写的全部诗歌，而沃尔特·斯科特爵士记忆力奇差。他曾对一首诗大加赞扬，以为这首诗是拜伦写的，其实是自己写的。

弗朗西斯·培根爵士能够口述出自己的最著名的那本书；约瑟夫·杰弗森一连十几年每晚都出演《瑞普·凡·温克尔》，但他却总忘台词；亚伯拉罕·林肯想记住东西，他的方法是大声地读出来，这样听觉、视觉两方面的印象都可得以加深。

伟大的历史学家麦考莱的记忆力是最棒的。他只看一眼文字，就可以像照相机一样准确地将信息记在脑子里。一个章节的内容他只需要读一遍就能复述出来，写历史材料的时候都不需要翻参考书。据说他跟别人打赌，竟然一晚上把《失乐园》给背下来了。卡尔文·柯立芝曾经每晚睡觉前都会读几页《失乐园》。如果失眠，可以尝试读一读《失乐园》，比安眠药效果还好。

西奥多·罗斯福的记忆力也很惊人，他非常喜欢跟人打交道。他能记住每个人的细节，分析他们的习惯，一遍遍念他们的名字直到最后永远记在脑海里，这对他从政有很大的帮助。第二次再遇到这些人，他能喊出他们的名字，这些人会感到自己被重视。有一次，他接见一位十五年未见的日本银行家，一见面就谈到十五年前他们讨论的那个话题，这位银行家十分惊讶。罗斯福读到他想记住的东西时，脑子里都会留下深刻鲜活的印象。经过一遍一遍地练习，他的注意力得到了很大的提高，即使在有干扰的环境下，他也能集中注意力。

一九一二年，芝加哥会议期间，他的办公总部设在国会酒店。街道上群众打着横幅喊着他的昵称："我们要泰迪！我们要泰迪！"街上沸腾的人群、嘈杂的乐队、来来去去的政客，还有一个接一个的会议，要是一般人的话，注意力肯定会分散，但罗斯福坐在房间的摇椅上，充耳不闻，继续读着古希腊历史学家希罗多德的著作。

他曾经去过巴西荒原，当他晚上到达宿营地，就赶紧在树底下找到一块干地，支起马扎，掏出爱德华·吉本著的《罗马帝国衰亡史》读了起来，全然忘却了雨声、营地嘈杂声，以及热带雨林里的动静。他的注意力十分集中，能记住自己读过的东西，这当然就不奇怪了。

英国人乔治·毕德十岁时就能在一百二十一秒内在脑子里计算出四千四百四十四英镑在银行存四千四百四十四天，按照百分之四点五的年利率，最后能生多少利息。

前不久，"铁路·杰克"在密歇根州去世，他的记忆力也是惊人。二十年来他跑遍了各个大学，让学生万分惊讶。他走进学生餐厅说："我是'铁路·杰克'，你们可以随便问我历史人物，我可以回答你。"学生们听他这么一说就想考考他，问一些比较偏的问题，比如，"苏格拉底的妻子结婚时多大？"他会脱口而出："苏格拉底四十岁结婚，虽然他很有智慧，但他娶了十九岁的时髦女郎。"又有人问："刺刀是什么时候开始在战场上使用的？"他立刻回答："一六八九年七月二十七日，在苏格兰的基利克兰克战役中。"于是，这些学生就请他吃午餐，为他募捐，给他买了套衣服。

亨利·福特被"铁路·杰克"的记忆力所震惊，决定送他辆轿车，让他能够在各地进行巡讲。然而他拒绝了，继续用自己的马车，还在马车的侧面刷着几个字："铁路·杰克——历史天才。"

"铁路·杰克"最后在一个废弃的旧房子里去世,时年七十九岁。他留下遗嘱,把遗体捐给密歇根大学,供他们的医学院做大脑研究,以发现他记忆的秘密。我曾给密歇根大学心理系的皮尔·波利教授写信,他告诉了我"铁路·杰克"的记忆秘密。他说"铁路·杰克"一生时间都在记忆信息,后来越攒越多。信中还说,他们对一些神奇的记忆进行了研究,发现他们中的一些人确实非常聪明,另外一半人却很愚钝。

这就意味着如果你有非凡的记忆力,你有可能是一个天才,但也可能离精神病不远,你想想自己是属于哪种?

如果你的记忆力跟我一样糟糕,也不要沮丧。达·芬奇是最杰出的人之一,但他只要不做笔记,就什么也记不住,即使是做了笔记,也常常跟你我一样,把笔记丢个精光。

第四十八章　欧·亨利

他没念过多少书,没上过中学,也没进过大学,然而他的小说却被一半的美国大学作为写作范本进行研究。

谁是最著名的短篇小说家呢?他出生在七十多年前,大家都读过他的故事,他的作品销量达六百多万册,已经被翻译成了各种语言。他的笔名叫欧·亨利,他克服了重重困难,最终走向成功,给我们树立了一个典范。

他没念过多少书,没上过中学,也没进过大学,然而他的小说却被一半的美国大学作为写作范本进行研究。

他患过肺结核,医生觉得他会死,把他送到得克萨斯州,让他在那里的牧场上放羊,与远在北卡罗来纳州的家人隔离开来。如今有游客驱车数百英里去参观这个牧场,他们出于尊重,快要到达牧场时,下车改为步行,看看欧·亨利曾经放羊的地方。

他还蹲过监牢,事情是这样的:他身体康复之后,在得州奥斯汀市一家银行谋到一份出纳的工作。当地有个传统,在银行职员比较忙的时候,牛仔、羊倌可自己进银行点钱,留下一张签字的收据就可以走了。

有一天,州里来人视察银行的工作,发现现金少了,怀疑落到欧·亨利的头上,他就这样被抓了起来,送上了法庭,可能他确实一分钱没拿,但还是被判了五年监禁。这一判决在当时看来是场灾难,不过塞翁失马,焉知非福。欧·亨利在牢里开始写作,创作了一系列优秀小说,深受英语世界读者的喜爱。假若他没有坐牢,他就不会写作。我最近跟纽约星星监狱的狱长拉维斯做了一些交流,他说监狱里的犯人都想写一写自己的事情,为此监狱还专门开设了短篇小说写作课程。当然了,成功的只有少数人,但是许多名人都在监狱里写过小说。

伊丽莎白女王的侍臣沃尔特·雷利爵士,曾是位有名的花花公子,鞋上镶有钻石,耳上戴有珍珠。为了讨得女王欢心,他曾把披风垫到水坑里,让女王踩着过去。他后来因为政治上的嫉妒被判监禁十四年。在漫长的监禁中,他开始写作。牢房阴冷潮湿,空间狭小,墙上渗着泥水。风湿导致他左臂僵硬,手上关节肿大疼痛,尽管历尽了种种痛苦磨难,他在监狱中写就了一部世界史,三百年后的今天,学校还在研究他的这部巨著。

约翰·班扬因宗教获罪,被监禁十二年。坐牢期间,他靠编织鞋带给妻子和四个饥饿的孩子挣点面包钱。在阴冷潮湿的牢房里,他手上编织着,脑子却想着别的事情。期间他写了《天路历程》,差不多每位美国学生都读过,现在已经被译成了各国语言,翻译语言的种类仅次于《圣经》。

《堂·吉诃德》这部伟大的作品就是塞万提斯在牢里完成的。伏尔泰、奥斯卡·王尔德也都在监狱中写作过。希特勒的传记也有一部分是在监狱里完成的。我几乎可以下个结论:如果你想写书,那砸碎人家窗户,让自己被关进牢里去,不失为一个好办法。

　　二百五十年前,英国诗人理查德·洛夫莱斯也坐过牢,他通过笔下的英语诗歌,美化了牢房。其中有一首是写给爱人的情诗。诗歌的标题为:狱中致艾尔西亚。

　　　　石头墙围不住监狱,
　　　　铁栅栏编不出牢笼,
　　　　无辜清白的心灵,
　　　　正好悠居于此,犹如隐士。
　　　　如果我在爱情上有了自由,
　　　　灵魂上也没有束缚,
　　　　唯有上面的天使,
　　　　才能共享这种自由。

张灿金　译

下篇
五分钟名人传记

杰克·伦敦的童年深深地烙下了贫穷和艰辛的印记。他在餐馆洗过盘子，刷过地板，在码头和工厂也干过。但这位流浪汉，这位曾经的乞丐，成了文学圈里最闪耀的明星之一。

安德鲁·卡内基是钢铁大王，但他对钢铁制造知之甚少。他手下有数百人，甚至数千人，这些人更了解钢铁。但是，卡内基知道如何同人打交道，他因此变得富有。

第一章　马丁·约翰逊[1]

马丁·约翰逊认为，自己或许是真正了解非洲野生动物的人，手里不需要拿什么致命的武器，只消一根竹手杖，就能安然无恙地从开罗走到好望角。

马丁·约翰逊在非洲大草原上拍摄了数千头狮子，只杀死过两头。他告诉我，上一次他在非洲待了二十个月，那一次他见到的狮子数量最多，然而他没开过一次枪。事实上，他根本就没有带枪。

有些非洲探险家回来之后，喜欢讲述那些毛骨悚然的经历。但是马丁·约翰逊却认为，自己或许是真正了解非洲野生动物的人，手里不需要拿什么致命的武器，只消一根竹手杖，就能安然无恙地从开罗走到好望角。

他还告诉我，上次去非洲的时候，他还带上了一个很好的收音机，这样就能收听美国的广播了。他说，开始一两个月，很多时候他都在听广播，后来他觉得广告又长又吵，就厌烦了，连着数月都没有收听广播。

马丁·约翰逊十四岁的时候就开始漫游世界。他的父亲是堪萨斯州独立城的一位珠宝商。马丁还是个小男孩的时候，他就经常打开父亲从世界遥远的角落带回来的箱子。巴黎、日内瓦、巴塞罗那、布达佩斯，箱子上五花八门的标签让他心生向往，他决心要亲自走一遭这些地方。所以，有一天，他离家出走了。他徒步穿越了美国，最后登上了一艘开往欧洲的牲口船。来到欧洲后，能找到什么工作，他就干

---

[1] 马丁·约翰逊（Martin Johnson，1884—1937），美国冒险家、电影制片人。

什么工作，但有时也真是找不到工作。在布鲁塞尔，他有一顿没一顿地过着；在布雷斯特，他站在大西洋的岸边眺望彼岸，心中顿生思乡之情；在伦敦，没有落脚之地，他只好睡在包装纸盒里。为了回到美国，回到堪萨斯州，他登上一艘开往纽约的轮船，藏在救生艇里，成了偷渡客。

接下来发生的一件事彻底改变了他的人生轨迹，他从此踏上了辉煌的冒险之旅。那艘轮船上的一位工程师给他看了一本杂志，上面有一篇杰克·伦敦的文章。文中，杰克·伦敦说自己打算开一艘三十英尺的小船环游世界，小船的名字叫"蛇鲨"。

约翰逊一回到独立城，就给杰克·伦敦写了一封信。他热情洋溢地写满了八页纸，倾诉了自己的内心世界。"我到过国外，"他写道，"从芝加哥出发的时候，我兜里有五美元五十美分，回来的时候，兜里还有二十五美分。"

两周的时间过去了，他心急如焚地等待回信。杰克·伦敦拍来了一封电报。电报上只有五个字——"你会做饭吗？"问题直截而明了，典型的电报语言。

他会做饭吗？上帝，他甚至连煮米饭都不会。但是，他立刻回电，也是五个字——"就看我的了。"接着，他就出门在餐馆的厨房找了一份工作。

"蛇鲨"号起航了，行驶在旧金山波光粼粼的水面上，开往太平洋，马丁·约翰逊就在这条船上，他是主厨兼杂役。他会做面包、煎蛋饼、肉汁、汤，甚至还会做布丁，都是现学现卖。他还负责购买旅行所需的食物，他准备的盐、胡椒，还有其他的香料，可供正常规模的船员吃上两百年。

在这次旅途中，他学了航海定位。他自认为是这方面的行家了。于是，有一天，他要秀一下自己有多聪明，想着在地图上定一下船的位置。当时,"蛇鲨"号位处太平洋中央,鼓着船帆,驶往火奴鲁鲁[1]。但是,根据他的一番航海计算,这条船竟在大西洋的中央!

算错了又怎样,他根本就不在乎。他过着每个男孩都梦寐以求的快乐冒险生活。什么都阻挡不了他的热情。一次,船上没有了淡水,整整两周,头顶上是火热的太阳,甲板上的沥青漆仿佛都像糖浆一样烧滚冒泡了,大家差点就死掉了。

那是三十年前的事情了,这是快乐的三十年,时时刻刻都在行动的三十年,马丁·约翰逊已经跨过了七大洋,周游了全世界,从巴拿马南太平洋海域的珊瑚礁岛到最原始的非洲丛林,他都留下了足迹。他让美国人第一次看到了食人族的画面。他拍摄了矮人族和巨人族,也拍摄了大象和长颈鹿,他拍摄了非洲草原上的所有野生动物。他带回了一艘装满神奇动物的"诺亚方舟"——他把这些动物记录在了一卷卷的胶片上,那么多的电影院,都还没有放过这些画面呢。他将濒临灭绝的野生动物记录在了永存的胶片上,有一天,很多非洲的野生动物从这个地球上消失了,可是我们的子子孙孙还能从他的摄影作品中感受它们的魅力。

马丁·约翰逊告诉我,一头吃喝不愁的狮子,如果从来没有受过人类的骚扰,它根本就不会在意人类的气味。他曾经开着汽车来到一群狮子中间,一共有十五头狮子,它们就躺在那里,像猫咪一样眨巴着眼睛。甚至有头狮子走了过来,开始啃噬汽车的前轮胎。还有一次,他驾着车来到一头母狮子面前,靠得非常近,狮子要是伸出爪子,就可以摸到汽车了,但是母狮子却一动不动,连胡须都懒得动一下。

我问他:"你是想跟我说,狮子是温顺的动物?"

他回答道:"上帝呀,不是的!我觉得,要想自杀,最好的办法就

---

[1] 火奴鲁鲁,美国夏威夷州首府和港口城市。华人称之为檀香山。

是去信任一头狮子。天，它什么时候起疑心，什么时候开始袭击你，你是不知道的。狮子一旦展开攻势，就是这个世界上最危险的动物。它猛扑过来的架势就像是带着一百磅的炸药，它一跳，就是四十英尺，它比冲刺阶段的骑兵跑得都快。"

我问他，哪次的逃生经历最惊险，他回答说："哦，很多次都是死里逃生，都非常有趣。"

最惊险的一次是在南太平洋岛屿上，那次他正在拍摄第一部食人族的影片，结果自己差点被食人生番炖成一锅汤。

以前，白人贩子曾经袭击过这些食人族岛屿，掳走当地人，把他们贩卖为奴隶。这些食人生番对白人充满了敌意，他们生性多疑——还饥肠辘辘。他们已经杀死了数位白人，夺走了他们的物资。这些人将马丁·约翰逊打量了一番，盘算着把这个来自堪萨斯州的家伙当作星期天大餐炖着吃，肉肯定很嫩。马丁一边同酋长交谈，一边把随身携带的礼物摆了出来，忙个不停，这时森林中又钻出来几十个食人生番家伙，把他团团围住。他带着一把左轮手枪，可实在是寡不敌众。他额头上渗出了冷汗，心跳加速，咚咚咚狂响，而数英里之外才能找到援助，此时除故作冷静、继续交谈之外，别无他法。整个过程，围在他周围的食人生番个个都是一副馋嘴的样子，满怀期待地舔着手里的斧头。自从他离开堪萨斯州独立城之后，马丁还是第一次觉得如果跟着父亲去做珠宝生意，也是个不错的选择。

就在食人生番扑过来的当头，奇迹发生了。一艘英国的巡逻艇驶入了岛屿下面的海湾。食人族目瞪口呆地看着，他们知道那是援兵。约翰逊也是目瞪口呆地看着，真是不敢相信自己的眼睛。他马上对着酋长鞠了一躬，说道："您看，我的船已经来找我了，很高兴见到你们，再见。"趁着众生番还没有回过神来，他一溜烟地跑向了海滩。

第二章　佛罗伦兹·齐格飞[1]

没有哪个男人能够像佛罗伦兹·齐格飞那样，知道那么多漂亮女孩的电话号码，是世界之最，绝对空前，他被誉为"美国女孩的伯乐"。

"齐格飞讽刺剧"[2]在百老汇的舞台上辉煌上演了二十四年。它制作豪华，深得人们喜爱，就这两点，没有哪部戏剧能在其之上。没有哪部戏能赚上那么多的钱，也没有哪部戏能够亏上那么多钱。

没有哪个男人能够像佛罗伦兹·齐格飞那样，知道那么多漂亮女孩的电话号码，是世界之最。在他的"丽人手册"中，一行行全是迷人女孩的姓名、地址和电话号码，成千上万的女孩子呀。每天都有五十到六十个立志成名的年轻"维纳斯"们在他挑剔的目光下走来走去。

他被誉为"美国女孩的伯乐"，对此他深感自豪。这的确是名副其实的称号。他经常选中某个平淡无奇的小女孩，换了别人，绝对不会多看这个女孩一眼。可是在他手里，这个女孩就会蜕变成舞台上魅力十足的神秘尤物。想要登上齐格飞的舞台，那就得有良好的体态和优雅的举止，有了这两样，就能得到大家都垂涎的通行证。而齐格飞本人负责将演员变得魅力四射。

齐格飞就像东方的君主一样奢华浪费。在舞台服装上，他一掷千金。他找遍欧洲、印度和其他亚洲国家的市场，只为买到最美丽的布料。

---

[1] 弗洛伦兹·齐格飞（Florenz Ziegfeld，1867—1932），美国歌舞剧大王。
[2] "齐格飞讽刺剧"，一九〇七年至一九三一年在百老汇上演的系列歌舞剧，改编之后，又于一九三四至一九三六再次上演。

即使是裙子的衬里都必须用最精美的丝绸,在他看来,只有贴身衣料都尽善尽美,女人才会真正觉得自己美丽动人。

为了给戏中的牛仔找到合适的帽子,《演出船》这部剧推迟了整整三个月。一次,他在一部剧上花了二十五万美元,而这部戏只上演了一次,就再也没有登台,原因只是他觉得这部戏配不上齐格飞式的绚丽风格。

无论做什么,他都铺张浪费,大手大脚。每天,他同数百人联系,但他从来不口授信件。他一醒来就发电报、打电话,没完没了。无论走到哪儿,他都带着空白的电报单子。他在中央车站上车,还没有坐到第一二五大街,就用完了整整一叠空白的电报单。

说起来真是难以置信,在排练的时候,他坐在乐队演奏的地方,跨过脚灯,就是演员,但他还给他们发电报,这是真的。对方近在咫尺,扯上一嗓子就能听到,他也给别人拍电报。一次,他从窗户探出身子来,朝着对面窗户的人叫道:"喂,我给你发了封电报,你怎么没回呢?"

一旦路过电话亭,他就会停下来,至少要打十来个电话。早上他六点钟就起床了,为的是给自己的员工打电话,几乎每天如此。

他会盘算数小时,就为了省下十七八块钱;到了第二天,眼睛都不眨一下,他又在华尔街扔下十万美元。一次,他从爱德·韦恩那里借了五千美元,用这笔钱租了专列,横跨美洲大陆。

他很有骑士风度,对女人慷慨殷勤,女人因此觉得自己美丽动人。首演之夜,他都会给歌舞队的每个女孩子送上一盒花。即使那些到他那儿找工作的年老或者半疯半傻的女人,他也同样殷勤相待,与对待其他人没有两样。

他麾下最有名气的明星,一个星期的平均薪水是五千美元。一个演出季下来,这些演员银行里的钱比他还多。

他刚进入演出行业的时候，歌舞团里的女孩每周的收入是三十美元。但在他恣意挥霍的培养之下，演出行业里漂亮女孩的身价已经到了每周一百二十五美元。

齐格飞早熟，十四岁的时候，他就涉足了演出业。从家里跑了出来，他加入了野牛比尔[1]的蛮荒西部秀，表演花样骑术和射击。

二十五岁的时候，他是山道[2]的经纪人，捞了一大笔钱，山道在《淘气两兄弟》中饰演那个声音沙哑的大个子。

两年之后，他来到伦敦，当时已经破产了，名下一分钱都没有。他想在赌场赌一把运气，转盘一转，他连衬衣都输掉了。

虽然一分钱也没有，但这位了不起的创业者也从来不会为此烦恼。完全凭借自己的魅力，他又组建了一个团，带着整个欧洲最名噪一时的女演员凯旋。他回到了美国——那位女演员就是安娜·赫尔德，她热情奔放、才华横溢、活力四射，是那个时代的梅·韦斯特。

美国精明的制作人一直在给安娜·赫尔德发电报，求着她来纽约，并许以各种丰厚的报酬。没想到，佛罗伦兹·齐格飞，才二十七岁，名不见经传，兜里一分钱没有，他走进赫尔德的化妆室，竟用魅力征服了她，抢在别人前面让她签订了合同，从此，齐格飞声名鹊起。

---

[1] 野牛比尔（Buffalo Bill），原名威廉·科迪（William Cody，1846—1917），美国陆军侦察兵，善于猎杀野牛，他曾在八个月内杀死将近五千头野牛，因此获得"野牛比尔"的绰号。他最为人所知的身份可能是蛮荒西部（Wild West）的代表人物，他制作了名为"野牛比尔的荒蛮西部及世界驯马师大会"（Buffalo Bill's Wild West and Congress of Rough Riders of the World）的系列表演，这场表演享誉全球，为美国西部创造了一个永恒不变的形象。

[2] 尤金·山道（Eugen Sandow，1867—1925），艺名，他首创了通过各种姿态来展示人体美，而且为现代健美运动的发展奠定了基础，被公认为"国际健美运动的创始人"和"世界上第一位健美运动员"。

安娜·赫尔德立刻就引起了轰动,她彻底征服了美国。紧身衣、粉底、帽子、香水、马、鸡尾酒、小狗,还有雪茄都以她的名字命名。从东海岸到西海岸,整个美国都在为她举杯。不到一年,佛罗伦兹·齐格飞成为了她的丈夫。

多年后,他同安娜·赫尔德离婚,他如痴如醉地爱上了比莉·伯克。就在遇到她的那天,齐格飞买下了整间花店,从麝香豌豆花到兰花,从康乃馨到窗台上的橘子树,一样不落,全送了过去。比莉告诉他,本来想打电话致谢的,可他的电话一直占线,听了这话,他立马就安装了一台金色电话,铃声与众不同,专门用来接听比莉的电话。

齐格飞优柔寡断,他就是这样的性格,他讨厌做决定。以前,他的桌子上摆了一盒甘草糖,有朋友问他是不是真喜欢甘草糖,他说:"让我来告诉你我为什么吃甘草糖吧。这些糖都是黑色的,我就不用决定到底最喜欢哪个颜色了。"

他雇了世界上最著名的喜剧演员来出演自己的讽刺剧,但是面对这些演员的滑稽动作,他从来不发笑。爱德·韦恩也好,埃迪·坎托也好,威尔·罗杰斯也好,他们都不能让他咧嘴一笑。他太酷了,他的演员们给了他一个绰号,叫作"冰水"。

二十四年来,"齐格飞讽刺剧"每次首演都算得上是老纽约的盛事。街道上挤满了豪华轿车,剧院大厅挤满了头戴丝帽的绅士和身着貂皮大衣的女士。前排的两张座位,到了头脑机灵的投机贩子手里,卖给那些身心疲惫的企业家们,售价就高达三百美元。后台则是一片喧哗混乱。戏装女管理员,还有信差跑来跑去,不时地撞在一起。怯场的演员们在舞台两翼喃喃自语,歌舞队的女孩们发疯地找衣服。大家乱作一团,只有一个人保持着平静,他很酷、很沉着——这个人就是齐格飞。赶赴首场演出,实属幸运,这些纽约人打扮精致,穿着燕尾服,打着白色领结,但齐格飞只不过穿着普通的灰色西装就来了。他甚至座位都不要,站在通往包厢的台阶上观看演出。

一九二九年,华尔街爆发了股灾,伯乐齐格飞的事业也跌入了低谷。从那以后,这位在表演事业上挥金如土的"魔法师"穷得几乎没钱付房租。最后一部讽刺剧得以上演,一部分钱还是来自他麾下的明星和员工。

一九三二年,齐格飞在加利福尼亚去世。死前,他陷入了谵语状态,神志不清,他觉得自己是在指导讽刺剧。白色的病房就是他的舞台,收音机就是他的乐队,呆若木鸡的贴身男仆就是他的演员们。他的双唇干得起了皮,他的眼睛在高烧之下炯炯发光,他坐了起来,对着一群看不见的演员高声下令。

"帷幕!"他叫道,"快节奏的音乐!灯光!各就各位,最后一场!"最后,他低声喃喃道:"太棒了!演出不错……演出……不……错。"

第三章　霍华德·瑟斯顿[1]

> 他睡在剧院后面的格子栅栏上,却梦想着让全世界百思不得其解。他是牧师,上错了火车,成为了著名的魔术师。

半个世纪前,一个寒冷的夜晚,一群人从芝加哥的麦克维克剧院鱼贯而出。这群人欢声笑语,兴致很高,完全沉浸在当时伟大的魔术师亚历山大·赫尔曼的演出中。

路边一个瑟瑟发抖的报童,正在向人群兜售《芝加哥论坛报》。但是,没人买他的报纸。他没有外套,没有家,没有租床位的钱。那个晚上,

---

[1] 霍华德·瑟斯顿(Howard Thurston,1869—1936),美国伟大的魔术师。

等着人群逐渐散去，他用报纸把自己裹起来，就在剧院后面的一个小巷子里，睡在了铁栅栏上，地下室的火炉让这个栅栏稍稍有点温度。

他躺在那里，又冷又饿，他发誓要成为魔术师。他渴望为他喝彩的人群，渴望穿上镶有毛边的大衣，渴望女孩们在后台入口处等待他。他郑重其事地立下誓言，等他成为著名的魔术师后，一定要回到这里，作为头牌演员演出一次。

这个男孩就是霍华德·瑟斯顿，二十年后，他实现了自己的誓言。演出结束了，他来到那条小巷子，找到了二十年前自己刻下的名字首字母，那时他还是一个饥肠辘辘、无家可归的报童。

他于一九三六年四月十三日去世，那时他已是公认的魔术师长老，戏法的王者。四十年的时间里，他周游世界，一次又一次地制造出奇幻的魔法世界，台下的观众则是屏住呼吸，惊讶不已，百思不得其解。有超过六千万的观众买票观看了他的演出，他的收入接近两百万美元。

就在他去世前不久，我在剧院的舞台边上观看了他的演出。之后我到了他的化妆室，他讲述了自己激动人心的传奇经历，一谈就是数小时。他不加掩饰，平实地道出了自己的人生经历，他的人生几乎同他在舞台上创造的幻觉一样震撼人心。

还是个小男孩时，有一次，他在赶马，赶得太快了，父亲就拿着鞭子对他一顿毒打。愤怒之极，他摔门冲出了房子，一路尖叫，跑了出去，消失在街道的尽头。五年的时间，他的父母没有见到过他，也没有听到他的消息。他们觉得这个孩子已经死了。

他成了流浪儿，一路坐着货车，乞讨、偷窃，他睡在谷仓里、干草堆里，要不就是废弃的建筑里，他也承认，自己能活下来真是个奇迹。他被捕过几十次，有人追他，有人诅咒他，有人踢他，有人把他从火车上扔下来，还有人向他开枪。

他做过赛马骑师，还当过赌棍。十七岁的时候，他浪迹纽约，身无分文，举目无亲。接着发生了一件大事情。一次，他漫无目的地来到一个宗教聚会上，听到一位牧师在布道："你的心中有个顶天立地的人。"

这句话深深触动了他，他认识到了自己的罪恶，长这么大，他还从来没有过这样的感受。他走到圣坛前，泪水从双颊滚落下来，皈依了上帝。两周后，这位以前的流浪汉在唐人街的一个拐角处布道。

他从来没有觉得这么幸福过，于是他决定成为一名牧师。他报名进入了马萨诸塞州诺斯费尔德的慕迪圣经学校，利用业余时间做看门人，以支付食宿。

那时他十八岁，在那之前，他在学校待过的时间不超过六个月。坐货车的时候，他看着铁路沿线的标志，并向其他流浪汉询问标志的意思，就这样，他学会了阅读。但是他不会写，也不会拼，更不会做算术。于是，白天，他到圣经学校上课，学习希腊语和生物学，晚上，他就阅读、写字和做算术。

最后，他决定成为医疗牧师，正要到宾夕法尼亚大学学习，路上发生了一件小事，他的整个人生因此而改变。

从马萨诸塞州到费城，他需要在奥尔巴尼转火车。在等火车的时候，他随意进入一家剧院，看到了亚历山大·赫尔曼正表演魔术，台下的观众看得瞪大了眼睛，惊讶不已。瑟斯顿一直都对魔术很感兴趣。他一直都在试着玩扑克牌魔术。他渴望同伟大的魔术师——他的偶像、他的英雄赫尔曼说说话。他来到酒店，在赫尔曼的隔壁房间住下了。他把耳朵贴在钥匙孔里，还不时在走廊里走来走去，就想着鼓足勇气去敲门，可是他没有办到。

第二天早上，瑟斯顿跟着那位著名的魔术师来到了火车站，默默地站在一旁，满怀敬畏地看着他。魔术师要去锡拉丘兹[1]。瑟斯顿要去纽约，至少他原来是这样打算的。他本来是想买一张到纽约的车票，结果他要了一张去锡拉丘兹的票。

这个错误改变了他的命运。因为这个错误，他成为了魔术师，而不是医疗牧师。

名气登峰造极时，瑟斯顿演出一天，收入接近一千美元。可他经常说，他一生中最开心的时候就是参加药品宣传巡回演出，那时他表演扑克牌魔术，每天收入只有一美元。广告横幅上印有他的名字，鲜艳的红色字母随风跳动，上面写的是：北方魔术师，瑟斯顿。他来自俄亥俄州的哥伦布市，但是，对于得克萨斯的人来说，他就是北方人了。

瑟斯顿也承认，有很多人也通晓魔术，不比他逊色。那么，他成功的秘密是什么呢？

他的成功至少是因为两点。第一，他能够让舞台下的人感受到他的个性魅力。他是一位表演大师，他了解人性。在他看来，对于一个魔术师而言，这些素质同魔术技巧一样重要。他的语音语调，甚至是抬一抬眉毛，所有的一切都是提前精心排练过的，他做动作的时间精确到了秒。

第二点，他喜爱自己的观众。帷幕拉开之前，站在舞台的一侧，他跳上跳下，就是为了进入亢奋的状态。他一直对自己说："我爱我的观众，我喜欢给他们带来娱乐。我这份工作太棒了。我很高兴，我高兴极了！"

他深知，如果自己都不高兴，观众就不会高兴。

---

[1] 锡拉丘兹（Syracuse），或译雪城，绰号盐城（The Salt City），位于美国纽约上州中部的奥农达加县。

第四章　威廉·伦道夫·赫斯特

在美国，虽然他的名字家喻户晓，但他却是个神秘人物。半个世纪以来，他同各路名人相交甚密，可他却真的非常讨厌同陌生人相识。

你是否想过，如果有一百万美元，你准备干什么？威廉·伦道夫·赫斯特每个月的收入为一百万美元，换言之，就是每天三万美元。就在你读这篇文章的时间里，他差不多进账了一百美元。

没有人会叫他威廉·伦道夫·赫斯特，或是威廉。即使他最亲密的朋友都称呼他为"W.R."，他手下有七万名雇员，这些人都称呼他为"老大"。

他麾下有二十四份报纸和九份杂志，拥有上千万的读者。他是世界上最富有、最有影响力的出版商。在美国，虽然他的名字家喻户晓，但他却是个神秘人物。普通人对圣雄甘地的生活都有所了解，可是对威廉·伦道夫·赫斯特却知之甚少。

最让我惊讶的是，这位美国最雄心勃勃的出版商，竟然是一位寡言害羞的人。半个世纪以来，他同各路名人相交甚密，可他却真的非常讨厌同陌生人相识。

在加利福尼亚的庄园里，他通常会有十到六十位客人。但他最喜欢的消遣方式是独自一人悄悄溜开，玩单人纸牌的游戏。在纽约，他最喜欢的消遣活动就是逛街，只看不买。

在西方，最大的地产就是赫斯特在加州的农场了。农场位于岩石海岸线旁，占地二十五万英亩，延绵五十英里。

在临海凭风的高处,他建起了一组摩尔式[1]的城堡,谓之"魔法山",城堡两千英尺之下就是咆哮的太平洋。在城堡的装潢上,他挥金如土。墙上装饰的是曾经点缀过法国城堡的哥白林挂毯。安静的大厅里悬挂的是伦勃朗[2]、鲁本斯[3]和拉斐尔[4]色彩柔和的不朽作品。客人们在巨大的宴会厅里就餐,周围都是无价的艺术品,但是,午餐的时候,大家使用的是普通的餐巾纸。

他养了好多野生动物,相比之下,巴纳姆马戏团就像是余兴表演。一群群的斑马、水牛、长颈鹿,还有袋鼠,漫步在山坡之上;树林中,成千上万只的异国鸟儿飞来飞去;他还有一座私人动物园,里面养了好些狮子、老虎,吼声此起彼伏。

我的一位朋友叫弗兰克·梅森,曾经为赫斯特在法国购买古董。赫斯特购买的艺术珍品装了一船又一船。他甚至购买下一座座的城堡,先把城堡拆掉,再用集装箱运回美国,每一块石头、每一块砖头、每一条木材都要标号注明,以便原样复原这些建筑。

他买的艺术品实在是太多了,最后他不得不在纽约买下一个大仓库来存放用不上的东西。仓库有二十名员工,每年的运行费用达六万美元,里面的藏品从布谷鸟时钟到埃及木乃伊,应有尽有。

威廉·伦道夫·赫斯特的父亲是一位密苏里州的农场主。一八四九年淘金热的时候,他也出发了。他赶着一群牛,驾着有篷马车,

---

[1] 摩尔式建筑特色包含不加装饰的拱顶、简单的圆拱马蹄型,或是拥有繁复装饰的拱型、有亮丽釉彩的青花瓷砖,以及阿拉伯文或者几何图形的装饰。开放空间中,水是重点,通常花园中会有喷泉或水道,而建筑物前的水池则有创造倒影并结合光线运用的作用。

[2] 伦勃朗·哈尔曼松·凡·莱因(Rembrandt Harmenszoon Van Rijn,1606—1669),十七世纪欧洲最伟大的画家之一,也是荷兰历史上最伟大的画家。

[3] 鲁本斯(Rubens,1577—1640),比利时画家,十七世纪巴洛克艺术的最杰出代表。

[4] 拉斐尔(Raffaello Sanzio,1483—1520),文艺复兴时期意大利著名画家,是"文艺复兴后三杰"中最年轻的一位。

行走了两千英里，穿越了草原，途中还要抵御印第安人的进攻，最后他找到了金子，发了一笔横财。父亲年纪越来越大，他喜欢坐在自家庄园农场的一棵大树下。几年前，他的儿子威廉·伦道夫·赫斯特发现，从窗户眺望大海时，这棵大树挡住了他的视线。他不忍心砍掉父亲喜欢的大树，于是他花了四万美元请人把那棵树移动了三十英尺。

他很喜欢动物。有一天，一群电影公司的高管从好莱坞飞来，跟赫斯特先生举行会晤，可是他却把这群人晾在一旁，跑去安慰一只掉了尾巴的宠物蜥蜴。还有一次，深更半夜，他派出私人游艇去接医生，出诊费五百美元，就是为了一只摔断腿的豚鼠。

现在，赫斯特已经七十多岁了，但他还能从事网球这样的剧烈运动。他打了四十年的网球，为了提高球技，他还要上网球课。作为业余摄影师，他算得上是高手了，每年他都要拍摄数千张照片。他打猎也是高手。一天，众人坐上他的游艇出行，他拿出左轮手枪，随手就是那么一枪，天上的海鸥被击中了翅膀，落了下来，客人们都很惊讶。

他很擅长跳木屐舞，很会模仿搞笑，还是个讲故事的高手。他的脑子里就像是装有一套百科全书。比如说，你让他说出亨利八世所有妻子的名字，或是依次叫出美国总统的名字，不费吹灰之力，他全都能一一办到。

有一天，吉米·沃克和查理·卓别林到赫斯特的农场做客，这两人因为《圣经》中某段话的措辞争吵起来。赫斯特逐字逐句背出了这段话，解决了这场争论。

他喜欢跟年轻人在一起，不允许任何人在他面前提及死亡。

赫斯特从他父亲那里继承了三千万美元。他完全可以无所事事地过上一辈子。可是，恰恰相反，他每天工作八到十五个小时，他工作了五十年。他的誓言是：生命不息，工作不止。

第五章　莱昂纳尔·巴里摩尔[1]

二十六岁的时候，他是明星；五十三岁的时候，他是过气演员；五十七岁的时候，他是美国最伟大的演员。

一九一八年，《铜头蛇》在百老汇首演，莱昂纳尔·巴里摩尔饰演米尔特·尚克斯，当时我也在场。那真是一场盛事，演出空前成功。观众激动万分，从座位上跳了起来，狂热地鼓掌，演员谢幕多达十五次。

十五年后，我和莱昂纳尔·巴里摩尔进行了一次长谈，地点就在百老汇米高梅公司总部的演员休息室。他说，作为一名演员，为了得到观众的认可，他吃了很多苦。听到这里，我惊讶了。"什么？你吃过苦？你们家族在演艺界可是大名鼎鼎，你哪里还需要吃苦！"我理所当然地说道。

他看着我，然后用他低沉的磁性嗓音回答道："这世界上根本就没有你说的那种人。家族的名望往往是负担。"

巴里摩尔家族的孩子们童年生活奇特而随意。他们的父亲莫里斯·巴里摩尔是那种非常有魅力的人，他随心所欲，不按常理出牌，舞台下的生活更为出彩。

就是兜里只剩下五分钱，他也要买动物。他还把熊运到家里，家里不仅有熊，还有猴子、野猫和各种各样的狗。有一次，约翰和莱昂纳尔兄弟俩在农场的房子里消夏，身边只有一个黑人老仆相伴，再有就是三十五条大大小小、各种各样的狗。

莱昂纳尔、约翰和埃塞尔一同出演了《拉斯普京和皇后》[2]这部电影，

---

[1] 莱昂纳尔·巴里摩尔（Lionel Barrymore，1878—1954），美国著名演员。
[2] 《拉斯普京和皇后》，也译作《参谋长与皇后》。讲述了拉斯普京用催眠的方法治好了皇储的病，同时也控制了皇储的意志的故事。

好莱坞大肆宣扬这是他们三人第一次同台演出。但是好莱坞错了。巴里摩尔家的这三个孩子第一次同台献艺是在四十多年前。场地是史坦顿岛上演员公寓后面的废弃谷仓，观众是附近街坊的孩子们。入场券售价一美分，票房总收入是三十七美分，上演的剧目是《茶花女》。埃塞尔是经纪人，她给了莱昂纳尔和约翰每人十美分的报酬，让这两个男孩愤愤不平的是，埃塞尔把剩下的十七美分都揣进了自己的口袋。

那时，莱昂纳尔和约翰都没有想过要成为舞台表演家。他们想成为艺术家，莱昂纳尔还在巴黎学习过一段时间的艺术。

我问他，有没有身无分文、挨饿的时候。他回答说，"有的，经常的事，杂志社不肯买我的素描。当然了，如果我拍电报回家，家里肯定会给钱，但有时我连拍电报的钱都没有。我和约翰在格林尼治村还有个工作室，"他继续往下说，"但是我们连买家具的钱都没有。事实上，我们连床都没有，只好睡在地板上。天气太冷了，我们就把书盖在身上。当时还有个家伙和我们住在一起。他是个作家，嘴里镶了颗活动的金牙。一分钱都没有了，我们就把他的假牙当掉。东区的每个典当铺，我们都去过了，可是只能当到七十美分。"

二十六岁的时候，莱昂纳尔·巴里摩尔已经是明星了，彩灯拼成他的名字，在百老汇大街上熠熠生辉。五十三岁的时候，他已是过气演员。此时，他英俊的兄弟约翰是世界上薪酬最高的明星之一；他的妹妹埃塞尔在纽约有一家以自己名字命名的剧院；在这期间，莱昂纳尔在好莱坞转行做导演，过着安静的生活。

他的朋友和家人都惊呆了。他们哀叹美国最有天赋的戏剧演员就要荒废掉了。但是，莱昂纳尔没有一声抱怨。

他从演三十年，在舞台上获得了技能和知识，如今，他将这些东西用到了导演影片上。他怀揣梦想，不断学习，不断尝试。他是首位发现有声摄像机可以在片场四处移动的导演——这一发现彻底改变了有声电影。他的影片令人难忘，电影界为之震惊，其中就有露丝·查特顿出演的《X夫人》[1]、劳伦斯·迪贝特出演的《强盗之歌》[2]，还有芭芭拉·斯坦威克出演的《十美分一支舞》[3]。他五十三岁了，他真心觉得自己的演艺生涯已经结束了。

  就在他安心一辈子都做导演的时候，机会来了。瑙玛·希拉[4]出演《自由魂》[5]，片中需要一个很棒的演员来饰演父亲的角色。莱昂纳尔又走到了摄影机前面，他的演出光芒四射，获得了美国电影艺术与科学学院的奖项[6]。之后，那些曾经认为他已经"过气"的制片商争相邀请他出演影片。他演出了一部接一部的卖座叫好的影片——《黄色通行证》[7]、《魔女玛塔》[8]、《大饭店》[9]、《拉斯普京与皇后》、《荒野情》[10]。

  我问莱昂纳尔·巴里摩尔，卷土重来之前，有没有灰心丧气过。

---

[1] 《X夫人》，该影片讲述了一个母亲因为出轨被丈夫抛弃，后来她的情人想要勒索她的前夫，这位母亲为了保护自己的儿子免受耻辱，枪杀了情人，而在法庭上为她辩护的正是自己很久没有见过面的儿子。

[2] 《强盗之歌》，该片为浪漫音乐影片，讲述了一个强盗爱上了一位公主的故事。

[3] 《十美分一支舞》，该片讲述了一位已婚的职业舞女爱上了她的顾客的故事。

[4] 瑙玛·希拉（Norma Shearer，1900—1983），第三届奥斯卡最佳女演员。

[5] 《自由魂》，该片中，一位酗酒成性的辩护律师为女儿的前男友辩护，但主要描述的是该律师和女儿之间的生活谈判。

[6] 也就是奥斯卡最佳男主角的奖项。

[7] 《黄色通告证》，又译为《黄色护照》。因为军事管制，犹太人不准离开自己的村庄，一个犹太女孩，为了去看望自己垂死的父亲，拿到了妓女持有的黄色通行证，影片讲述了一路上发生的故事。

[8] 《魔女玛塔》，讲述了传奇女间谍玛塔·哈丽的故事。

[9] 《大饭店》，以柏林的一家豪华大饭店为人生舞台，表现五个主要角色在一天中的离奇遭遇。

[10] 《荒野情》，喜剧，讲述了一个有哥哥、弟弟的男孩——十六岁的理查德长大成年的故事。

他回答说:"没有,我的一生起起伏伏。很多人说我已经过气了,我并不介意。我太忙了,根本没时间考虑这些事情。"

第六章　萨默塞特·毛姆

　　这位日后要赚上百万美元的作家,这十一年期间,每年只有五百美元的进账,有时他还要挨饿。朋友们对他说,他这样一直写东西,真是个傻瓜。

你觉得有史以来最伟大的舞台剧本是哪一部呢?纽约的权威剧评家进行了一次无记名投票,选出了十部最伟大的戏剧,排名第一位的是三百多年前就写下的《哈姆雷特》。但是,排名第二的剧本既不是《李尔王》,也不是《威尼斯商人》,而是《雨》。没错,就是《雨》。《雨》的故事发生在南海之上,情节跌宕起伏,内容涉及性和宗教,两者针锋相对,这是一部根据萨默塞特·毛姆的短篇小说改编而成的剧本。

《雨》为毛姆赚了二十万美元。可是当初他却不肯花一点时间来改写剧本。

事情是这样的:他写了一个题为《莎蒂·汤普森》的短篇小说。他对这篇小说不怎么以为然。一天晚上,约翰·科尔顿在他家里过夜,科尔顿想在入睡前找点东西来读。毛姆就把《莎蒂·汤普森》的校对稿给了他。

科尔顿爱死这篇小说了。他非常兴奋,根本睡不着,从床上爬了起来,在房间里走来走去,那晚,他已经预想到了这篇小说注定要成为一部不朽的戏剧。

第二天早上,他急忙找到萨默塞特·毛姆。"这个故事很有戏剧性,"

他对毛姆说,"我一晚上都在想这个故事。能让我入睡,嗯?我兴奋得根本睡不着!"

但是,毛姆无动于衷。"戏剧?"他用脆生生的英式英语回答道,"哦,是的,有可能——一种变态的戏剧。可能上演六个星期吧。实在是不值得麻烦,真的。"可就是这个他觉得不值得麻烦的剧本给他带来了二十万美元。

剧本完成之后,几个制作商都拒绝上演该剧本。他们很肯定地说,这个剧本是不会成功的。山姆·哈里斯接受了这个剧本,他想要一个叫珍妮·伊格斯的年轻演员出演这部剧,但制作商不同意,他想要更有名气的演员来演。

几番周折,珍妮·伊格斯还是拿到了这一角色,她扮演的莎蒂·汤普森有激情、有力度。这个人物让她在好莱坞一炮而红。她一共出演了一百五十场,场场爆满,掌声雷动。

萨默塞特·毛姆写了很多优秀的长篇小说,比如说《人性的枷锁》、《月亮和六便士》和《彩巾》。他还写了一系列成功的剧本。但是,他最为出名的剧本不是他改编的。

现在,有人称他为天才了。但是,从他开始写作,有十一年的时间,他都没有赚到什么钱。想想吧!他写短篇、写长篇,这位日后要赚上百万美元的作家,在这十一年期间,每年只有五百美元的进账,有时他还要挨饿。他想要找到一份领薪水的评论作家的工作,可是找不到呀。"我不得不一直写下去,"毛姆告诉我,"什么工作我都干不长。"

朋友们对他说,他这样一直写东西,真是个傻瓜。他是医学院毕业的,朋友们都劝他忘了写作这回事,去行医好了。但是,什么都无法动摇他的决心,他就是要在英语文学史上浓墨重彩地写下自己的名字。

信不信由你博物馆[1]的鲍勃[2]·利普莱曾经对我说过:"一个人默默无名地辛苦劳作十年,成名就在一瞬间。"利普莱和毛姆都是这样成名的。

萨默塞特·毛姆的第一次突破是这样的:某位戏剧家的剧本在伦敦上演的时候不成功,剧场经理到处物色剧本。他并不是要找什么轰动的作品,什么老剧本都可以,填上这个空缺档,他再去找好的。他在书桌里一阵搜寻,拖出来一本萨默塞特·毛姆的剧本。剧本的题目是《腓特烈夫人》。剧本塞在书桌里有一年的时间了,他读过,也知道剧本不怎么样,但凑合用上几个星期应该可以。他上演了这部剧,奇迹发生了。《腓特烈夫人》引起了轰动,全伦敦的人都在谈论这部戏。在奥斯卡·王尔德之后,还没有哪个剧本这样触动过英国人的笑神经。

很快,伦敦所有的剧院经理开始求着萨默塞特·毛姆要剧本。他从书桌里翻出以前的手稿,几周之内,一连上演了他的三个剧本,场场座满。

版税像下雨一样落了下来。为了拿到这位新才子的作品,出版商争先恐后地出价。各种邀请从四面八方涌来,十一年的默默无名之后,萨默塞特·毛姆发现自己成了伦敦上流社会的座上宾。

毛姆告诉我,下午一点之后他就不写东西。他说,一到下午,他的大脑就停止工作。他在法国的蓝色海岸地区[3]有一栋摩尔式别墅,他在别墅的阁楼写作。写作之前,他通常会抽下烟斗,读一个小时的哲学作品。

---

[1] 信不信由你博物馆,又称不可思议博物馆,馆内以趣味的方式陈列从世界各地搜集到的各式各样稀奇古怪的收藏品。
[2] 鲍勃,罗伯特·利普莱的昵称。
[3] 蓝色海岸地区,又称作里维埃拉地区,是滨海阿尔卑斯省和摩纳哥公国的总称,位于法国东南部的边境地带,毗邻意大利。

他对我说，他不迷信，可是他出版的书，在装订的一侧都印有对付"邪恶之眼"的护身符。他在家里的餐具上也烧制了这样奇特的标记，他本人使用的信纸上也有，他的扑克牌上也有，壁炉架上他也刻上了这样的东西，甚至连别墅的入口上方也有。但是，当我询问他是否真的相信有邪恶之眼时，他只是微笑。

第七章　琼·克劳馥[1]

> 她扭伤了脚踝，但还是继续跳舞。她是灰姑娘，一路跳舞到了好莱坞，又一路节食，成为了美人！

十二年前，在密苏里州的一个大学里，晚上的时候，一个小女生经常哭着哭着就睡着了。那时，她因寂寞孤独而哭。现在，只要她一出现在公共场合，兴奋的人群就汹涌而来，将她团团围住。七大洋、五大洲，有数不清的人知道她的名字。

十二年前，在斯蒂芬斯学院，为了挣钱付食宿费，她端过盘子。那时，她真是没钱，时不时地还要从守夜人那儿借上五十美分。即使收到派对邀请，她也没法参加，她穿的都是别的女孩不要的衣服。今天，她是好莱坞最佳着装的女人之一。今天，她穿的衣服是这么时尚，这么别致，她就是潮流的风向标，全世界的女人都争相模仿她的穿着。服装设计师求着她在公共场合穿上自己最新款的某件衣服，好大赚一笔。

那个孤独、忧伤、痛苦的小女孩是谁呢？她那么穷，连给自己买件衣服的钱都没有。她的名字是露西尔·勒萨埃尔。从未听说过这个人？这是她的本名。在好莱坞，人人都叫她琼·克劳馥。

---

[1] 琼·克劳馥（Joan Crawford，1904—1977），美国著名女演员。

现在，琼·克劳馥是上流社会的人物。但她知道身陷陌生城镇、身无分文的滋味。她也知道饥肠辘辘、一文不名的感受。她还知道多年来一路心痛、永无止境的奋斗是什么感觉。小时候，她生活在俄克拉荷马州的劳顿镇，大部分的时间，她都同邻居的男孩子们一起打弹子、翻单杠。但是，最有趣的就是演戏了。她和小伙伴儿们拿了几个空箱子，在牲畜棚里搭了一个舞台。他们点燃灯笼，当作是脚灯，就在这样的舞台，琼·克劳馥开始了她传奇的演艺生涯，最早的观众只是马儿、鸽子和麻雀。

就在那时，就在那里，她下定决心：有一天她要成为演员，要成为有身份的女人，要穿上漂亮的衣服。她发下誓言，等自己长大了，要穿上红色天鹅绒的礼服，配上金色的软底鞋，再戴上装饰有鸵鸟羽毛的大帽子。

琼八岁的时候，她母亲搬到了堪萨斯城，把她送到了堪萨斯城的修道院。为了支付食宿费，琼不得不干活。她再也不能同男孩子们一起到处乱跑了，再也不能在牲畜棚里表演了。为了能够免费吃住，她必须打扫十四间卧室，还要为二十五个孩子洗碗、穿衣服，哄他们上床睡觉。她穿着蓝白相间的印花棉布裙子，铁床摆了长长的一溜，其中一张就是她睡觉的地方。

六年后，她贸然决定要接受高等教育。于是，她在斯蒂芬斯学院登记入学了，学院在密苏里州的哥伦比亚。钱呢？她没有钱。我已经讲过了，她穿的是别的女孩不要的衣服，为了得到免费的食宿，她干起了女服务员的工作。当时，她端盘子，就有女孩奚落她，在她面前摆架子。现在呢，那些女孩说："琼·克劳馥？哦，是的，我很了解她。我们是很要好的朋友，我们一起上的大学。"

如今，斯蒂芬斯学院也沾了她的光，学院自豪地在餐厅里挂了她的大幅照片，照片下面是这样一行字："琼·克劳馥在这里端过盘子。"

那时，她有雄心壮志，想要成为一名舞者。有人给她找了一份工作，在街头表演跳舞，每周二十美元，她迫不及待地干了起来，觉得自己踮脚走在了天堂边上。两周后，演出终止了。剧团没钱支付薪水，她困在了一个陌生的小镇上，身无分文。

她是不是因此而灰心，再也不想登上舞台了？才不呢！她借到钱，回到了堪萨斯城，她工作，她存钱，把所有的钱都存了起来。一天早上，她登上了前往芝加哥的火车。买了车票后，她兜里只剩下两美元。她不敢花掉这两美元，那天，她几乎就没有吃东西。

她在一家卡巴莱餐厅找到了份跳舞的工作。接着，她又到了纽约，在冬日花园找到了一份工作，在歌舞队跳舞。她在《往日重现》里跳舞，被米高梅电影公司的星探看到了。她动作优雅、有节奏感，她年轻、有个性，还有一双美腿。星探建议她去试镜。

"什么？电影吗？哦，不！"她想要成为百老汇的帕夫洛娃。很费了一番口舌后，她才勉强同意去试镜，星探给了她到好莱坞的车票，还有一份薪资每周七十五美元的签约合同。好莱坞瞧不上她的名字。露西尔·勒萨埃尔？没错，是有情调，但作为电影女演员，这个名字就太没品位了。这个名字不好记，也不好发音。于是，他们在一本电影杂志上发起了一场起名大赛，并许以奖品，每天都有上千个名字像雪片般飞来。比赛的结果就是"露西尔·勒萨埃尔"变成了琼·克劳馥。

但是，她还根本算不上是明星呢。她演小角色，做临时演员，还做过瑙玛·希拉的替身。晚上的时候，她就跳舞，查尔斯顿、黑色底子、圣路易斯舞会，她都跳过。她参加过好多比赛，穿坏了几十双鞋子，赢了几十个可爱的奖杯。

她还没有蜕变成现在的琼·克劳馥。她还是个圆滚滚的小女孩，一头卷发，她故作成熟，却掩盖不了她的羞涩。有一天，她认识到，如果还要待在好莱坞，她就必须做出改变。一夜之间，因为抱负，她彻底改变了。晚上，她不再外出跳舞。

她静下心来，开始了艰苦的学习生活，法语、英语，还有唱歌，她都要学。她开始减肥，三年的时间，常常都饿着。现在，她的早餐就是一杯加了点橘子汁的水，其余的碰都不碰。通常她整天就只吃一点酪乳。她非常努力，开始有好点的角色找到她出演。一次拍摄中，她要表演一段阿帕希舞[1]，中途她摔了一跤，扭伤了脚踝。她担心因此失去这一角色，只是让医生简单包扎一下，就继续拍戏。

琼·克劳馥说，如今功成名就，在自己的意料之外。她出身贫穷，现在却奢华富贵。她出身卑微，现在无论走到何处，都被崇拜者簇拥着。她出生时，相貌平平，现在已是银幕上最美丽的女人之一。

第八章　克莱伦斯·丹诺[2]

他打了七场官司，打了七年，只是为了一副五美元的马具。在小镇受到的侮辱，促使他成为了那个时代最了不起的刑事律师。

大约七十五年前，一个小男孩坐在座位上不停地扭动，一刻都停不下来，太不安分了，为此，老师当着其他孩子的面打了这个小男孩的耳光。小男孩觉得自己受到了羞辱，他一路哭着回家了。当时他只有五岁，但他觉得老师的行为既残暴又不公正。他憎恶残暴和不公正，他的一生都在与之对抗。

男孩名叫克莱伦斯·丹诺，如今，他是美国最有名的律师，而且，

---

[1] 阿帕希舞，男女分别化装成强盗及其情妇的一种巴黎杂耍舞蹈。
[2] 克莱伦斯·丹诺（Clarence Darrow, 1857—1938），美国著名刑事辩护律师。

肯定是他所处时代最了不起的刑事律师。他的名字一次次地出现在美国大报小报的大标题中。他是改革者，他是叛逆者，他是战士，他是守护弱者的斗士。

他处理的第一桩案子发生在俄亥俄州的阿什塔比拉，至今还是老一辈人的谈资。这桩棘手的案子所涉及的不过是一套价值五美元的二手马具的归属问题。但是，对于克莱伦斯·丹诺来说，这桩案子危及到了原则问题。他斗志昂扬，面对案子中的不公平行为，他就像是与孟加拉虎搏斗一样，奋力作战。委托人只付给他五美元的律师费，但是，他自掏腰包，打了七场官司，耗费了七年时间，最后他胜诉了。

丹诺说，他在金钱或是名望上没有野心。他说，他一直都是懒惰的家伙。他原本是在乡村学校教书。一天，发生了一件改变他职业生涯的事情。镇上有个铁匠，有空暇的时候，铁匠就自学法律。那天，在铁匠的铺子里，他听到这位铁匠在谈论一桩案子。这些乡下人能说会道，他们的机智和雄辩深深吸引了他。他自己也喜欢同人争辩，所以他借来铁匠的法律书，开始学习法律。星期一早晨，他就带着法律书去学校，学生自习地理或是做算术的时候，他就翻一翻他的法律书。

他承认，如果没有发生促使他奋发向上的那件事，他这一辈子可能都会做一位乡村教师。

他和妻子决定在俄亥俄州的阿什塔比拉买一栋小房子，卖主是位牙医。房子的价格是三千五百美元。丹诺从银行借了五百美元（顺便说一下，他也只有这么多钱），他同意以分期付款的方式支付余款。一切似乎都成定局，可是，就在这时牙医的妻子断然拒绝在合同上签字。

"听着，年轻人，"她鄙夷地说道，"我觉得你这辈子怕是都挣不到三千五百美元。"

丹诺愤怒了。他再也不愿住在这样的小镇上。他离开了阿什塔比拉，前往芝加哥。

在芝加哥的第一年,他只挣到了三百美元,还不够付房租。但是第二年,他成了芝加哥的特聘律师,他的收入增长了十倍,他挣到了三千美元。

"我时来运转,"丹诺说道,"什么事情都是唾手可得。"不久,他成了芝加哥和西北铁路公司的大律师,踏上了赚大钱的阳光大道。后来,发生了爆炸事件,工人罢工,到处都是仇恨!暴动!流血!

丹诺同情罢工者。铁路工会的领袖尤金·德布斯收到传票,要上法庭,这时,丹诺毅然辞了工作,他不想为铁路公司辩护,他要为罢工者辩护。丹诺处理了很多轰动一时的棘手案件,可以说,他所有的案子都是美国司法史上的里程碑,为铁路工人辩护是其中的第一例。另外,利奥波德和洛玻的案子也非常出名。这两人供认谋杀了小孩博比·弗兰克。他们的作案手段极其残酷,令人发指,而克莱伦斯·丹诺接手这个案子,为两个杀人犯辩护,随之而来的就是公众的谩骂和谴责,他居然敢给有罪的人辩护,真是连罪犯都不如。那他为什么要这样做呢?"我接手了这个案子,"丹诺说道,"面对潮水般的仇恨和憎恶,我要尽我所能来辩护。长久以来,我没有一个当事人被判死刑,如果真有那么一天,我觉得我肯定受不了。执行死刑的报道,我都没法读下去。以前,如果某天要执行绞刑,只要有可能,我都不会待在镇上。我坚决反对杀戮。"

他说,罪犯是社会的产物,任何人都有可能犯罪。

丹诺本人知道出庭受审是什么滋味。有一次,他被指控贿赂陪审团,不得不为自己展开了精彩辩护。在受审的法庭上,他听到了最让他动容的感谢之词。他碰到了以前的一位当事人,那个人说:"嗯,上次我有麻烦,你把我从绞刑架上救了下来,现在你有麻烦了,我也想帮你忙。那个指证你的主要证人,我愿意帮你干掉他,一分钱都不要你的。"

几年前,丹诺出版了一本自传。我还记得,书中有一章节是讲他的人生哲学，那晚我一直读到夜深人静，没有半点睡意。

"我不清楚我到底有多大成就，还是没有什么成就。"他说道，"我一路跌跌撞撞走来，命运之神虽然吝啬，我还是尽力享受人生的快乐，过好每一天，心中明白前进的方向和终点。我并不认为自己老了。这漫长的日子会去往何处？我踏上这条道路是不久前的事情，那时广阔的天地，大把的时间就在我的面前，我尽可以在旅途上前进。现在，征途就要结束了，这日子就要过完了。前方没有勘探的道路看起来没有尽头，而我走过的满是脚印的小径现在看起来是那么短。"

第九章　克莱德·比蒂[1]

克莱德·比蒂说，狮子、老虎并不是最危险的动物。把头放到狮子的血盆大口里？人寿保险公司说："你的命，我们不保！"

老虎撕咬过他；狮子咬住他的大腿，深达骨头；大象重创过他；黑熊从他的身上踩踏过去；黑豹袭击了他；鬣狗咬了他。他血肉模糊地被送往医院，一共有二十一次。最后一次，他最大的一头狮子尼禄，想要结果他的性命，那次他在医院躺了十周，差点丢了一条腿。

克莱德·比蒂的工作非常危险。每天，他都要不止一次地与死亡擦肩而过。人寿保险公司觉得他随时都可能被猛兽撕成碎片，所以他们拒绝在他的寿命上下赌注。他是马戏团驯兽师中唯一没有拿到保单的人。

他告诉我，有时他也想过，干脆不再干驯兽师这一行了。但他说，

---

[1]　克莱德·比蒂（Clyde Beatty，1903—1965），美国著名驯兽师。

如果最后落得在工厂打卡上班，或是诸如此类的工作，他还是死了算了。反正都是死，与其无聊死，还不如被咬死。

克莱德·比蒂的生活刺激而精彩，其中一半的时间——十五年的时间——他都是在马戏团的帐篷下度过的。小时候，他生活在俄亥俄州的奇利科西，那时他就疯狂地爱上了马戏。

有一天，巴纳姆和贝利马戏团来到了镇上，好让人兴奋。一家洗衣店的店主在自家窗户上贴了一张海报。

那张海报多漂亮呀，上面有黄色、紫色，还有红色，英勇的驯兽师华丽地抽着鞭子，鞭子下是一笼子咆哮的非洲狮。比蒂冲了进去，恳求洗衣店的店主在马戏团走之后，把这张海报送给他。这位店主说："好呀，你为我跑腿一个星期，我就给你。"他同意了。

这个十二岁的孩子已经拥有了几只穷凶极恶、会叫会咬的动物。或者说，他假装自己的动物是那样的。他有五只狗，他训练这些狗坐起来、讨要东西、打滚、用后腿走路。他经常贴出自己的马戏海报，为邻居小孩表演野生动物秀。自从那次以后，每年马戏团来，他都要去求着要在那儿工作。但是他太小了。

后来，一个夏天，马戏团的马车发出轧轧的声音，驶出了小镇，这一次，克莱德·比蒂坐在了马车上，兴奋得心脏扑扑狂跳。他的父母发疯似地找他，绝望中，每天晚上他的母亲都以泪洗面，三天后，父母收到他的一封信，说自己在马戏团找到了一份打扫笼子的工作。他只有十五岁呀，他每个月的薪水只有五美元，但他觉得自己像是住在了天堂一般。

十年的时间里，这个来自俄亥俄州奇利科西的少年成为了有史以来最优秀的驯兽师。他的演出是那么大胆、那么莽撞，就连马戏团的人都说办不到。看到他真办到了，他们又说他是个疯子，说他命贱。他把四十只咆哮的狮子和老虎赶到一个笼子里，他挥动鞭子，让它们表演。这四十只老虎、狮子浑身的毛都立了起来，愤怒地咆哮。狮子、老虎之间不共戴天，它们见面就打，正因为如此，这样的表演在马戏团的人看来才是惊心动魄的。比蒂站在笼子里，不止一次地发现自己周围的丛林野兽个个杀意正浓、怒吼震天，要杀个你死我活。

然而，很奇怪的是，克莱德·比蒂说，狮子、老虎并不是最危险的动物。他训练过很多动物，有狮子、老虎、豹子、熊、鬣狗，还有大象。他觉得最危险的动物是北极熊。他说，最难的把戏就是让老虎骑到大象背上。有一次，一只大象差点把他干掉，只是因为之前他去过老虎笼子，身上沾染了大象深恶痛绝的老虎气味。

你肯定听说过，驯兽师只要盯着动物的眼睛看，动物就会听他摆布，你听说过，是不是？克莱德·比蒂告诉我，那纯属胡说八道。就算是梅·韦斯特盯着狮子看，狮子也会屁都不放一个。他说，他的确是盯着动物的眼睛看，那是为了了解它想干什么，接下来它要做什么。

比蒂说，没有哪个驯兽师真的把头放进狮子的血盆大口，只是看起来像是放进去了。他说："我知道几个相当胆大的驯兽师，但我从来没有听说过有人疯狂到把头放进狮子口中。"再说了，狮子的口臭很严重，就是狮子的好朋友也得带上防毒面罩才敢靠近。

还有一种流传很广的说法——就是驯兽师用烧红的铁棍来制服发怒的动物。但是克莱德·比蒂说，你要是不想活了，就走进被烧红铁棍伤过的狮子或是老虎的笼子好了。他对付动物的武器是餐桌椅、鞭子，还有一把装满空弹的左轮手枪，这些武器都不会对它们造成伤害。

要说到有什么事情能让他生气发怒，那就是被人叫作"驯兽师"了。他强调说，他不是"驯"兽师，而是"训"兽师。他说，他的狮子可不驯服，老虎也不驯服。事实就是，它们现在同当初在亚洲或是欧洲的丛林里咆哮时一样狂野。

克莱德·比蒂说，他也尝试过训练那些驯服了的动物，也就是人工饲养出生的动物,但他还是喜欢野生的动物。驯服的动物就像是被宠坏了的孩子,大家都宠着它们,惯着它们,最后它们就什么都不肯做。

人们最喜欢问他:狮子会舔老虎吗,或者老虎会舔狮子吗?坦率地说,他并不知道答案。他在大笼子里,经常看到老虎同狮子打架,狮子都是群体作战,而老虎都是单打独斗。只要一个狮子发起了攻击,视线范围内所有的狮子都会来帮忙,这头狮子的兄弟更是要出手相助。狮子就像男孩子一样,它们看到打架就浑身痒痒,非得加入进来不可。但是老虎却没有群体意识,就算是有老虎快被狮子咬死了,它也只是坐在台子上打哈欠。

在电影《大笼子》里,克莱德·比蒂最惊人的绝技之一就是让狗熊翻筋斗,全世界只有他能办到。他也是偶然发现的。一天,比蒂走进笼子,一头狗熊张牙舞爪、眼露凶光地朝他扑过来。这头狗熊来势不善,这次袭击很猛、很突然,比蒂的第一反应就是往后一退,一拳打在了熊鼻子上。鼻子是熊的软肋,打它鼻子上面是最疼的。那头熊一跳,然后就翻了一个筋斗。比蒂随即就有了让这头熊表演后滚翻的念头。现在,他只需要用鞭子轻轻碰一下这头狗熊的鼻子,狗熊就会乖乖地做个后滚翻。

克莱德·比蒂了解这些丛林、草原上的野生动物,他是这个世界上最了解这些动物的人。然而,他说,他最喜欢的动物是狗。

第十章　梅奥兄弟[1]

龙卷风毁了整座城镇,却给世界上的精神病者带来了福

---

[1] 威廉·梅奥(William W. Mayo, 1861—1939),查尔斯·梅奥(Charles H. Mayo, 1865—1939),美国著名医生。他们创办的梅奥诊所是现在梅奥医学中心的雏形,在全世界都享有盛誉。

音。两位小城市里的兄弟成为了世界上最伟大的外科医生。

五十多年前,一场龙卷风摧毁了明尼苏达州的一个城镇,如果没有这场龙卷风,可能就不会有医学史上的一次重大发现。

龙卷风袭击的是罗切斯特市,是现今世上最伟大的外科医生——梅奥兄弟的家乡,该市享誉世界。C.H.梅奥医生发现了一种治疗精神错乱的药物,他现在依旧在研究这种药物。把这种药物注射进入精神错乱者的体内,好家伙!药物改变了血液的循环,病人恢复了神智。

这一发现对人类来说意味着什么?嗯,我们摆出一些事实,你自己想吧。

在美国医院里饱受精神病折磨的病人比其他所有病人的总数还要多。如今,在我们的高中,每六十个学生当中就有一个要在精神病院度过一段时光。如果你十五岁,居住在纽约州,你被关在精神病院长达七年的几率就是二十分之一。在过去的十年中,美国患精神疾病的人几乎增加了一倍。这样的增加比率实在是骇人听闻,如果继续下去,一百年之后,全美国一半的人口都会待在精神病院,而另一半人口就在外面拼命纳税,这才能养活精神病院里面的人。

研究这种神奇药物的梅奥兄弟是世界上最负盛名的外科医生。医生们从巴黎、伦敦、柏林、罗马、圣彼得堡,还有东京赶到明尼苏达州的罗切斯特市,就为了聆听他们的教诲。每年有六万病人,他们大多数人抱着最后一线生的希望,朝圣一般来到梅奥诊所。

然而,我再重复一次——如果五十二年前,龙卷风没有从中西部咆哮而过,这个世界很有可能就不知道梅奥兄弟的大名,明尼苏达州的罗切斯特市也不会这么出名,世界上也可能就没有这种治疗精神错乱的药物了。

七十年前,梅奥兄弟的父亲梅奥医生来到了罗切斯特市,当时这里只有两千人。他的头两位"病人"是一头生病的牛和生病的马。

北美印第安战争爆发了,梅奥医生抓起了他的毛瑟枪参军入伍,打得印第安人落花流水。每次作战,偃旗息鼓之后,他就会巡视战场,埋葬逝者,救治伤者。平常来找他看病的人散居在周围五十英里的草原之上。他们中很多人住在草皮房子里。他们付不起看病的钱,但是好心的梅奥医生有时还会连夜出诊。有时赶上暴风雪,他一路挣扎着前进,大白天的,他甚至看不到自己的手。

他有两个儿子,一个叫威廉,一个叫查尔斯,就是如今享誉世界的梅奥兄弟。

他们在当地的药店工作,学着如何按照处方配药,学着碾磨药片,他们上了医学院。后来,发生了一场灾难,这一灾难注定要改写医学史。

事情是这样的,龙卷风来了,它就像一位愤怒的天神,席卷了明尼苏达州的草原。所到之处,无坚不摧,一切都成了碎片。龙卷风也袭击了罗切斯特市,把这座城镇蹂躏成了一片废墟。数百人受伤,二十三人死亡。连续数天,梅奥兄弟和他们的父亲都在废墟上忙碌,给伤者包扎伤口、固定断骨、做手术。圣弗朗西斯女修道院的院长,修女阿尔弗雷德深为感动,她提出要修建一家医院,但指名要梅奥一家来管理,他们同意了。一八八九年,梅奥诊所开业的时候,老梅奥医生已经七十岁了,他的两个儿子连实习医生都还没有做过。"我们是新手当中的新手"——他们就是这样形容自己的。然而,到了今天,哥哥威廉·梅奥是世界上癌症领域最权威的医生。两兄弟都觉得对方的医术更加高明,他们做手术的时候,手法干净利落,大多数外科医生都为之惊叹。早上七点到达诊所,他们每天一共做四个小时的手术。每天的手术台数从十五到三十不等,多年来一直如此。两人都在继续学习,精益求精,他们说,自己还有很多东西要学。现在,罗切斯特市因梅奥诊所而存在,也是为了梅奥诊所而存在。城市里没有电车,公交车静悄悄地行驶在大街上，人们在街面上说话都压低了嗓门。

无论是乞丐还是银行家，农场主还是电影明星，都得在候诊室排队等候，都受到平等的对待。富人们固然出手阔绰，但也没人因为无法付钱而被赶出诊所。

梅奥兄弟有三分之一的工作时间都是义诊。他们从来不会因为别人欠费而提出诉讼，从来不记账，绝对不会让人抵押房子来支付医疗费。病人能够支付多少现金，他们就收下多少，其余的款项则一笔勾销。在做手术之前，他们绝不会询问病人付得起多少费用。

有个人为了活命，抵押了自己的农场支付了医疗费，他们知道之后，把支票还给了病人，还附上了自己的支票，上面有几百美元，补偿他治疗期间的损失。

他们两个绝好地诠释了对金钱没有兴趣的小镇男孩形象，然而财源却滚滚而来。他们不在意名气，然而他们是当今美国最有名的外科医生。

他们唯一的心愿就是救助生病的人。在他们的候诊室桌子上方挂了一个镜框，里面的一段话解释了他们成功的真谛。这段话是这样说的："拥有世人想要的东西，即使你深居茂林之中，人们也会披荆斩棘地来到你的门前。"

第十一章　埃迪·里肯巴克[1]

他觉得刻墓碑的工作太危险，于是加入了飞行队。他的周围全是呼啸的子弹，几乎就是擦肩而过，但他却毫发无损。

---

[1]　埃迪·里肯巴克（Eddie Rickenbacker，1890—1973），第一次世界大战期间美国最著名的战斗机飞行员。

他是第一次世界大战中美国飞行员中"王牌的王牌"。

这个人的命很大,二十五年来,他蔑视灾难,调戏死亡,这篇文章就是他的故事。他参加过两百多场汽车赛,沿着轨道,呼啸而来,速度快得要吓死人。一九一八年,在那些血腥的日子里,他在半空中击落了二十六架德国飞机。他的周围全是呼啸的子弹,几乎就是擦肩而过,但他却毫发无损。

是的,这就是埃迪·里肯巴克的故事。著名的"九四中队"的中队长,第一次世界大战中美国飞行员中"王牌的王牌"。

"一战"后,我是罗斯·史密斯爵士的经理人,他是我知道的最有魅力的人之一,澳大利亚著名的王牌飞行员,飞过耶路撒冷上空的第一人,飞越了半个地球的第一人。我发现,罗斯·史密斯和埃迪·里肯巴克非常相像,他们都是出色的战士和飞行家,他们都非常安静,非常谦虚,说话温和,而人们往往觉得他们坐在喷火的机枪后面,在天空中置人于死地,应该不是这样子的。

在十二岁之前,埃迪·里肯巴克是个不服管教的野蛮男孩子,他脾气火暴,带领着周围一帮孩子,打碎街灯,到处闹得鸡飞狗跳。接着,悲剧发生了,他父亲去世了,一夜之间,埃迪就成了个老家伙。他自己这样描述。

父亲下葬的那天,他决心要成为这个家里的顶梁柱。他辍学了,在一家玻璃厂找了份工作,每小时的工资是五美分,他每天工作十二个个小时。早上,他步行七英里到工厂上班,晚上,他再步行七英里回家,就为了节省下十美分的车钱。没有什么能够阻挡他一路向前的决心。玻璃厂的工作单调、无聊、死寂。他看不起这份工作,他渴望成为艺术家,他想要创造,他梦想成为画家。于是,他去夜校学习画画,后来找到了一份工作,给一个卖墓碑的人在大理石上雕刻天使。他在一块石头上雕刻了铭文,如今这块石头就安放在他父亲的坟上。但是,别人告诉他,雕刻墓碑的工作很危险,大理石的尘埃会进入他的肺部。"我不想年纪轻轻就死了,"埃迪说,"所以我开始另找工作,找一份安全点的工作来做。"

在那个决定命运的上午,年仅十四岁的他站在街边,生平第一次看到了汽车,他目不转睛地盯着看——这个新奇的奇怪装置轧轧嘎嘎地行驶在俄亥俄州哥伦布市的街道上。然而,对于他而言,这就是命运的车轮,这辆车完全改变了他的人生。

还不满十五岁,他在一家修理厂找到了工作。他在废弃的牲口棚里开着车前进倒退,就这样学会了驾驶。他在自家后院建了一个工作间,制造工具,准备造一辆属于自己的汽车。不久,哥伦布市有了一家汽车制造厂。每个星期天,里肯巴克都要去那儿,求着别人给份工作。每一次别人都拒绝了他的请求。他被拒绝了十八次后,找到了工厂老板,他说:"你瞧,你或许不认识我,可我就是你的新工人。地面好脏哦,明天我就把地打扫干净,我会跑腿,还会磨工具。"老板惊讶不已。

薪水?他压根儿就不在意薪水的事情。他就是想要个开始的机会,他得到了这个机会。他报名参加了一个工程学的函授课程,为以后的机会做准备。从此,他的事业蒸蒸日上,先是做工人,后来就是工头、助理工程师、故障检修员,最后做到了部门经理。

他渴望速度,渴望冒险,从骨子里渴望这一切。赛车手的荣耀,赛车手得到的欢呼声,还有赛车手的刺激深深吸引了他。他知道,自己必须做出改变。于是,他毅然决然地改掉了自己的暴脾气。他学会了自我控制,他强迫自己微笑,后来,他的微笑举世闻名。

赛车场可不是游戏场,这里需要勇气,钢铁般的勇气。他知道这一点。他戒了烟,戒了酒,每天晚上十点就上床睡觉。到了二十五岁的时候,埃迪·里肯巴克已经是叱咤车道的著名赛车手了。

这件事挺有趣的！在过去的三十年中，他驾驶汽车驱程数十万英里，却没有驾照，现在也没有！

他不相信什么护身符。他的朋友给过他兔子脚、小马蹄铁，还有幸运大象这样的东西。有一天，坐着火车穿越美洲大陆，他打开火车窗户，把这些护身符一股脑地扔到了堪萨斯州的平原上。

美国参战了[1]，当时埃迪·里肯巴克是赛车界的偶像人物。他坐船来到法国，成为了珀欣将军的司机。开着车，带着一位将军到处转悠，这对于一个骨子里渴望冒险的人来说，实在是太乏味了。他渴望作战，后来，他就参加了战斗。他开着飞机，架着机关枪，不到十八个月的时间，他就成了美国的头号作战英雄，三个政府都颁给他勋章，勋章多得快压得他喘不过气来了。

他把自己的传奇作战经历写成了书，一共三百七十页，文字爽利动人。如果你想读一读惊心动魄、荡气回肠的战争故事，那就到公共图书馆去找埃迪·里肯巴克的《大战飞行马戏团》，绝对是美国飞行历史上最激动人心的篇章。

第十二章　马尔科姆·坎贝尔[2]

他觉得生死有命，他从来不担心，也从来不紧张每小时三百英里的赛车速度，他是达到这个速度的第一人，即便是森林中蔓延的山火也追不上他。

在写埃迪·里肯巴克的时候，我想起了马尔科姆·坎贝尔爵士。

---

[1] 这里指的是第一次世界大战。

[2] 马尔科姆·坎贝尔（Malcolm Campbell，1885—1948），英国赛车手。

一次晚餐，我正好坐在这两位中间，他们都是安安静静、轻声细语的人，然而他们血液里都沸腾着对速度的渴望。

我知道，里肯巴克不顾一切地投入赛车比赛中，最开始是因为他需要钱。但是坎贝尔呢？坎贝尔财务自由，非常富有。我知道，就是他一个子儿都赚不到，他也是无所谓的。

那他是为了什么呢？名气？辉煌？他回答说，都不是，他赛车只是为了好玩。

然后，我转身问埃迪·里肯巴克，看着马尔科姆爵士快得像一颗彗星一样飞驰在赛车场上，那是什么样的感觉？里肯巴克，经历了两百场赛车的老手，推了我一下，说道："我从来没有见过他赛车，我不想看。我觉得，他参赛，五次就有四次可能送命！"

在我们那次谈话之前，每小时狂飙三百英里的速度，只有马尔科姆·坎贝尔爵士能够办到。每小时三百英里，也就是一分钟五英里，从纽约到旧金山，只要十个小时！没错，还有四个人可以开出每小时两百英里之外的速度，他们是西格雷夫、洛克哈特、基奇和拜博，但是他们都死了，而且死得很惨。坎贝尔是唯一活下来的人。

他觉得生死有命，他从来不担心，也从来不紧张。比赛结束的时候，他从赛车中走出来，平静得就像是刚从办公室开车回家的人一样。

那年，坎贝尔十六岁，他对父亲说，想成为一名自行车赛车手。他父亲吓得要死，立刻在伦敦著名的保险公司劳埃德[1]给儿子找了个文员的工作。

马尔科姆对我说，他在办公室里工作了两年，一个子儿都没有拿到过。第三年，他们同意给他一点儿薪水。今天，他还在这家世界闻名的公司工作，是董事之一。

---

[1] 历史悠久的英国劳埃德保险集团(Lloyd's)是世界级保险公司,仅次于美国国际集团。

那年，他十九岁，他提出要给英国的报纸出售诽谤保险。英国的诽谤法要比美国的严厉得多。很快，坎贝尔几乎签下了英国所有的报纸，它们都买了诽谤保险。二十一岁那年，他实现了财务自由。他立刻购买摩托车和汽车，踏入了赛车场。他渴望打破速度记录，为此他已经花掉了五万英镑，也就是二十五万美元。

他穿行数千英里寻找完美的赛道。他去过丹麦、撒哈拉沙漠、南非和佛罗里达州。他对我说，世界上最好的赛道在犹他州，那里古老的湖泊在十万年前就干涸了，留下的盐层湖底，像结了冰一样，又硬又光滑。

有一次，他在丹麦赛车，时速一百三十四英里。突然——哐！——他的一只前车轮飞了出去。车轮冲向路边的人群，一个小男孩因此送命，接着这只轮胎跳过人群，沿着一条令人眼花缭乱的小路滚了整整一英里才停下来。

马尔科姆对我说，战争时期的经历最刺激。作为飞行员，他要从英国起飞，穿过海峡，然后来到西线。他必须驾驶他从来没有驾驶过的飞机，他必须降落在他看也看不清，并且一无所知的地面上。有时，他必须穿过战场，这时，德国的飞行员从云层中飞出，朝他冲下来，子弹像雨点一样落在他的周围。然而，四年的时间过去了，他毫发未损。

但是，坎贝尔最大的一次探险活动是在科科斯群岛[1]，他在那儿寻找秘密宝藏，海盗的秘密宝藏！他把这次经历写成了一本书。科科斯群岛是地球上最阴沉可怕的地方之一，一栋房子也没有，一个人也看不见。岛上的土著印加人曾经拥有绚丽的文明和财富，但如今文明已经衰败。白天，这些人隐藏在山林之中，到了晚上，他们悄悄来到水边。他们轻手轻脚，你可以感觉到棕榈树影子的变化，可是他们的动静比

---

[1] 科科斯群岛，澳大利亚在印度洋上的海外领地，它位于澳洲大陆与斯里兰卡之间，在珀斯西北部。

光影移动还要微妙。白种人根本觉察不到他们的动静。岩石上、沙子里，到处都是爬来爬去的蜘蛛、地蟹、蜈蚣和蚂蚁，空中飞来飞去的全是苍蝇和蚊子，附近的水域里游来游去的则是鲨鱼。

为了找到宝藏，马尔科姆·坎贝尔爵士沿着一条小溪前行，寻找有裂缝的大岩石。如果在裂缝里插上一根大铁棍，就能撬开岩石。岩石一旦撬开，金子就会出现在眼前——海盗的金子——数不清的金子，数不清的珠宝，闪闪发光的珠宝，《天方夜谭》中阿拉丁的财富！

好吧，凡是能够找到的小溪，坎贝尔都顺着走了一遭。连干涸的小溪，他都走了。他真的是把那片野生丛林梳理了一遍，他撬开了一块又一块的岩石，全都是白费工夫。

一天，正艰难地行走在带刺的草丛和浓密的灌木中，他注意到风向是朝北的。他也正是朝着北方前进。于是，他和同伴决定放火烧山，烧出一条路来。他点燃了一根火柴，火立刻就噼里啪啦地烧了起来。五分钟的时间，丛林变成了熊熊燃烧的火炉。

突然，他们惊恐地发现，火苗朝着四面八方窜了过去。大火朝着他们扑了过来，他们就要被活活烧死了。为了保住小命，他们像发了疯一样在丛林里狂奔。

最后，他们来到了岸边，全身熏得漆黑，到处都是燎伤，瘫倒在海滩上，拼命喘着气。数百英亩的丛林烧了起来，把天空都映红了。周围的空气仿佛都燃烧起来，他们几乎就要躲到水里去了，可是水里有数十只吃人的鲨鱼等着他们。好在岸边的棕榈树水分多，没有烧起来，他们才活了下来。

欲罢不能地找了三个星期的宝藏，马尔科姆·坎贝尔爵士没有找到海盗的金子，他得到的是血淋淋的双脚、裂开的指甲盖，还有满是水泡的后背。他看上去一点也不像富有的英国绅士，完全就是罪犯嘛。又累又失望，再加上发烧，他想回家了。但是他对我说，有一天，他还会回到科科斯群岛,如果那里还有宝藏,他就要找到它。

"你知道的,"他以自己安静的方式说道,"我跨过半个地球,就是为了冒险。"

第十三章 埃利·克柏森[1]

如今,他是世界上最有名的桥牌选手;以前,他也曾在厨房外面乞求施舍。他走出赌场打了一架,回来一看,庄家输惨了,他赢了一万美元。

一九二一年,一位鲁莽的年轻人一摇一摆地走在巴黎的林荫大道上。他兜里基本上是空空如也,他心里怒火冲天。为什么?因为有人抢走了他四百万美元。或者说,抢了他家里这么多钱。他的父亲是美国地理学家兼采矿工程师,数年前,父亲去了俄国,发现了一处油田,聚敛了很大一笔财富。可是,战争后,苏联政府将他父亲的财产充公,父亲一文不名了。为了活命,他的儿子,就是前面提到的那个年轻人于一九二一年逃到了巴黎,当时,他口袋里只有二十美元,眼看就要挨饿了。

于是他决定放手一搏。他随意走进了一家赌场,压了五美元,玩一种叫作"十一点"的纸牌游戏。正在给他发牌的时候,一个法国人踩了他的脚指头。他像火箭一样爆发了,称呼那个法国人为猪猡,还要求法国人立刻道歉!

那个法国人道歉了吗?没有!那个法国人觉得受了侮辱,立刻叫这个年轻的美国人来和他决斗。他们没有剑,也没有枪,于是他们冲

---

[1] 埃利·克柏森(Ely Culbertson, 1891—1955),美国桥牌的权威人物。

到了俱乐部后面，赤手空拳地打了起来。眼圈打黑了，鼻子也打出血了，然后，两个人就被拉开了。

等这个傲慢的美国年轻人回到赌桌，他一句话也说不出来了。他赢了不止一次，在他打架的功夫，他的赌注呈几何递增，曾经的五美元现在变成了一万美元。庄家输惨了。

这场斗殴改变了他的整个人生轨迹，也影响了几百万的美国人。怎么会这样？你玩桥牌吗？你用过计分体系吗？如果他没有和别人打架，这个世界上很有可能就不会有桥牌的计分体系了，要知道，埃利·克柏森走进那家赌场时，想的是去参加白俄罗斯的军队，想要用刺刀捅死几个布尔什维克，他想拿回自己的财产，他要为之作战。可是兜里有了一万美元后，他就把打仗的事情忘到九霄云外了。他立刻搭上前往美国的船，火速赶到华盛顿，他起诉苏联政府，要他们归还自己的四百万美元。他打算成为一名作家，或是经济学教授。

那是一九二一年，克柏森是个可怜的扑克牌玩家。现在，他靠着打合约桥牌，每年进账五十万美元，或是说一周一万美元。然而，他并没有把这些钱全部揣进自己的腰包。桥牌爱好者不断地给他写信，信件像雪花般地从全世界飞来，仅仅回信这一项，每年就要耗费他三万美元。他的助手们免费回答所有的提问。

克柏森，这个名字几乎就是合约桥牌的代名词。但他父亲是一位虔诚的长老会教徒，从小就教他，所有的赌博都是罪恶的，扑克牌是魔鬼阴险恶毒的工具。

他喜欢卡尔·马克思和托尔斯泰[1]的东西，一直都很激进。在俄国，还是个在校学生，他就组织同学成立了革命委员会，还利用他的美国护照来到瑞士，悄悄带回列宁在日内瓦印刷的布尔什维克报纸，当时

---

[1] 托尔斯泰（Leo Tolstoy，1828—1910），俄国作家、评论家、思想家、教育改革者。

这种报纸在俄国是禁刊。

一九二二年,他回到了美国,他想成为老师,教哲学和社会学,可是他没有找到教师的工作。接着,他试过卖煤,失败了。接着,他又卖过咖啡,也失败了。最后,他给纽约的一群社会民主党人授课,教他们法国文学,还给自己的弟弟——一位小提琴手,充当音乐会的经理人。

那个时候,他从来没有想过教人打桥牌。他自己桥牌打得也臭,但是他很执着。打牌的时候,他要问很多问题,然后又不停地事后检讨分析,弄得没人愿意跟他打桥牌。他读了很多关于桥牌的书,没多大作用,于是他开始自己写书。一年年地过去了,他写了五本关于桥牌的书,这些书都没有价值,他自己也知道,所以这五本书都没有排过版,他撕掉了手稿。之后,他又写了几本书,这些书被翻译成了十几种语言,售出了差不多一百万本。其中一本还用盲文印刷出来了,这样一来,盲人们也可以提高自己的桥牌技巧了。

克柏森第一次到美国是在一九一〇年。他的母亲是俄国人,母亲送他来到美国,是想让他去耶鲁大学学习。但是他没能通过入学考试,失败的原因居然是他英语能力有限。

想想吧!他是美国公民,美国历史他倒背如流,他会说俄语、德语、法语、西班牙语和意大利语,但是,用英语考试,他竟然通不过。于是,他放弃了耶鲁大学,来到了加拿大,找到了一份工作,是给一群修建铁路的工人充当计时员。他的演讲激情似火,他告诉工人们,他们受了欺骗,他们拿到的薪水太少了,他们的钱被公司的商人抢走了。他煽动工人们闹事,组织他们罢工,最后公司一脚把他踢了出来。

接着,他徒步走了两百英里,来到了最近的一个小镇。他要前往太平洋沿海地区,他同一群流浪汉在一起,一路上,他偷乘货车,还在厨房门口乞求施舍。

在西部，那些打计分桥牌的妇女中很有可能就有人站在自家的后门给埃利·克柏森递过三明治和热咖啡。

第十四章　托尔斯泰

他头脑迟钝，脑子里什么都装不进去，他的老师都绝望了。

他写出了世上最伟大的两部小说，却以此为耻。

他这一生的经历比《天方夜谭》里的故事还要离奇。这是一位先知的故事，他去世于一九一〇年，在他去世前二十年的时间里，他深得人们的尊敬，敬仰他的人朝圣一般络绎不绝地来到他家里，就为了看一看他的脸，听一听他的声音，或是摸一摸他衣服的褶子。

朋友们到了他家里，一住就是数年，他所说的每一句话，就连那些最漫不经心的谈话，他们都用速记法记下来，朋友们细致入微地描写他日常生活的每一个场景，就是最微不足道的也不放过。这些记录被印刷出来，有厚厚的几大本。

差不多有两万三千本书，注意哦，不是两千三百本，而是两万三千本，另外还有五万六千篇报纸、杂志上的文章，都在介绍这个人以及他的思想。他写了整整一百卷的书，这个数字足以傲视群雄。

他的一生就如同他的小说一样，多姿多彩。他降生在有着四十二个房间的宅邸里，出生富贵，从小就享受着老派俄国贵族的奢华。但是，在他生命的最后阶段，他却把家里所有的土地都送给了别人，自己一点财产都没有留下，孤独地死在了俄国的一个火车站里，兜里没有一分钱，周围都是农民。

他年轻的时候是个势利的人，走路的时候装腔作势，在莫斯科的裁缝店里定做衣服，出手阔绰。然而，到了晚年，他穿着俄国农民的粗布衣服，自己做鞋子、铺床铺、打扫房间，吃得也很简单，餐桌上除了摆一个木头碗、一个木勺子，就什么陈设都没有了。

年轻的时候，他过着自己后来形容为"肮脏堕落的生活"。他酗酒、决斗，各种罪恶他都尝了个遍——他甚至还卷入过凶杀案。但是，到了晚年，他恪守基督的教诲，成为了俄国宗教界最圣洁、最有影响力的人物。

在他结婚的早年期间，他和妻子是那么幸福，他们真的是跪下来，祈求上帝让他们一直这样幸福下去。到了后来，他们的婚姻成了悲剧。最后，就是看到自己的妻子，都会让他感到厌恶，临终前，他甚至不准妻子出现在他的眼前。

年轻时，他上大学，考试不及格。他太迟钝了，简直就是什么都听不进去，他的家庭教师都绝望了。然而，三十年后，他写出了世界上有史以来最伟大的两部小说，两部不朽的小说——《战争与和平》与《安娜·卡列尼娜》。

如今，他享誉全球，任何一位血腥残忍的沙皇都不能与之相比。然而，写了那么多伟大的作品，他因此而幸福了吗？是的——有过那么一段时间的幸福。但后来，他完全就以自己的作品为耻了。这之后，他的余生都在撰写小册子，宣扬和平、宣扬爱、致力于消除贫穷。这些小册子装订简陋，装在货运马车和手推车里，挨家挨户地兜售。短短四年的时间里，就发出去了一千两百万册。

几年前，我有幸在巴黎认识了托尔斯泰最小的女儿。在他生命最后的几年里，女儿是他的秘书。他去世的时候，这个女儿也同他在一起。如今，她住在宾夕法尼亚州纽敦镇附近的一座农场里，她亲口告诉了我很多关于托尔斯泰的事实真相。那次见面以后，她写了一本关于她父亲的书,书名是《托尔斯泰的悲剧》。

没错,托尔斯泰的一生是悲剧,引发这场悲剧的就是他的婚姻。他的妻子钟爱奢华,但是他却对之不屑一顾。妻子渴望名望,渴望社交场合的喝彩声,但在他眼里,这一切只是过眼云烟。妻子渴望金钱富裕,但他却相信拥有财富和私人财产是一种罪恶。妻子相信统治一切的是武力,他却相信统治一切的是爱。

更要命的是,妻子的胸中燃起了熊熊的妒火。她憎恶丈夫的朋友们,她甚至把亲生女儿赶出了家,然后冲到托尔斯泰的房间,拿着一把气枪朝着女儿的画像开枪。

托尔斯泰把自己的书送给俄国人,不收版税,让大家随便出版。因此,多年来,妻子唠叨他、谩骂他、冲着他尖叫,还侮辱他,正如他所说的那样,他的妻子把家变成了名副其实的地狱。

只要托尔斯泰一反驳,妻子就陷入歇斯底里的状态,一边喝着鸦片制剂,一边在地上打滚,嘴里诅咒发誓要自杀,还威胁要跳到井里。

托尔斯泰夫妇的婚姻持续了差不多半个世纪。有时,妻子会跪在他身边,求着他给自己读一读四十八年前他在日记中为她倾吐的炙热精致的情话,那时他们两人都疯狂地爱着对方。那些幸福而美丽的时光一去不复返了,读着读着,两个人都落下了酸苦的泪水。

到了最后,他已经八十二岁了,再也受不了家里不幸的生活了,一九一〇年十月二十一日,他从妻子身边逃走了。他走进了一片寒冷的黑暗之中,不知道自己究竟要前往何方。

十一天之后,他死在了火车站,他死于肺炎。"上帝会安排好一切的。"临死前他说道,"追寻吧,不停地追寻。"

第十五章　J.P.摩根

他是世界上财力最强大的人，他是华尔街的独裁者，世界证券市场上的至尊大亨。下雨的时候，他喜欢带上一顶旧帽子，穿上旧外套出去散步，任凭雨水落在脸上。

如今世界上最强大的人是谁？墨索里尼？斯大林？希特勒？当然了，对于这个问题，仁者见仁，智者见智。但有件事是肯定的。这个世界上财力最强大的人是J.皮尔庞特·摩根，他是华尔街的独裁者，世界证券市场上的至尊大亨。

然而，人们对他这个人知之甚少。说他是个神秘人物，一点也不夸张。他拒绝曝光，他对摄影师的讨厌可以上升到恐惧的程度。

生气的时候，他快人快语，甚至出言不逊。事实上，他就是个直言不讳的人，为此，他被称作"美国最不老练的人"。

他身高六英尺，体重两百磅，体力充沛，不知道恐惧为何物。比如说，有一天，一个疯子冲进了摩根的房子，这个疯子突然掏出一支枪，威胁要开枪。摩根完全可以闪进旁边的房间，但他没有这么做，而是径直朝着那把亮铮铮的手枪走去。房间里立刻响起了枪声，子弹射入了他的腹部，摩根一个趔趄，他站不稳了，但还在继续往前走。他扑向那个疯子，从疯子手里夺下了手枪。接着摩根瘫软地倒在地上，失去了知觉。他被紧急送往医院，差点就送了命。

这位财富之国君主的办公室设在华尔街二十三号[1]——这座大楼不高但很结实，是巨额融资之地，人们只是简单地称之为"拐角处"。普通人想要靠近摩根几乎就是不可能的事情。游客来到此处，导游们总

---

[1] 原来是摩根大通大楼，现在这个地方已经改为公寓了。

是指着墙上破坏掉的地方让大家看——一九一六年那场可怕的灾难从地球上抹掉了四十条人命，致使两百多人受伤，造成了两百万美元的财产损失。

让我们回到一九一六年。正午刚过去一分钟，灾难发生了。人群从各个办公室拥出来，他们高高兴兴、无忧无虑，没人注意到摩根大通大楼对面立了一匹老马，也没有人注意到老马身后还有一辆货车。

突然，眼前一片刺眼的红绿色。接着就是爆炸声，多么可怕的爆炸呀，一座座的摩天大楼在爆炸中也瑟瑟发抖。一颗炸弹引爆了，这是一颗装有一百磅TNT的炸弹。整个街道上都是致命的弹片，铺天盖地。

上千扇窗户被震碎了，破碎的玻璃像暴雨一样落到人行道上。十二层以上的遮雨棚突然着火了。被炸碎的胳膊、大腿，甚至人头到处乱飞，飞到了二三十英尺高的地方，落在了窗台上。街面上到处都是缺胳膊少腿的人，他们在流血，他们快要死了，他们尖声叫着在街道上狂奔，最后一头栽进死亡的深渊。

在一片恐慌痛苦中，响起了救火车和救护车尖锐的鸣叫声。那匹老马，还有那辆载着炸弹的马车几乎被炸得无影无踪了，现场清理之后，只找到了车轮的一点残片，还有两个马蹄铁，再有就是几个螺丝、螺帽。

这次爆炸针对的目标是摩根，而他当时却在欧洲。那个人犯下了这样卑劣的罪行，摩根决心要将此人绳之以法，不管付出怎样的代价。

摩根悬赏五万美元，捉拿凶手。纽约警察局、联邦调查局、特工人员、私家侦探都行动起来了，有史以来最大的一次人肉搜索拉开了帷幕。这是一场遍布全世界的搜索。离港的船只在监控之中，与加拿大、墨西哥的边境也在监控之中。为了寻找线索，纽约、芝加哥，还有十多个城市的黑社会都被仔细梳理了一遍。调查花费了好多钱，但一切都是徒劳。爆炸发生后，二十年过去了，谜团依旧还是谜团。

如今，摩根大楼的门口有两位持械的刑警时刻处于警戒之中，楼顶上覆盖了厚厚的铁甲，以防范有人从临近的高楼扔炸弹过来。

这栋不起眼的坚固大楼内部有个神秘的房间，房间里一前一后有两排桌子，摆放得就像教室的课桌一样。摩根的十八位合伙人就在这里工作，而这个集团的头儿——摩根——就像个监考老师一样，坐在这些人的背后。

举目世界，回顾历史，没有哪家私人银行像摩根集团这样在各国火热的事务中扮演了如此重要的角色。就连佛罗伦萨的美第奇家族[1]或是欧洲的罗斯柴尔德家族[2]都没有过这样崇高的威望。罗斯柴尔德家族从拿破仑手里挽救了欧洲，而协约国能够在有史以来最血腥的战争中获胜，摩根家族的作用胜过了其他任何一股金融力量。

一九一五年，摩根集团启动了有史以来最大的一笔国外贷款。五亿美元——整整五亿美元——这笔钱漂洋过海，成为了战争的支柱。摩根家族是协约国在美国的采购商，他们购买的武器和物资价值数十亿。一个月当中，他们花掉的钱比平常情况下全世界一个月的流水金额还要多。

在伦敦的黄色浓雾中，J.P.摩根也没有什么不自在，就像处在纽约的喧嚣和煤灰当中一样。他父亲还活着的时候，他在英国待了很多年，他是摩根集团英国分部的头儿。多年后，他回到了华尔街，带回了英国人喝下午茶的习惯。

即使是现在，他在伦敦的格罗夫纳广场还有一栋房子。所有的仆

---

[1] 美第奇家族（Medici Family），也译为梅蒂奇家族，是佛罗伦萨十三世纪至十七世纪时期在欧洲拥有强大势力的名门望族。

[2] 罗斯柴尔德家族（Rothschild Family），欧洲乃至世界久负盛名的金融家族。它发迹于十九世纪初，其创始人是梅耶·罗斯柴尔德。他和他的五个儿子即"罗氏五虎"先后在法兰克福、伦敦、巴黎和维也纳、那不勒斯等欧洲著名城市开设银行。

人都常年在岗，方便他随时入住。有时他数月都不会出现，可是一旦出现，餐桌上马上就要摆上晚餐，壁炉要烧得红彤彤的，床也要铺好。

他是美国圣公会的中流砥柱，然而他也经常同罗马教皇庇护十一世通信。在拜访梵蒂冈期间，他同教皇坐在一起攀谈，长达数小时。谈的是什么，你以为呢？他们谈论的是用埃及古语，也就是科普特语写成的珍贵手稿。

摩根先生的私人图书馆里藏有很多古代僧侣誊写的泥金手本，这些手本年代久远，比哥伦布发现美洲大陆还早五百年呢。他还藏有莎士比亚对开本的书，是无价之宝。另外他还有古腾堡[1]版本的《圣经》，这样一本《圣经》的价格是二十五万美元。

J.P.摩根通晓莎士比亚的戏剧和《圣经》，名声在外。他也非常喜欢坐下来读个精彩的侦探故事，同你和我都是一样的。

他同父亲一样，是一位了不起的艺术鉴赏家。在绘画、雕刻、挂毯、瓷器和珠宝方面，他不知花了多少钱。他卖过几幅价值连城的名画，当时纽约的各大报纸头版头条都刊登了这则新闻。

每年的圣诞节前夜，摩根图书馆都会举行一场独特的仪式。他的儿孙们，还有几个亲密的朋友聚在一起，听《圣诞颂歌》中吝啬鬼的故事。他们手里捧着的不是印刷版的书，而是狄更斯亲笔书写的手稿。

虽然摩根富可敌国，但他的很多爱好都是非常简单的。比如说，下雨的时候，他喜欢带上一顶旧帽子，穿上旧外套出去散步，任凭雨水落在脸上。

他深爱妻子，他的妻子于一九二五年去世，自那以后，他一直把妻子的房间保持原样。妻子患上了一种叫作昏睡病的神秘疾病，虽然

---

[1] 约翰内斯·古腾堡（Johannes Gensfleisch zur Laden zum Gutenberg，1400—1468），德国发明家，西方活字印刷术的发明人，他的发明导致了媒体革命，迅速地推动了西方科学和社会的发展。

摩根有数不清的钱，可也没能挽回他所爱女子的生命。

妻子钟爱鲜花，她参加了一个俱乐部，这个俱乐部要求其成员在花园里亲自劳作。即使是现在，J.P.摩根，这个世界上最富有的人之一，也会套上工作服，在花园里除草、捆绑葡萄藤，打理妻子的花园。

第十六章　恩里科·卡鲁索[1]

为了让他能上音乐课，他的农民母亲连鞋都舍不得买，后来他成为了这个世界上最伟大的歌手。

恩里科·卡鲁索去世于一九二一年，享年四十八岁。噩耗传来，整个世界都沉浸在悲痛之中。这个世界上，人们记忆中最美妙的歌声永远消逝了。整个世界都在为他喝彩，他却突然离世。他工作过度，疲惫不堪，患上了普通的感冒，他没有当回事，之后，他同死神搏斗了六个月，期间爱他的人们为他唱着弥撒曲，他们真挚地祈祷，这些祈祷长着翅膀飞向天命的神秘之门。

卡鲁索魔法般的嗓音不仅仅是上天的恩赐，还是长年累月坚持不懈和勤学苦练的回馈。最开始的时候，他的嗓音单薄轻飘，他的老师告诉他："你不能唱歌，你的嗓音不行，听起来就像是风刮过百叶窗的声音。"

多年来，唱到高音，他总是要唱破，而且他的表演也很差劲，一次演出中，观众对他发出了嘘声。后来，成功让卡鲁索如痴如醉，很少会有人像他这样，深陷其中不能自拔。然而，就在事业如日中天的时候，一旦想起早年的磨难，他也会泪洒前襟。

他十五岁那年，母亲去世了，他这一生，无论走到哪里，都把母

---

[1] 恩里科·卡鲁索（Enrico Caruso，1873—1921），意大利著名男高音歌唱家。

亲的画像带在身边。她母亲生了二十一个孩子，其中十八个都没有活过婴儿时代，最后只有三个活下来了。她只是个农妇，这辈子只知道艰辛和痛苦，没有其他见识。然而，不知怎么的，她觉得这个儿子受到了上天的眷顾，是天才的种子，无论付出什么样的代价，她都要让这粒种子生根发芽。卡鲁索说："为了让我能唱歌，我母亲连鞋子都舍不得买。"他一边说，一边伤心掉泪。

那年，他才十岁，父亲就不让他上学了，让他进工厂，让他工作。每晚下班之后，卡鲁索就学习音乐，一直到了二十一岁，他才靠着唱歌的本事走出了工厂。

那些日子，他巴不得在附近的小餐馆里唱歌，只要有一顿免费的晚餐就行。他还经常受雇去某位女士的窗下唱小夜曲，这位女士五音不全的恋人则大胆地站在月光之下，比划着表达爱意，而卡鲁索则躲在门道里，用心唱着歌，他的歌声圆润厚重、富有魅力，就像阿波罗在歌唱一般。

后来，他终于有了一次出演歌剧的机会。那是第一次，在排演的时候，他太紧张了，声音破了，听起来就像碎玻璃掉下来一样。他试了一次又一次，每一次发音都是灾难，最后眼泪夺眶而出，他逃一般地跑出了剧院。

等到他真正首次登台演出歌剧的时候，他喝醉了。他醉得太厉害了，观众一片嘘声，淹没了他的歌声。那时，他只是一位候补演员。一天晚上，唱主角的男高音突然生病了。卡鲁索当时也不在。送信的人一路奔跑，穿街过巷地找他，最后在一家酒店找到了他。他尽快跑到了剧院，到了剧院，他激动得快喘不过气来，再加上闷热的化妆间和葡萄酒的作用，他快受不了了。一瞬间，这个世界就像旋转木马一样转个不停。等到卡鲁索走到舞台上时，剧院里已经是不可控制的一片混乱了。

表演结束后，他被解雇了。第二天，他伤心绝望，下决心要自杀。

他口袋里只有一个里拉，只够买一瓶葡萄酒。整整一天，他一点东西都没有吃。就在他喝着葡萄酒，盘算着怎么死的时候，门打开了，冲进来一个送信的人——剧院派来送信的。

"卡鲁索！"他大声叫道，"卡鲁索，快来！那些人不肯听那个男高音唱歌了。他们把他嘘下了台。他们都叫着要你唱！要你唱！"

"要我唱！"卡鲁索大声说道，"别犯傻了。我的上帝，他们连我的名字都不知道。"

"他们当然是不知道了，"送信的人喘着气说道，"但他们还是要你来唱。他们大叫着要'那个醉鬼'！"

恩里科·卡鲁索去世时有几百万的财产，仅仅靠着唱片，他就赚了两百万美元。但是，年轻时的贫穷实在是刻骨铭心，到了他生命最后的日子里，他都还把每笔花销记在一个小本子上。从收藏了一条无价的古董蕾丝或是象牙雕刻，到给侍者小费，每一笔花销，他都清清楚楚地记下来。

意大利农民的迷信，他都有，成天疑神疑鬼的。他一辈子都害怕邪恶之眼。每次漂洋过海，他都要咨询占星师。他从来不会从梯子下面经过，也不会在星期五穿新外套。至于在星期二或是星期五出发旅行，或是开始一件从来没有做过的事情，他是无论如何都不会答应的。

他有洁癖，只要一回到家，他就要换衣服，从内衣到鞋罩，都要换一遍。

他的嗓音是这个世界上最稀有、最珍贵的，然而坐在化妆室的时候，他一边化妆，一边抽烟。人们问他，抽烟会不会损伤他的嗓子，他只是笑笑。吃饭的时候，他狼吞虎咽，每次演出，上台之前，他都要抿一口加了苏打水的威士忌来清一清嗓子。

十岁的时候，他就辍学了，事实上，他一本书都没有读过。他对妻子说："为什么我要读书呢？我从生活中学习。"

他不读书，但却会花很多时间来看自己收藏的邮票和珍贵钱币。他极具漫画天赋，每周都会给一家意大利期刊画一幅漫画。

多年来，他饱受剧烈头痛的折磨，头痛的时候，他意识模糊，痛苦尖叫。随着年纪的增长，他惊人的活力开始衰退了。越来越多的时间，他都是待在安静的书房，越来越不在意人群的欢呼喝彩声。后来，他陷入了一种挥之不去的忧郁情绪中，他花很多时间来剪报。他把要的东西剪下来，修剪整齐，再贴在回忆录的本子上。

他出生在那不勒斯。但是，他第一次在家乡演出的时候，各大报纸并不看好他，观众反应很冷淡。卡鲁索感觉很受伤害，再也没有原谅他们。在他的全盛时期，他经常回到那不勒斯，但一直都不肯再次演出歌唱。

也许第一次把女儿格洛丽娅抱在怀里，是他这一生最幸福、最重要的时刻。他一再说自己期盼着女儿长大了，能够沿着走廊跑过来，打开他工作室的门。有一天，在意大利，卡鲁索站在钢琴旁，这一幕发生了。他一把抱起小女儿，眼睛里满是泪水，他对妻子说道："你记得吗？我盼望的就是这一刻。"

之后，不到一个星期，他去世了。

第十七章　海伦·凯勒与安妮·曼斯菲尔德·莎利文 [1]

> 这个女孩又聋、又哑、又瞎，却被比作拿破仑。她和她老师是有史以来最了不起的老师和最让人惊讶的学生。

---

[1] 海伦·凯勒（Helen Keller，1880—1968），美国女作家、教育家、慈善家、社会活动家。安妮·曼斯菲尔德·莎利文（Anne Sullivan，1866—1936），海伦·凯勒的老师。

马克·吐温曾说:"十九世纪最有意思的两个人物就是拿破仑和海伦·凯勒。"马克·吐温说这话的时候,海伦·凯勒才十五岁。如今,她依然是二十世纪最有意思的人物之一。

海伦·凯勒完全失明了,但是,同大多数正常人相比,她读的书要多得多。她的阅读量是正常人的一百倍,她自己还写了七本书。她制作了一部自传影片,并且亲自出演。她完全失聪了,但是同大多数听力正常的人相比,她更加喜欢音乐。

在她的一生中,有整整九年的时间,她一句话都说不出来。但是她却走遍了美国,在每个州都举行过演讲。有四年的时间,她都是沃德维尔[1]的新闻人物。她游历了整个欧洲。

海伦·凯勒出生时是个非常正常的孩子。在出生后一年半的时间里,同其他小孩一样,她看得到、听得到,已经开始咿呀学语。接着,不幸席卷而来,她病倒了。病好后,她才十九个月大,就变成了聋子、哑巴和瞎子,一切都被摧毁了。

从此,她变得就像丛林里的野生动物一样了。只要有什么东西让她不高兴了,她就把这样东西砸烂,破坏掉。她两只手抓着食物往嘴里塞,只要有人试图纠正她,她立马倒在地上,挥胳膊蹬腿,还发出嗷嗷的声音。

她的父母彻底绝望了,把她送到了波士顿的柏金斯盲人学校,求着找一位老师来教她。于是,安妮·曼斯菲尔德·莎利文就像光明天使一样走进了海伦悲哀的生活。当时,莎利文小姐只有二十岁,她离开了波士顿的柏金斯盲人学校,接手了这份看似无法办到的工作——教一个又聋、又哑、又瞎的孩子。她自己的人生经历中也是写满了悲哀与贫穷,令人心碎。

---

[1] 沃德维尔,法国城市。

十岁的时候，安妮·莎利文和她的小弟弟被一起送到了马萨诸塞州图克斯伯里的救济院。那个救济院人满为患，两个孩子就睡在了停尸间里。小弟弟身体很弱，六个月后，他死了。到了十四岁那年，安妮几乎失明，她被送到了柏金斯学校学习盲文。但是，她那时并没有完全失明，她的视力恢复了一些。半个世纪之后，就在她去世前不久，她的世界才完全陷入了黑暗之中。

我无法用短短几句话描述清楚安妮·莎利文在海伦·凯勒身上创造的奇迹。她怎么就在短短的一个月当中，成功地同一个完全生活在黑暗和寂静之中的孩子交流上了呢？我说不清。海伦·凯勒在《我的一生》中讲述了这个故事，令人难忘。这个又聋、又哑、又瞎的小女孩第一次意识到世界上还有人类语言时的那种幸福，凡是读过这本书的人，都无法忘记。"那天发生了很多事情，晚上的时候，我躺在小床上，重温那天带给我的快乐，我人生第一次渴望新的一天的来到。"她写道，"我觉得很幸福，恐怕再也找不出比我更幸福的小孩了。"

海伦·凯勒二十岁的时候，她受教育的程度已经很高了，安妮老师与她一同前往拉德克里夫学院继续学习。那时，她的阅读写作能力丝毫不低于学院的其他学生，她甚至还能说话了。她学会的第一句话就是："我不再是哑巴了。"这是一个奇迹，她兴奋不已，把这句话说了一遍又一遍——"我不再是哑巴了。"

现在，她说话就像个有点口音的外国人。她使用盲文打字机来写书、写文章。如果她要在空白处做出修改，她就用一根发簪在纸上扎出小洞来。

她住在纽约市的森林山，我住的地方距离她的家只有几个街区。我带着我的波士顿小梗犬散步的时候，有时会看到她带着牧羊犬在自家花园里散步。

我注意到，她散步时经常自言自语。但是同你我不一样，她不是动嘴皮说话，她是动手指，打着手语和自己说话。她的秘书告诉我，凯勒小姐的方向感不太好。在家里，她也经常找不到方位，如果移动了家具，她就完全不知所措了。很多人都觉得，既然她眼睛看不见，她应该有神秘的第六感，然而科学测试的结果告诉我们，她的味觉和嗅觉同常人没什么两样。

然而，她的触觉非常准确。把手指轻轻地放在朋友的嘴唇上，她就能明白他们在说些什么；把手放在钢琴或是小提琴上，她就能欣赏音乐；通过感受收音机的震动，她甚至能够收听广播。把手指轻轻放在歌手的脖子上，她还能欣赏歌手唱歌，但是她本人不能唱歌，或是说唱歌不在调上。

如果今天海伦·凯勒同你握了手，五年之后，她再次见到你，并同你握手，她会记起你来。她还能通过握手判断你是生气还是高兴，是失望还是幸福。

她会划船、游泳，还喜欢骑着马在树林里飞奔。用特制的棋盘棋子，她会下跳棋和象棋。只要有一副图案凸出来的扑克，她甚至还能玩单人纸牌的游戏。下雨的时候，她通常就做编织或是钩织，以此来打发时间。

大多数人都认为这世上最大的不幸莫过于失明。然而，海伦·凯勒说，她觉得失聪比失明更难受。生活在黑暗和寂静的世界中，她最想念的就是人类友好的声音。

第十八章　墨索里尼 [1]

他就像个吉卜赛人，在决定"进军罗马"之前，还拿了

---

[1] 墨索里尼（Mussolini，1883—1945），意大利法西斯党党魁，法西斯独裁者，第二次世界大战的元凶之一。

副纸牌算了算命。他曾把炸弹藏在火炉里,在睡觉的时候,不肯让月光照在脸上,他觉得危险。

墨索里尼经常吹嘘,他还是个孩子的时候,可是当地十足的淘气包。又好胜、又好战,他总是麻烦不断。回家的时候,他经常都是鼻青脸肿,有时头上还被石块砸出了口子。可是,等到他上寄宿学校的时候,他又是那么脆弱,想家想得哭鼻子。

墨索里尼的父亲是他那个时代最勇猛的国际革命者,他给儿子取名贝尼托·华雷斯,墨西哥历史上最狂热的革命者之一就是这个名字。

墨索里尼被寄宿学校开除了。后来,因为他激进的活动,瑞士和法国又将他驱除出境。他锒铛入狱,总共有十一次。

他非常热爱读书。一次,警察前来逮捕他入狱,他说:"请等一下,我读完这一章,就跟你走。"

在他人生的不同阶段,他有过不同的身份,他做过社会民主党人、共产党人、无政府主义者,现在他是法西斯主义者。

一路走来,他一路树敌——都是宿敌,有些人想要暗杀他。他的座右铭就是"危险地活着",他的确如此。他学了击剑课程,经历了很多次决斗。以前,他工作的时候,桌上总摆着一把匕首和两把手枪,书柜里有一半装的是炸弹。他的敌人扬言要杀了他,他则坐阵以待。一次,秋天的时候,警察突击他的办公室,慌忙中,他把炸弹藏到了火炉里,到了下个星期,办公室的打杂人员准备点燃炉子,而炸弹还睡在炉子里呢。

一九一五年,墨索里尼参军了,身份是二等兵,当时他已经是一份社会民主党人报纸的编辑,一位名人了。于是,他得到了一份安全的差事,待在后方撰写部队历史。"我来不是为了写作,"他愤慨地说道,"我来是为了作战!"

没过多久，弹片飞来，他遍体鳞伤。总共有四十二处伤口，如果所有的伤口连起来，足足有一码[1]长。

墨索里尼曾经说过："我不想要那些出于责任感而作战的士兵。我想要的是那种热爱作战的士兵。"他的偶像是尤利乌斯·凯撒和拿破仑。他的灰色外套，自卫队指挥官的那件，就是按照拿破仑穿过的那件复制出来的，一模一样。

墨索里尼出生在一个贫穷的家庭。他父亲在家里的底楼开了一家铁铺。他母亲在楼上教几个小孩子，家里实在是太穷了，他母亲还向政府申请过资助。但是，政府根本就没有给他母亲回信。

直到十五岁，墨索里尼才学会了阅读。十六岁的时候，他坐在牛棚里读维克多·雨果的小说，牛在旁边吃着干草。

十八岁的时候，他是个普通工人，每小时的薪水是六分钱。他在火堆里烤土豆吃，睡在干草堆里面。他做过车站的行李搬运工、砌砖工，还给屠夫打过下手，但他总是遭到解雇。他一路流浪穿过瑞士，讨要面包，睡在大桥底下，警察以流浪罪逮捕过他。

对于金钱，墨索里尼从来都没有兴趣。那时，他还在社会民主党人的报社工作，妻子怂恿他要求加薪。"我不是为了钱工作，"他对妻子说，"我是为了理想而工作。"报社提出要给他加薪，他拒绝了。

他饥肠辘辘、一文不名的时候，就会买一杯牛奶，走进空空如也的房间，拿出小提琴，演奏贝多芬的第九交响曲，用琴声淹没饥饿感。

在报社做编辑的时候，他经常狂热地写上一整天，直至深夜，然后趴在办公桌上就睡着了。他吃的是朋友给他带来的面包和蒜味香肠，接连数日都不会离开办公室。

他还是个孩子的时候，认识一个女巫，这个女巫出售护身符、春药，

---

[1] 码，长度单位，一码约为九十一厘米。

还有假药，墨索里尼深受其影响。这个女巫教他如何解梦，如何通过一副牌来预测未来。在他历史性的"进军罗马"之前，他多次把扑克牌摆在桌上，仔细研究。

萨尔法季为墨索里尼编写的传记中有这么一段话："即使是现在，墨索里尼也有很多关于月亮的奇怪想法，比如月亮的冷光对人和事情会产生影响；睡觉的时候，月光照在你的脸上，会有危险。解梦、解释征兆、用扑克牌算命，这些方面，他是行家高手。公牛为什么会让女人牵着走，为什么兔子的前腿那么短，许多诸如此类的谜团，他都能给出答案。"

墨索里尼年纪大了，但是他不允许意大利的报纸提及他的年纪，或是宣传他已是祖父这一事实。

他觉得生死有命。他认为，除非是大限已到，没人能杀得了他。然而，他还是调动了三百人来保护自己，他的家里和办公室里的每一个地方，甚至是排水管，每天都要严密搜查，看有没有炸弹。

他没有亲密的朋友，他喜欢独自用餐，他从不向任何人吐露心事，妻子也不例外。他曾经说过："即使我自己的父亲活了过来，我也不会信任他的。"

每天早上，他都会洗个温水澡。他说，冷水澡对他的神经不好。他每天早上刮胡子，为的是节约时间。有时，晚上的时候他会找个理发师给他刮胡子，但是理发师受命不准说话。

他有一个房间，里面装满了世界各地的人送给他的礼物，他称这个房间为"恐怖博物馆"。

墨索里尼曾经说过，在一九三四年他接见了六万人，也就是说一个星期要接见一千多人，或是一天接见一百五十人。他还说过，一年的时间里，秘书给他拿来了两百万份报纸。

他深爱自己的母亲，得知母亲的死讯，他昏死过去，一动也不能动。如今，他右手上戴着一枚母亲的小金戒指。他母亲只有这一件饰物，也是留给他的唯一的东西。

第十九章　约翰·戈特利布·温德尔[1]

他的家族是纽约最古怪的富豪之家。为了避免沾染到地面上的细菌，他的鞋底有一英寸厚。

以前，在第五大道和三十号大街的拐角处，矗立着全纽约最遭人议论的一栋房子。二十年来，人们称这栋房子为"神秘之屋"。房子的砖墙阴冷，人们就此编织了各种各样的侦探故事、报纸文章、戏剧，甚至还有电影。房子的大门钉死了，多年来，每天都有五万人从这道门前走过，然而，房子窗户紧闭，几乎就没有人看到一点生命的迹象。

如果你坐着观光巴士沿着第五大道前进，可能会有人指着温德尔宅邸让你看，说那里曾经有一座世所罕见、价值一百万美元的院子，而修建这么一个院子，为的是狮子狗能有个玩耍的地方。

温德尔一家是纽约最富有的家族之一。他们家族的不动产估价曾达到了一亿美元。然而，这一家子的人都死死地抱着过去的生活方式不松手。一个单身汉兄弟带着几个未出嫁的姐妹住在这栋老房子里。房子初建时，亚伯拉罕·林肯还是伊利诺伊州牧场上名不见经传的乡村律师。后来，房子要夷平了，我从那里经过，看到工人们搬出镀锌的澡盆，还有大理石的盥洗台，都是种植园经济时代就开始使用的东西。

温德尔一家用煤气灯照明，他们认为煤气灯的光线比电灯柔和，眼睛舒服些。收音机、餐用升降机、电梯或是汽车，他们都不用。房

---

[1] 约翰·戈特利布·温德尔（John Gottlieb Wendel，1835—1915），美国富豪。

子里唯一的现代设施就是一台电话，还是为了护士联系医生安装的，只用了两天，温德尔一家的最后一个人就咽气了。

温德尔宅邸的评估价格只有六千美元，律师一再对这家人说，他们住在这栋仅价值六千美元的房子里，每天的费用却达一千美元。千真万确，这栋房子所在的地皮价值接近四百万美元，这笔钱的利息再加上评估费和税额差不多就是一千美元一天。

虽然这么有钱，温德尔一家子却都生活在过去当中。

约翰·戈特利布·温德尔死于一九一四年。南北战争结束的时候，他买过一件外套，自那以后，一直到死，他所有的外套都是那件外套一模一样的复制品。四十年前，那件外套送来时是装在一个箱子里的，四十年了，他还是用那个箱子装那件外套。有一次，他一口气让人做了十八件复制品。凡是染了色的布料，他都不肯穿。如果需要黑色外套，他就从一家苏格兰的公司订购羊毛，这家公司提供黑羊的羊毛。

无论雨天还是晴天，无论是酷暑还是严冬，他都带着雨伞出门。

他有过一顶草帽，一年又一年过去了，草帽已是破烂不堪，但是每到换季的时候，他就会让仆人给草帽重新涂上一层亮晶晶的黑色。

他邀请朋友用午餐，写请帖，他用拉丁语。

他觉得各种疑难杂症都是通过脚部传染来的，所以他的鞋底是用杜仲橡胶制成的，厚达一英寸，以杜绝地面细菌的侵扰。

当年，约翰·戈特利布·温德尔是纽约最大的单人业主。他只不过是岿然不动，坐等城市发展就发了财。

温德尔家的女孩子们禁酒的态度毅然决然。有一次，她们一直等到对方同意房子里的急救箱和药品柜里不能存储超过一品脱的酒精，才同对方签订了一百万美元的租约。不仅如此，她们死后，人们在地窖里发现了总价达一万美元的珍贵葡萄酒、威士忌和香槟酒。这些东西放在那里好久了，也没有人动一下，数百瓶好酒都变成了酸醋。

约翰·戈特利布·温德尔有七个姐妹，为了不让姐妹们结婚，他是尽其所能。他担心姐妹们结了婚，有了孩子，就会分割家族的地产。所以他警告姐妹们说，所有的男人都是盯上了她们的钱，如果有追求者上门拜访，他就直白地对他们说，不要再来了。

这家里只有丽贝卡小姐是个例外，她结婚了。但她结婚的时候，都已经六十岁了。其余的女孩子都黯然老去，孤苦伶仃地离开这个世界。她们虚度一生，给世人一个可悲的提示——钱太多真是没有什么意义。

乔治安娜是女孩子当中最英勇的一个，她反抗家族的桎梏，最后得了迫害妄想症，被送走了。她被送进了精神病院，一关就是二十年，她死于一九三〇年，而她的许多朋友都认为她早就死了。她拥有五百万美元的身家，但是这些钱没有给她买来一分钱的快乐。

另一个女孩，约瑟芬，住在温德尔家族的一栋乡村别墅里，她的身边没有一个亲人，只有仆人。可悲之处就是她终日幻想。她幻想着家里满是闹腾快乐的孩子，她还同孩子们交谈玩耍。她幻想有人来看她，在她的吩咐下，晚餐的时候仆人会摆放好六个座位。每上一道菜，她就换个座位，她一个人依次假扮所有的客人。

家里的女孩子一个个地死掉了，她们的闺房上了锁，百叶窗也关上了。最后，只有楼下艾拉小姐的卧室和餐厅还在用，另外就是楼上空荡荡的大房间，以前艾拉小姐和她的姐妹们在那里度过了孤零零的学生时光。很多年，艾拉小姐一个人住在这栋阴森森的有着四十个房间的大房子里，陪伴她的只有几个忠诚的老仆人，还有她的法国狮子狗托比。

托比睡在艾拉小姐的房间里，它有一张四根帷柱的小床，跟它女主人的床一个样。托比在餐厅就餐，吃的是狗饼干和猪排，用的是一张铺有天鹅绒的特质黄铜桌子。

艾拉·温德尔去世的时候，她把自己千万家产留给了卫理公会教堂，用以传教工作。然而，她本人生前却很少到教堂去。

她临死前，在世界上一个亲人都没有了。但是，她去世后，一年的时间里，全世界自称为艾拉小姐亲属的人像雨后春笋般冒了出来，一共有两千三百位。

仅田纳西州就冒出了二百九十个亲戚，都吵嚷着要从她三千四百万美元的地产中分得一杯羹。德国领事馆代表四百位有着温德尔姓氏的德国人提出集体申诉，在捷克斯洛伐克，也冒出来好多的继承人，外交部不得不出面与这些人交涉。

有两个人声称自己是约翰·温德尔两次不同的秘密婚姻中诞下的孩子，其中一个人因为伪造结婚证明和遗嘱蹲过监狱。

约翰·戈特利布·温德尔从来没有立过遗嘱。他说"律师甭想从我这里赚到一分钱"。可笑的是，那么多人都想在温德尔家的亿万遗产里捞上一把，为了处理他的地产，不只是一位律师，而是二百五十位律师拿到了诉讼费。

第二十章　罗伯特·福尔肯·斯科特上校

> 他是历史上最为悲怆的英雄之一。他想要探寻极地的秘密，却发现了上帝的秘密。

据我所知，再也没有比罗伯特·福尔肯·斯科特上校的传奇故事更英勇、更振奋人心、更悲情的了。斯科特上校是抵达南极的第二人。斯科特和两位队友在罗斯陆缘冰上悲怆遇难的故事依然有着震撼人心的力量。

一九一三年二月，一个阳光明媚的下午，斯科特的死讯传到了英国。当时摄政公园里番红花正在怒放。得知他的死讯，举国震惊，自纳尔逊[1]在特拉法尔加战役阵亡之后,这样令英国民众震惊的事情还是第一次。

二十二年后,为了纪念斯科特,英国修建了世界上第一座极地博物馆。博物馆落成之日,极地探险家们从世界各地赶来,相聚一堂。在建筑的正面,用拉丁文刻有罗伯特·斯科特的一句话。这句话的意思是:"他想要探寻极地的秘密,却找到了上帝的秘密。"

斯科特坐上"特拉诺瓦号"开始了奔赴南极的悲壮之旅。自从这艘船驶进南极圈冰冷水域的那一刻起,他就厄运缠身。

巨大的海浪一次次地击打着船体,海浪还卷走了甲板上的货物,数吨海水势不可当地灌入了船舱。锅炉的火被浇灭了,抽水泵也冻结住了。连续数日,这艘巨大的船只无助地在颠簸在惊涛巨浪之间。

但是,这只是厄运的开始而已。

他带来了矮种马,这种马匹很壮实,很适应西伯利亚冰天雪地的气候,但是到了这里,这些马的命运就悲剧了。它们在粉尘状的雪地里无助地挣扎,一不留神,就陷到冰缝中,摔断了腿,最后他不得不开枪打死它们。

狗也一样。上校从肯空地区找来几条训练有素的爱斯基摩犬,这些狗一到极地就发了狂,仿佛瞎了眼一样,朝着冰川的裂缝就冲了过去。

后来,只剩下斯科特和他的四位队友了,他们独自拉着重达一千磅的雪橇,朝着南极发起了最后的冲刺。一天天过去了,他们艰难地行进在粗糙的冰面上,呼吸着冰冷的极地空气,面对九千英尺海拔的未知领域,四个人拉着雪橇,一路咳喘地走着。

然而,他们没有抱怨。没有人踏上过这样残酷的旅程,而在这场

---

[1] 霍雷肖·纳尔逊(Viscount Nelson,1758—1805),英国十八世纪末及十九世纪初的著名海军将领及军事家,在一七九八年尼罗河口海战及一九○一年哥本哈根战役等重大战役中带领皇家海军胜出,一八○五年在特拉法尔加战役中击溃法国及西班牙组成的联合舰队,自己却中弹阵亡。

旅程的尽头就是胜利，就是神秘的南极点。自从上帝创造人类以来，还没有人踏足南极点——南极点上没有生命、没有呼吸、没有一点动静，就连一只漫游天际的海鸥都没有。

第十四天，他们终于到达了南极点。但是，迎接他们的却是沮丧和心碎。在他们面前，竖着一根旗杆，旗杆上一面破破烂烂的旗帜得意扬扬地在寒风中飘荡。一面旗帜！挪威的旗帜！阿蒙森，那个挪威人已经提前到达了这里！他们明白，这么多年的准备，这么多个月的折磨，胜利却同他们失之交臂，只不过晚了短短的五个星期。

他们失望透顶，心灰意冷地踏上了归程。

他们的归程悲怆挣扎，宛如一部悲壮的史诗。狂风刺骨，他们的脸上都结了一层冰，胡子都冻硬了。一路上，他们跌跌撞撞，每次受伤都是离死神更近一步。海军士官埃文斯是第一个遇难的，他是这行人中最强壮的。他脚下一滑，摔在了冰面上，撞碎了头颅，死了。

接着奥兹上尉病倒了。他的双脚冻伤了，几乎走不了路。他知道，自己拖累了队友。于是，一天晚上奥兹上尉做了一件无比高尚的事情。他走进了咆哮的暴风雪中，为了别人能够活下来，他死了。

没有豪言壮语，没有惊人之举，他只是平静地说了一句："我出去一会儿。"他这一去，就是永别。人们没能找到他冻僵的遗体。但是今天，人们在他失踪的地方竖起了一块纪念碑，上面写着："附近长眠着一位极其英勇的绅士。"

斯科特和剩下的两位队友继续蹒跚而行。他们看起来已经没有人样了。他们的鼻子、手指，还有脚都冻伤了，几乎一碰就会掉下来。一九一二年二月十九日，他们最后一次安营扎寨。他们还有些燃料，每个人还可以喝上两杯热茶，还有可供两天支撑的食物。他们觉得自己是得救了——距离下一个补给点还有十一英里。拼命赶赶路，他们能够撑到下一个补给点。

可是，悲剧转眼就降临到了他们头上。

暴风雪从地平线呼啸而来，狂风怒吼，势不可当。这个世界上还没有什么东西可以与之抗争，抗争就是死路一条。帐篷外狂风暴雪肆虐，斯科特和他的同伴困在了帐篷里，这一困就是十一天，他们的补给耗尽了。大限已经到了，他们知道这一点。

不是不能解脱——很容易就能解脱，他们随身带有大剂量的鸦片，就是为了这种紧急情况而准备的。服下大剂量的鸦片，他们就会进入甜美的梦乡，再也不会醒来。但是，他们没有这样做。他们决定以老派英国优秀运动员的精神来面对死亡，他们要抗争到底。

在生命最后一个小时，斯科特给詹姆斯·巴里爵士写了一封信，描述了最后的场景。他们的食物吃光了，死神就要降临了。然而斯科特写道："我们的帐篷里回荡着快乐的歌声，你若是能听到我们的歌声，必定也会感到振奋。"

八个月后的一天，极地的阳光平和地照耀在亮晶晶的冰面上，一支搜救队找到了他们冻僵的遗体。

人们就地掩埋了他们的遗体，并用两根雪橇捆扎在一起做了个十字架。在他们合葬的墓前，是丁尼生[1]动人的诗句：

豪情万丈的雄心
虽被时间和命运而摧弱，
可是意志依旧坚定
要抗争、要探索、要发现，绝不妥协。

---

[1] 丁尼生（Tennyson，1809—1892），英国维多利亚时期的著名诗人，下面的诗句来自他的长诗《尤里西斯》。

第二十一章　爱德华·波克[1]

一个十四岁的移民小男孩如何见到了美国的大名人们？

他对女人一无所知，但是他却告诉了千万名女性该如何生活。

一天，一个饥肠辘辘的小男孩走在放学回家的路上，他停了下来，透过烘焙店的窗户，眼馋地看着里面的热面包和奶油派。

店主走了出来，对他说道："看上去不错，是不是？"

这个荷兰小男孩回答道："要是窗户玻璃干净，看上去是不错。"

"是呀，你说得没错，"店主说道，"或许，你可以帮我擦玻璃。"

就这样，爱德华·波克得到了他的第一份工作。这份工作每星期的报酬只有五十美分，对他而言，已然是一笔巨款了。他家里实在是太穷了，每天他都要拎着篮子到街上去拾煤渣，就是从拉煤车上散落下来，掉进路旁水沟里的煤渣。

爱德华·波克来到这个国家的时候，一个英语单词都听不懂，上课老师讲的是什么，他完全不知道，一生中，他只接受了六年的学校教育。但是，他却成为了美国新闻史上最成功的杂志编辑之一。

他承认，女人喜欢读什么东西，自己基本上是一无所知。然而他却一手建立起世界上最了不起的女性杂志，其发行量节节攀升，到了他退休的那个月，杂志的发行量是两百万份，每期杂志的广告收入是一百万美元。

爱德华·波克在《妇女家庭杂志》当了三十年的编辑。退休之后，他开始写自传，题目是《我的美国奋斗史》。

有了给烘焙店擦玻璃的工作后，爱德华·波克又干劲十足地找了

---

[1] 爱德华·波克（Edward Bok，1863—1930），美国杂志编辑，普利策奖获得者。

几份工作，而大多数男孩把这份干劲都用在收集邮票上了。星期六早上，他送报纸。星期六下午和星期天，他向马车里口渴的乘客兜售冰水和柠檬水。晚上，他为当地一家报纸撰写生日派对和午后茶会的文章。这样一来，他每周平均能够挣到十六到二十美元，全是在放学时间干活挣的钱。他只有十二岁，到美国还不到六年。

年仅十三岁的他离开了学校，成为了西部联盟电报公司的勤杂工。虽然离开了学校，他一刻也没有放弃过学习，他开始了自学。他不坐车，不吃午餐，攒够了钱，就买了一套美国名人传记。接下来，他做了一件前所未闻的事情。他读了这些名人的传记，然后给他们写信，询问这些名人童年的事情。他给詹姆斯·A.加菲尔德将军写信，后者当时正在竞选总统，他问将军是否真的在运河边拉过纤。他给格兰特将军写信，询问某次战役的事情，格兰特将军为他绘制了一张地图，还邀请这个十四岁的男孩前来就餐，他们攀谈了一个晚上。

就这样，这个在电报公司工作，一个星期薪水只有六美元二十五美分的男孩很快就认识了当时最有名的大人物。他拜访过爱默生[1]、菲利普斯·布鲁克斯[2]、奥利弗·温德尔·霍姆斯[3]、朗费罗[4]、亚伯拉罕·林肯夫人、路易莎·梅·奥尔科特、谢尔曼将军[5]，还有杰弗逊。

混迹于这些杰出人士当中，他获得了一种自信、一种眼光、一种

---

[1] 爱默生（Ralph Waldo Emerson，1803—1882），美国文学家、思想家和诗人。
[2] 菲利普斯·布鲁克斯（Phillips Brooks，1835—1893），美国牧师和作家。
[3] 奥利弗·温德尔·霍姆斯（Oliver Wendell Holmes Sr，1809—1894），美国医生，著名作家，被誉为美国十九世纪最佳诗人之一。他的儿子是美国著名法学家小奥利弗·温德尔·霍姆斯。
[4] 朗费罗（Henry Wadsworth Longfellow，1807—1882)，十九世纪美国最伟大的浪漫主义诗人之一。
[5] 威廉·特库姆塞·谢尔曼（William Tecumseh Sherman，1820—1891），美国南北战争中的联邦军（北方军）将领。

雄心，这些东西是无价之宝。

一天，他看见一个人在大街上打开一包香烟，拿出一张纪念照片，顺手给扔了。爱德华·波克一直都留心寻找新的名人，好给他们写信。于是他捡起那张照片，看了看，是一张著名政治家的照片，但照片的背面却一个字都没有。波克心想："如果名人照片的背后有一段短小的传记，这张照片就不会被扔掉了。"

他心中一动，有了个想法。第二天，午餐时间，他找到了印刷这种照片的公司。他找到公司的主管，他说话很恳切，也很有说服力。等他起身离开的时候，这家公司向他要一百份这样的传记，每份十美元，也就是一个字十美分。很快，他的订单越来越多，他一个人根本就干不了那么多活儿，于是他找了几个记者来帮他干，他给出的价格是每份五美元，他赚了一半的钱。

最后，他干脆辞掉了电报公司的工作，正儿八经地进入了出版业。

他来到费城，主管《妇女家庭杂志》，那年他刚刚二十六岁。他五十六岁的时候，正是人生的黄金时间，他关上办公桌的抽屉，说："我不干了。"

三十年的时间里，他在美国新闻界打拼出了独一无二的地位。当然，他也发财了。但是，金钱不是衡量一个人成功与否的唯一标准。我们来看看，爱德华·波克为你做了些什么？

首先，他为建立食品标准法规而战，你吃的食物很有可能因此少了添加剂，变得更加健康。他掀起了一场长期战役，对抗又脏又乱的城市垃圾场，毫无疑问，你生活的城市因此而变得更洁净、更卫生。后维多利亚时期的房子闷不透气，装修丑陋，他坚持不懈地主张改革，你现在居住的房子很有可能因此变得更加美观，装修更加有品位。在这之前，房子的设计又丑陋又浮夸，又贵又恐怖。爱德华率先召集了这个国家最优秀的建筑师，以低廉的价格提供房屋设计，这样每个人都能用上好设计。他做得非常成功，连西奥多·罗斯福都曾这样评价过他："据我所知，爱德华·波克是唯一一个改善了整个国家的建筑的人。"

退休之后，在他生命的最后十年中，他开始修建花园。他从老家荷兰进口了成千上万个灯泡，他把这些灯泡安装在了路边，美化公共环境。他把火车站变成了盛开着玫瑰的路堤。

但他最有名的丰碑还是佛罗里达的唱歌塔。佛罗里达地势最高的地方，以前不过是一片光秃秃的沙地，现在放眼望去，全是青翠的树林和灌木，成了鸟儿的天堂。在这一片葱葱绿荫中，耸立着一个两百英尺高的钟塔，由粉红色的大理石筑成，倒映在脚下盈盈的湖水之中。

第二十二章　卜婉懿[1]

这个老姑娘拒绝了一千个男人的求婚。她骑了一匹脾气火暴的马。

据我所知，这个世界上有位好女人收到过一千个男人的求婚。无论对方是百万富翁还是渔民，无论是农场主还是鲍威利区[2]身无分文的人，她都一一拒绝了。有位王子，出身于欧洲最显赫的皇室之一，跟随了她数月，求着要娶她，最终也是失望而归。虽然她现在已经七十岁了，还是要收到那么多求婚的邮件，太多了，秘书干脆不拿给她看。

她的名字是卜婉懿，她率领着世界上规模最大的"爱心军队"——救世军，这支军队有三万名军官，在八十六个国家里给饥饿的人带去食物，用八十种语言传递着爱。

---

[1]　卜婉懿（Evangeline Booth，1865—1950），她的父亲创建了救世军，她于一九三四年至一九三九年出任救世军的第四任大将。

[2]　鲍威利区，曼哈顿南部的一个区。

我第一次见到卜婉懿时，多少吃了一惊。我知道她已经到了做祖母的年纪，可是她深红色的头发不过才有几丝灰发。她周身都洋溢着活力，散发着热情。

说什么四十岁生命才开始！如果你看见这个女人骑上一匹两个大男人才能拉得住的烈马，你会觉得七十岁生命才开始！马原来的主人害怕骑这匹马，很便宜就把它卖给了卜婉懿。马的名字叫金心。她骑到了金心的背上，大喝一声："驾！"金心又跳又蹦，向着前后左右，折腾个不停，最后才在卜婉懿的命令下安静下来。每天早上，她都要骑着马在林中慢跑一个小时，有时她一手拿着缰绳，一手则拿着稿子，准备演讲稿。

夏天，只要人在美国，她都去乔治湖度假。她会花式跳水——镰刀式跳水、燕式跳水，她都会。六十三岁的时候，四小时之内，她还能游泳横渡乔治湖。

她每晚睡觉的时候，床边都放着一个记事本，半夜醒来，想到什么，她都会记下来。有一天，她睡不着，凌晨三点就起身，作了首曲子，还填上了词。她有三个秘书同她住在一起。有时，她凌晨两点就起床开始工作。

从家到办公室，开车需要一个小时，一路上，她一直都在口授事务。

卜婉懿说，她一生中最刺激的经历发生在育空河淘金[1]期间。十九世纪末，二十世纪初，人们在阿拉斯加发现了金子，消息传开，举国上下一片沸腾。人们成群结队地涌向遥远的北部。卜婉懿知道，那里需要救世军。于是她带上两三个受过训练的护士和三四个助手，赶往育空河。等她赶到斯卡圭时，一个鸡蛋要卖二十五美分，黄油三美元一磅。有些人在挨饿，所有的人都带着枪。无论走到哪里，

---

[1] 一八九六年，育空河支流克朗代克河上发现金矿，吸引了大批的拓居者。

她都听到人们在谈论那个"滑头史密斯"——克朗代克的杀人魔王，育空河的大盗。滑头史密斯带着一帮人埋伏起来，等着矿工们从金矿回来，出其不意地干掉他们，抢走他们身上的金砂。美国政府派出地方武装部队去干掉他。但滑头史密斯击毙了所有追杀他的人，自己逃掉了。

在斯卡圭生存不易。卜婉懿到达的那天，就有五个人送了命。

那天晚上，她在育空河岸边举行集会。她对着两万五千位孤独的男人布道，让所有的人都唱起了很早很早以前她母亲唱过的歌——《灵魂之友》、《更近我主》，还有《甜蜜的家》。

北极地区的夜晚寒气逼人，她唱歌的时候，一个人拿来一条毯子，给她披在了身上。

这么一大群男人一直唱到凌晨一点。之后，卜婉懿和她的助手走到森林中，打算在松树下席地而睡。他们生了一堆火，正在煮可可，这时他们看见有五个配枪的男人朝他们走来。他们越走越近，听得到说话的声音了，这时领头的那个人摘下帽子，说道："我就是滑头史密斯，我来是想告诉你，我很喜欢刚才你唱的歌。"他接着又说："我就是你唱歌时给你送毯子的那个人。"现在，一条毯子听起来可算不上什么礼物，可在当时，有那么多的人因为寒冷潮湿送命，毯子可是件珍贵的礼物。

卜婉懿问他，自己在斯卡圭会不会有危险。"不会的，只要我在这儿，你就没事，"他说，"我会保护你的。"

卜婉懿就着半夜的阳光[1]同他交谈了三个小时。她说："我让人活下去，你让人死去。那是不对的，你没有胜算。他们迟早会杀了你。"卜婉懿同他谈到他的童年和他母亲，他告诉卜婉懿，祖母带他参加过

---

[1] 极地现象。

救世军的聚会,他拍着手唱过歌。他坦诚地说,祖母弥留之际让他唱一首他们在救世军聚会上学会的歌:

> 现在,我的心比白雪还要纯洁,
> 因为耶稣与我同在。
> 虽然我有深重的罪孽,
> 但是我知道主宽恕了我。
> 我的名字是清白的。

卜小姐请他一同跪下。一个是救世军的大将,一个是滑头史密斯——北方最臭名昭著的强盗,此时,他们一同跪在了地上,在雪松之下一同祈祷,一同落泪。滑头史密斯泪流满面,他向卜婉懿承诺说,他再也不杀人了,他会自首。而卜小姐也承诺说,她会动用所有同政府的关系,争取给他轻判。

清晨四点钟,他离开了。

九点钟,他派了一个手下给卜婉懿送来了新鲜出炉的面包和果子馅饼,还有一磅黄油。这在当时,在那个地方,这些东西可是难得的美味佳肴。他用枪抵着别人,抢来了面粉和黄油。卜婉懿来到阿拉斯加宣讲爱、宣讲纯洁、宣讲宽恕,她是个好心女人。斯卡圭的一个女人为了感谢这个好心女人,烤制了面包和果子馅饼给她。

两天之后,有人击毙了滑头史密斯,当地人为这个勇士立了一个纪念碑。

卜婉懿是我所见过的最幸福的人之一。她幸福,是因为她为别人而活。她告诉我,她人生中最大的愿望就是让每个遇到她的人——无论身份高低——都能生活得更好。

第二十三章　巴希尔·扎哈罗夫[1]

你认识的某个人死了，这个神秘人物可能对此负有责任。
有人悬赏十万美元要他的人头。

巴希尔·扎哈罗夫——这个人非常富有，非常神秘，也备受谴责。二十年前，有人悬赏十万美元要他的人头。有无数本关于他的书，他是国与国之间互相怀疑和民族仇恨养育出来的奇葩。

巴希尔·扎哈罗夫出生在一个赤贫的家庭，最后，他聚敛了富可敌国的财产。他是靠卖机关枪、炸弹，还有烈性炸药发家的。他的一本传记开始是这么一句话："百万人的墓碑将成为他的纪念塔，他们死前的呻吟就是他的墓志铭。"

扎哈罗夫二十八岁的时候得到了一份卖军火的工作，每周薪水二十五美元，还有提成。那时他还住在希腊。他知道，如果要卖枪，首先就要制造出对枪的需求。于是他激起了希腊人心中的恐惧，他对希腊人说，他们周围都是嗜血的敌人，他们必须买枪来保卫自己的祖国。那是半个世纪以前的事情了，当时希腊全国上下群情激昂、军乐齐奏、国旗飘扬、演说家慷慨陈词。希腊扩充了军队，从扎哈罗夫那儿购买枪支，还买了一艘潜艇——有史以来的第一批军用潜艇，希腊买了其中的一艘。

从这场交易中，扎哈罗夫赚了几百万美元的提成。之后，他又跑到土耳其那里，说："看看希腊人在干什么。他们正在准备让你们从地球上消失。"于是土耳其人也买了两艘潜艇。军备竞赛开始了，而扎哈罗夫则踏上了敛财的阳关大道，这一生他赚了三亿美元，血淋淋的三

---

[1] 巴希尔·扎哈罗夫（Basil Zaharoff，1849—1936），土耳其裔法国军火商。

亿美元。

五十多年的时间，扎哈罗夫利用民族忧患、鼓动宿敌之间备战，推波助澜地煽动战争，就这样，他发家致富了。日俄冲突期间，两边都从他手里购买军火。美西战争期间，他卖出的子弹杀死了美国士兵。第一次世界大战期间，德国、英国、法国和意大利的军工厂里都有他的股份，他的财富以超出人想象的速度在增长。

半个世纪以来，他在欧洲各国的国防部溜进溜出，就像一只猫，悄无声息，行事极为隐秘。

据说，他雇用了两个看起来和他一模一样的人。这两人的工作就是在公共场合露面，这样报纸上就会刊登出他人在柏林，或是在蒙特卡洛的消息，而事实上他却在另一个城市，秘密行事。他从来不愿意摆好姿势拍照片，他从不解释，从不反击，各种尖锐的责难铺天盖地而来，他从来不回应。

二十六岁的时候，他英俊高大、劲头十足——他无可救药地爱上了一个十七岁的年轻女子。他在从雅典到巴黎的火车上碰到了这个女孩，立刻就想娶她。但是，很不幸，她已经嫁给了西班牙公爵，那个人疯疯癫癫，年龄是她的两倍。因为宗教信仰的缘故，离婚是不可能的。于是扎哈罗夫就一直等着她——等着她，心里想着她，这一等差不多就是半个世纪。最后，一九二三年，她的丈夫在疯人院去世了。一九二四年，她嫁给了扎哈罗夫。那一年，她已经六十五岁，而他已经七十四岁了。两年之后，她去世了。四十八年的时间里，她是扎哈罗夫的心上人，而做他的妻子只有十八个月。

每年他都是在巴黎附近一栋富丽堂皇的别墅里消暑。他出生在遥远的土耳其，降生在一间没有窗户的泥巴房子里。小时候，他就睡在泥地上，脚上拴着破布条取暖，经常没有饭吃。

他只在学校待了五年，却会说十四种语言，牛津大学颁给他民法博士的荣誉头衔。

第一次出现在伦敦，他因为偷东西，被扔进了监狱。三十年后，英国国王颁给了他爵士头衔。

一九〇九年的夏季，有一天，这位欧洲的神秘人物走在巴黎著名的动物园里。他吃惊地发现动物园的猴子满身污秽，饥肠辘辘，动物园里最有名的那头狮子患有风湿病，饱受折磨。放眼看去，整个动物园破败不堪，千疮百孔。他叫来动物园经理，一顿责骂。经理不知道面前站着世界级的大富豪，于是就尖酸地回敬说，自己又没有五十万法郎，这些动物当然得不到应当的照顾。扎哈罗夫说："如果你需要的就是这个数，那我就给你这个数。"这个人售出的子弹杀害了上百万的人，而此时，为了几只动物能够得到照顾，他签了一张十万美元的支票。动物园的经理没能认出他的签名，还以为这个陌生人是在捉弄他，于是他随手把支票扔在了一堆文件上，接着就把这件事忘得干干净净。数月之后，他把支票拿给一个朋友看，得知是张真支票，上面有法国最富有的人的签名，他惊讶不已。

八十五岁的时候，扎哈罗夫死了，死前他孤苦伶仃、体弱多病。他坐在轮椅上，仆人推着他到处转悠，他一生最大的兴趣所在似乎就是他的玫瑰花园。半个世纪以来，他一直都在写日记，写了足足有五十三本。有流言说，他死前吩咐仆人毁掉了所有的日记。

第二十四章　比利·森戴[1]

他是美国著名棒球运动员，之后又成为美国最具影响力

---

[1] 比利·森戴（Billy Sunday, 1862—1935），美国著名棒球运动员，之后又成为美国最具影响力的牧师。

的牧师。这位棒球手带着百万人踏上忏悔之路,走向救赎。

有史以来,基督布道坛上最受欢迎的牧师打过酒架,打过棒球——他就是比利·森戴。八千万人——占到当时美国总人口的三分之二,成群结队地去听他布道,他话糙理不糙,听他讲述罪恶和救赎,犹如醍醐灌顶。

三十五年来,他呵斥邪恶,他最津津乐道的就是在他的带领下,百万人走上了忏悔之路,走向了光明。在推动美国禁酒令出台中,他很有可能是出力最多的个人力量。

我见过比利·森戴很多次。他是一个情绪激昂、精力充沛、不知疲惫的家伙。我看见过他布道时说到激动之处,捶胸顿足,撕开外套,扯掉领结领带,跳上椅子,单脚站立在布道坛上,然后一下就扑倒在地板上,就像是棒球手回到本垒一样。比利·森戴布道的时候,从来没人打瞌睡,听他布道,就像是看马戏,都是一样的精彩。布道需要十足的体力,因此他有一位按摩师,每天他都要按摩师给他按一按,捶一捶。

他在匹兹堡布道八个星期,每天报纸的头版头条都大张旗鼓地报道他的布道。整座城市都沸腾了,大型百货公司组织全体店员去听他布道,工厂女工成群结队地去参加中午的集会。一天,十位警察站到了一万五千人面前,宣布自己同耶和华站在一起。

同大多数的牧师不一样,比利·森戴的布道很吸引人。他曾经说过:"我是土包子中的土包子。我的身上还带着谷仓里的味道。我用鹅油抹头发,用煤烟擦皮鞋,用粗麻布毛巾擦鼻子,用茶杯喝咖啡,还用刀子吃东西。我说话时,动词的时态经常出错,而且我也改不了了。"

他出生在艾奥瓦州的一个木棚子里,在孤儿院长大。十五岁的时候,他找到一份工作,在学校做清洁工。干这份工作,他每月有二十五美元的报酬,还得到了受教育的机会。每天他凌晨两点起床,要照看十四个火炉,运煤、加煤,保证这十四个炉子白天都烧得旺旺的,再有就是打扫、擦亮地板,然后就是学习,就这些。

他第一份正儿八经的工作是给艾奥瓦州马绍尔镇的一个殡葬承办人当助手。就是在做这份工作的时候,他打棒球出了名。

他跑回本垒的时候,速度特别快,芝加哥白袜队的队长波普·安森点名要了他。还不到二十一岁,他就成了职业棒球联盟里的明星球员。"绕场一周,回到本垒,我只需要十四秒,"他说,"还没有谁能够打破这个记录呢。"

他离开殡仪馆五年之后,他受到感召,从一个酗酒的棒球运动员变成了继约翰·卫斯理[1]之后最具感召力的牧师。

发生了什么?以下是比利·森戴的原话:"一八八七年的一天,我同几个有名的棒球手走在芝加哥的一条街上。我们走进一家沙龙。那是个星期天的下午,我们喝得大醉,然后就走出来,坐在了拐角的地方。街对面有一群人在演奏乐器——喇叭、笛子,还有长号——另外的人在唱福音圣歌,以前在艾奥瓦州木头房子里住着的时候,我听母亲唱过。我抽抽搭搭地哭了起来,我哭呀,哭呀。然后一个年轻的男子就走了出来,说:'我们要去参加太平洋花园布道团[2]。跟我们一起去吧,你肯定会喜欢的。你会听到醉鬼们讲述他们如何得到了救赎,还有女孩们讲述她们如何从红灯区得到了拯救。'"

"我站了起来,对其他几个人说:'我不干了,我要去耶稣身边。我们就此各走各的路。'我转身就走了。他们几个人,有人哈哈大笑,有

---

[1] 约翰·卫斯理(John Wesley,1703—1791),英国十八世纪著名的基督教牧师、基督教神学家,他领导了英国宗教复兴,也是卫斯理宗和卫理公会的创立者。
[2] 太平洋花园布道团(Pacific Garden Mission),一八七七年成立于芝加哥,为无家可归者提供居所。

人嘲弄我。但是有一个人给了我鼓励。"

他就是这样描述自己改信基督的过程的。

有人怀疑他,有人嘲弄他,这些人说比利·森戴投身宗教只是为了钱。然而,事实却是他放弃了月薪五百美元的球员工作,为基督教青年会工作,月薪只有八十三美元。有时候,他六个月才能领到一次薪水。

我记得一九一七年比利·森戴到纽约的场景。纽约被称为哈德逊河上的巴比伦,在比利·森戴来到之前,或是他走了之后,这座城市再也没有过那样的宗教狂热。数月之前,人们就知道了他要来,为了他的到来,至少举行了两万场祈祷会。在一六八号大街和百老汇大街,四百位工人挥汗如雨,忙着搭建一座能够坐下两万人的帐篷,人们拉来了四卡车的木屑洒在地板上,铺成著名的忏悔之路。讲坛上为唱诗班安放了两千张椅子。另外还有两千名引座员,他们轮班工作,每班七百人,全是自愿者,能给信徒引座是一种荣誉。

在纽约,比利·森戴给一百五十万人布道,将近十万人走上前去,忏悔了自己的恶习。

第二十五章　西奥多·罗斯福

子弹击中了他的胸膛,但他继续演讲。入主白宫后,他睡觉的时候,枕头边上放着一把上了膛的手枪。

一九一九年发生的那件事,我永远也不会忘记。那时我还在部队,驻扎在长岛的厄普顿军营。一天下午,一支小分队爬上山坡,对着天空,鸣枪致敬。罗斯福去世了!西奥多·罗斯福,美国历史上最精彩夺目的一位总统,曾挥舞着拐杖治理美国。他去世时,年纪并不大。

如果他还活着，比克莱伦斯·丹塔还要年少一岁，只比赫斯特年长四岁。

泰迪[1]·罗斯福几乎样样事情都非同寻常。比如说，他是重度近视眼，如果不戴眼镜，最要好的朋友站在离他十英尺的地方，他都认不出来。但他又是神枪手，在非洲打死过袭击他的狮子。

他一直都是最负盛名的狩猎人，但是他从不钓鱼，也不打鸟。

孩提时候，他身体羸弱，脸色苍白，饱受哮喘的折磨。为了增强体质，他来到了西部，做了牛仔，睡在星辰之下，练就了强壮的体魄，还同拳击手迈克·多诺万交过手。他在南美的荒野中探险，攀登过少女峰[2]和马特洪峰[3]，还在一片枪林弹雨中对古巴的圣胡安山发起过猛烈的进攻。

罗斯福在他的自传中说，孩提时候，他紧张怯懦，害怕受伤。然而，后来他摔伤过手腕、胳膊、鼻子、肋骨，还有肩膀，但他还继续冒险。他在达科他州[4]做牛仔的时候，从马背上摔了下来，骨头摔裂了，他还强忍着爬上马鞍，继续围捕牛群。

他说，自己的勇气是培养出来的，方法就是去做自己害怕的事情。开始的时候，他摆出一副勇敢的样子，实际上怕得要死。最后，他变得无比勇敢，无论是咆哮的狮子，还是呼啸的炮弹，他都无所畏惧。

一九一二年，公麋党[5]竞选期间，罗斯福正要前去演讲，一个疯疯癫癫的家伙朝他开了一枪，打中了他的胸膛。罗斯福中弹了，他没有

---

[1] 泰迪，罗斯福的昵称。
[2] 少女峰，瑞士的著名山峰，海拔四千一百五十八米。
[3] 马特洪峰，位于瑞士瓦莱州小镇采尔马特，海拔四千四百七十八米，是阿尔卑斯山最美丽的山峰。
[4] 达科他州，旧地名，现在为南、北达科他州。
[5] 公麋党，昙花一现的美国政党，是一九一二年成立的国家进步党的昵称，因其领导人西奥多·罗斯福自比为公麋而得此雅号。该党于一九一六年解散。

告诉任何人。他来到礼堂，开始了演讲，他一直讲一直讲，最后流血过多，几乎瘫倒在地。最后，他被紧急送往医院。

入主白宫后，他睡觉的时候，枕头边上放着一把上了膛的手枪。无论何时，只要出去散步，他都带着一把小手枪。

他当总统的时候，同一位炮兵军官打拳击。那位军官一拳过来，正好打在他的左眼上，眼睛血管破裂了，视力受到了永久性的影响。罗斯福不想让这个年轻人背上包袱。所以，当这个军官又来找他打拳击时，他说，不打了，他觉得自己年龄太大了，已经不适合拳击这种运动了。数年之后，他那只眼睛完全失明了，但那位军官一直都还蒙在鼓里。

他在牡蛎湾有一处房产，他自己砍木材，还同帮工们一起在田里堆干草垛。在他的坚持之下，园丁付给他的薪水跟其他帮手的薪水一样多。

他从来不吸烟，从来不诅咒发誓，他很少饮酒，如果要喝酒，也不过是在奶昔里加上一勺白兰地。要不是贴身男仆告诉他奶昔里有白兰地，他根本就尝不出来。然而，经常有人说他酗酒成性，最后他只好起诉那些人诽谤罪，这才止住了谣言。

在白宫的时候，虽然日理万机，他还是忙中抽闲，读了上千本的书。很多时候，他整个上午都安排得满满的，全是五分钟一次的采访。但他总是在身边放一本书，即使采访空隙间的几秒钟，他也会用来读读书。

旅途中，他通常会带上一本袖珍版的《莎士比亚全集》，或是波比·伯恩斯的作品。以前，他在达科他州当牛仔的时候，就坐在跳动的篝火旁，给另一个牛仔大声朗读《哈姆雷特》。在他穿越巴西的丛林时，晚上他就阅读吉本的《罗马帝国衰亡史》。

他喜欢音乐，却唱歌跑调。他一个人工作的时候，就会唱《更近我主》这首歌。有一次，他坐着车在一个西部城市穿行，他以手触帽，朝着欢呼的人群致敬，整个过程他都唱着《更近我主》这首歌。

他有很多爱好。做总统的时候，有一次，他给一位华盛顿报纸的名记者打电话，让他立刻到白宫来。这位记者想着自己可能会得到重大消息的独家报道，兴奋不已，于是给自己的报社打电话，让他们准备好发号外。

等到这位记者来到白宫，罗斯福压根儿就没有谈政治，他只是带着记者来到白宫院子的一个老树洞前，指着一窝自己刚发现的小猫头鹰给那位记者看。

有一次，坐着火车穿越西部，他坐在专用车厢里同一群官员说话。突然，他看见铁轨旁边的玉米地里有一位农夫，正摘了帽子站在那里。罗斯福知道，这是农夫在对美国总统致敬，于是他跳了起来，冲到后平台，用力挥舞自己的帽子。他这样做，并不是政治作秀。他这样做，是因为他骨子里爱着人民。

在他生命中最后一年，健康开始恶化，虽然只有六十岁，但他几次都说自己老了。他给一位老年朋友写信，他说："你和我都在步兵掩体的射程之内，随时都有可能中弹身亡。"

一九一九年一月六日，他在睡梦中平静地走了。他最后说的一句话是："请熄灯。"

第二十六章　伍德罗·威尔逊

他可能是最有学者气质的美国总统，摆在他面前的是有史以来最大的机会之一，然而他却失败了，因为他不知道该如何同人打交道。

真实的伍德罗·威尔逊是怎样的一个人？有人说他是个超级天才，也有人说他是虽败犹荣。

他希望看到世界和平，他力主建立国际联盟[1]，为了这一神圣的愿景，他倾注了自己所有的精力。最后，他死了，去世的时候，他的理想彻底破碎了。

一九一九年，伍德罗·威尔逊坐船出访欧洲，那时人们称他为时代的拯救者。满目疮痍的欧洲像迎接天神一样，欢迎他的到来。挨饿的农民在他的画像前点着蜡烛，为他祈祷，仿佛他是一位圣徒。

整个世界都为他折服。然而，三个月之后，等他回到美国的时候，他身心交瘁，很多朋友同他分道扬镳，他树敌百万。

历史书上的伍德罗·威尔逊是一位理想主义的学校教师形象，他冷漠、尊贵、缺少人情味。然而，真相却恰恰相反。威尔逊很有人情味，他非常渴望同人交往，但他生性害羞，因此显得高不可攀，这让他抱憾终生。

"我愿意付出任何代价来改变自己，"他说过，"但是，我无法重塑自我。"

有时，他也能彻底放松。在卫斯理大学[2]做教授的时候，有一次观看橄榄球比赛，他从看台跳了出来，带领大家加油喝彩。在百慕大群岛时，他坐帆船出海，只是为了同黑人船夫快乐的闲聊。

伍德罗·威尔逊很有可能是最有学者气质的美国总统，然而在十一岁之前，他既不能阅读，也不会写字。他最喜爱的消遣读物是侦探小说。

他对艺术没什么兴趣。他经常说，他宁愿在十美分店买一张彩色

---

[1] 国际联盟，简称"国联"，是《凡尔赛条约》签订后组成的国际组织。"二战"结束后，国际联盟被联合国所取代。
[2] 卫斯理大学，成立于一八三一年。

石印画，也不愿意要一张惠斯勒[1]的蚀刻版画。

　　这位生活在学术象牙塔里的博学教授坦率地说过，他宁愿看一部音乐喜剧，也不愿意看莎翁的戏剧。他说，自己到剧院去不是为了受启迪，而是去娱乐。他当总统的时候，几乎每周都要去看歌舞杂耍表演。

　　他一生大多数时候都不富有。作为老师，他的薪水有限，他妻子还要作画来卖，以补贴家用。

　　年轻时当教授，伍德罗·威尔逊买不起好衣服。到了后半生，他跟林肯一样，对自己的外形一点儿也不在意。当总统的时候，他的贴身男仆竭力建议他把旧礼服送到裁缝那里，换一个绸缎翻领，但是伍德罗·威尔逊说："不必了，不必麻烦，将就还能用上一年。"

　　同林肯一样，威尔逊也不挑剔食物。桌上摆着什么，他就吃什么，究竟吃了些什么，他好像从来都不知道似的。这一生，他就抽过一支雪茄，确切地说，他一支雪茄都没抽完，还没抽完，他就觉得恶心想吐了。他唯一奢侈的地方就是买书，买装帧漂亮的书。

　　在冰冷的外表下面，伍德罗·威尔逊是个感情冲动且炙热的人。那些了解他的人说，他的脾气比西奥多·罗斯福还要火暴。他对第一位妻子的感情深厚，让人动容。成为总统后，他首先做的事情之一就是给妻子买了一件貂皮大衣。第二年，妻子去世了，整整七十二个小时，他都不允许别人把妻子的遗体从白宫挪走。他将妻子的遗体放在一张沙发上，整整三天三夜，他没有离开半步。

　　他是高智商的人，对语言却很不在行。很多世界名著他都不知道，他对科学漠不关心，对哲学，他也几乎没有兴趣。

　　最开始的时候，他做过律师，可是他干得一败涂地。他从来没有独立处理过案子，他只为一位当事人处理过房产，这位当事人是

---

[1] 惠斯勒（Whistler，1834—1903），美国画家。

他母亲。

也许，威尔逊性格中最大的缺点就是处事缺少圆滑。从孩提时起，他的人生抱负就是成为一名政治家。他在自己房间里练习演讲，一练就是数小时。为了让自己日臻完美，他还做了些无用功，比如说，他在墙上贴了一张图，学习如何正确运用手势。但是，他忽略了最重要的一点——学会同人打交道。很不幸，到了晚年，他的朋友们一个个同他分道扬镳。他先是同参议院的领袖争吵，之后又同最亲密的朋友各奔东西，其中就有豪斯上校。最后，他呼吁全国人民只选民主党人出任政府职务，很多美国人都因此与他离心离德。

参议院拒绝承认国际联盟，这时他就直接向人民请愿。他的健康情况一直不好，医生警告他，不能过度劳累，可他并没有把医生的建议当回事。

这位学术界的天才，他的话语曾经震撼了整个世界。可是在总统任期的最后一年，他的身体彻底垮了，如果没有人扶着他的手，他甚至无法签上自己的名字。

他退休之后，人们从世界各地来到华盛顿S大街参观他的府邸——仿佛这栋房子是神殿一般。在他弥留之际，远道而来的人跪在他房子的路边，为逝去的灵魂祈祷。

第二十七章　杰克·伦敦

他三个月就读完了高中，十八年写了五十一本小说。只有六年的时间里，这位曾经的流浪汉、乞丐，成了文学圈里最闪耀的明星之一。

四十多年前，一个流浪汉坐上一列货运列车，来到了布法罗[1]，他开始挨家挨户地乞讨食物。警察以流浪罪名将他逮捕，法官判他在教养所劳教三十天。那三十天，他干的是劈开岩石的重苦力，吃的只有水和面包。

六年后，请注意，只有六年的时间哦，这位流浪汉，这位曾经的乞丐，成了美国西海岸最受欢迎的人。他成了文学圈里最闪耀的明星之一，受到加州上层社会的款待，小说家、批评家和编辑都对他称赞有加。

十九岁那年，他才上高中，四十岁那年，他就与世长辞，但给这个世界留下了五十一本小说。他就是杰克·伦敦，《野性的呼唤》的作者。

一九〇三年，杰克·伦敦写了《野性的呼唤》这本书，一夜成名。编辑们对这本书赞不绝口。这是他的第一本畅销书，可是他几乎没有赚到什么钱。出版商，还有后来的好莱坞的制片商，从中赚到了上百万美元。他把《野性的呼唤》这本书的版权卖给了出版商，自己只拿到两千美元。

如果你想要写一本书，首先就得有东西可写，这是杰克·伦敦大获成功的秘诀之一。他的一生短暂而疯狂，有着无数精彩的经历。他出海当过水手，在码头当过装卸工人，偷捕过牡蛎，在金矿当过矿工，还在北方捕过海豹。他浪迹半个地球，还把自己流浪汉的经历写成了一本书。他经常都没有东西吃，在公园躺椅上睡过，在干草堆和厢式车中也睡过。很多时候，他睡在硬硬的地面上，有时醒来却发现自己睡在一摊水中。很多时候，他太疲倦了，坐在货运列车的连杆上就睡着了。

他被捕过数百次，被投进美国的监狱，此外，他还蹲过墨西哥、中国、日本和朝鲜的监狱。

---

[1] 布法罗，美国纽约州西部港口城市。

杰克·伦敦的童年深深地烙下了贫穷和艰辛的印记。他跟着一群流氓胡闹,出没于旧金山湾的滨水地区。上学?他嘲弄学校,总是逃学。有一天,他漫无目的地走进了一家公立图书馆,翻开了《鲁滨逊漂流记》这本书。他读得如痴如醉,虽然饿得不行,但还是读完了才跑回家吃晚饭。第二天,他又冲到图书馆,开始阅读其他书。一个崭新的世界在他面前展开了,就像是《天方夜谭》里的巴格达一样,绚丽而奇特。从那以后,他就开始了如饥似渴地读书。很多时候,他每天的阅读时间是十到十五个小时。从尼克·卡特到莎士比亚,从赫伯特·斯宾塞到卡尔·马克思,他来者不拒,都读了个遍。他厌倦了流浪,厌倦了警察的殴打,厌倦了火车制动员提着灯笼敲打他的脑袋。十九岁那年,他决定不再出卖体力,要靠脑力为生了。

那年,他进入了加州奥克兰市的一所高中。他夜以继日地学习,几乎就不睡觉,他干成了一件大事。三个月的时间,他完成了四年的学习,通过了考试,接着进入了加利福尼亚大学学习。

一心想要成为伟大的作家,他研究《金银岛》、《基督山伯爵》和《双城记》,他研读了一遍又一遍,然后就开始狂热地写作。他每天写五千字,这就意味着一部长篇小说只要二十天就能完成。有时,编辑手里有他三十篇小说,但是这些小说都被退稿了,因为他还在学徒期间。

有一天,他的一篇小说《日本海岸的台风》在《旧金山访问》举办的征文竞赛中获得了第一名。通过这篇小说,他只拿到了二十美元,还不够付房租。

那是一八九六年——戏剧性的一年,激动人心的一年。人们在克朗代克地区发现了金子。激动人心的消息通过电报传遍了整个美洲大陆,整个国家都沸腾了。工人们离开了工厂,士兵们逃离了军队,农夫们舍弃了土地,商人们关闭了商店。淘金者们出发了,人们像蝗虫一样,飞一般赶往北极光照耀下的黄金产地。

杰克·伦敦也是其中的一员。他在克朗代克地区发疯地挖了一年的金子，忍受了难以置信的苦难。在那里，一个鸡蛋二十五美分，黄油三美元一磅。气温是零下七十四华氏度，他就睡在地面上。最后他一路漂泊，回到美国，兜里没有一分钱。

什么样的零工，他都干过。他在餐馆洗过盘子，刷过地板，在码头和工厂也干过。

有一天，他兜里只有两美元了，眼看就要挨饿，他决定永远也不干体力活了，要把所有的时间都用在文学创作上，那是一八九八年。五年之后，一九〇三年，他出版了六本书，写了一百二十五个短篇小说，是美国文学史上最受争议的人之一。

杰克·伦敦于一九一六年去世，从他真正开始写作起，只有十八年的时间，在这段时间里，他平均每年写三本书，还有很多的短篇小说。他的年收入是美国总统的两倍。如今，他的作品依然深受欢迎，他是最受欧洲人喜爱的美国作家之一。

《野性的呼唤》这本书，已经被翻译成了十几种文字。它的销量超过了一百五十万本，是美国文学历史上最畅销的小说之一。

第二十八章　海伦·吉普森[1]

她一次次地到电台试音，一次次地遭到拒绝。四年后，美国的电台编辑公认她是当年度最重要的电台新秀。她的绰号是"肥肥"，曾在百货商店卖紧身内衣。

你喜欢灰姑娘的故事吗？这就是现实版的灰姑娘的故事。

---

[1] 海伦·吉普森（Helen Jepson，1904—1997），美国抒情女高音。

有个小女孩,大家都叫她"肥肥",长大之后,她成了史上最美丽的歌手之一。这个小女孩,家里很穷,没有钱上音乐课,现在却是纽约大都会歌剧院的首席女歌手。

一九三〇年,这个女孩一次次地到电台试音,一次次地遭到拒绝。四年后,美国的电台编辑公认她是当年度最重要的电台新秀。

一次,我在哥伦比亚广播公司做节目,现场观众席的第一排经常坐着一位赏心悦目的女子——淡金黄色的头发、棕色的眼睛、销魂的身材,很有个人魅力,光芒四射。后来,我们认识了,原来她就是鼎鼎有名的海伦·吉普森,长笛演奏家乔治·波塞勒的妻子。

我问乔治,你们是不是一见钟情?他回答说是的,但海伦·吉普森插嘴说:"没错,是我对他一见钟情,他可不是。我爱了他好多年,最后他才注意到了我。以前,我还在他住的街区散步,我一圈圈地走呀,就希望能够见到他。有一天,透过纱门瞥见了他的身影,我惊慌失措,立刻跑掉了。我第一次看到他时,他的乐队是在肖托夸湖边演出。我那时只有二十岁,他三十二岁。我是个无名小卒,他正处在事业的巅峰。我爱得不能自拔,还躲在树后面看他经过呢。"

我问海伦·吉普森,她觉得自己的惊人之处是什么?她回答说:"嗯,我结婚了,还有个小孩,很多人听到这一点,都惊讶不已。"

我问小孩,你叫什么名字,她回答说:"我快要三岁了。"

我说:"嗯,你叫什么名字呢?"她回答说:"我快要三岁了。"

"是的,我知道了,但是你叫什么名字呢?"她又回答说:"我生日的时候要吃冰激凌和蛋糕。"

这孩子一直都抓住要点不松手呀。

我问海伦·吉普森,你迷信吗?她回答说:"哦,不,在大都会的化妆间,我还吹口哨呢,你知道的,据说歌手绝对不能这样做。"

她女儿出生时，医院的护士在孩子脖子上挂了一个身份牌，也就是一串珠子，上面挂着小孩的名字。吉普森把这串小珠子改成了一个小手镯，每次上台，她必定会戴在手腕上，或是握在手心里。

我问她，你不觉得这是迷信吗？她反驳道："哦，不。这是我的幸运符。"

在俄亥俄州亚克朗市的旋转俱乐部，海伦·吉普森唱了《带我回弗吉尼亚老家》这首歌，否则她就不会成为美国音乐界最受关注的歌手之一，可能还在卖紧身内衣。事情是这样的：她一直都渴望成为一名歌手。她有一个姨妈是歌舞杂耍演员，给了她几套不要的表演服。小海伦就穿上这些表演服，同邻居的小孩一起玩"做剧院"的游戏，又唱又跳。到了高中，她是学校合唱团的明星演员。高中毕业后，她在俄亥俄州亚克朗市的百货公司找了一份卖紧身内衣的工作。这份工作很无聊，但是有了工作，她就可以一分一分地攒钱，偶尔也能到克利夫兰上上音乐课。星期天，她就在唱诗班唱歌，有时她也会穿上殖民时期的衣服，在俱乐部或是社团唱歌。

有一天，一个生意人在旋转俱乐部听她唱歌，她唱的是《带我回弗吉尼亚老家》。他有家商店，要找个女店员卖唱片。于是，他就找了海伦做女店员，从此改变了海伦的命运。在唱片店，她一遍遍地放歌剧唱片，还跟着耶里查、博里、罗莎·庞塞尔唱歌。"上帝，"她对我说，"以前我听他们的唱片，我心怀敬畏，现在我居然真的认识这些人了，有时还怀疑自己是不是在做梦呢。"

后来，她得到了竞争费城著名的柯蒂斯音乐学院奖学金的机会。要不要去呢？一张到费城的车票几乎就要花光她所有的积蓄。有两百个女孩竞争这份奖学金，她只是其中之一。

要是失败了呢？要是失败了，她就连回家的钱都没有了，她就得在费城找一份卖紧身内衣的工作。可是,如果成功了呢?如果她成功了,她就站在了仙境的门口。为了将来,她赌了一把,去了费城。两百个女孩,有些女孩的嗓音同她一样,甜美清澈,富有层次。但她有别人没有的东西:她有表演技巧,她有兜售自己、用歌声感动别人的能力。有个考官注意到她的长筒袜上面有个小补丁,针线做得很齐整。女孩子还能自己补袜子,这个考官喜欢这一点。于是,海伦·吉普森拿到了奖学金。

她同另一个女孩在城边上合租了一个房间,房间在两层楼的阁楼上。寒冷的冬夜,她们坐在彼此的脚上,摇来晃去地取暖。她们点上蜡烛,放在地上,权当作是壁炉。每天,她们只有五十美分的伙食费,所以她们自己在一个小煤气炉上煮东西吃。有时,晚上什么吃的都没有,只好喝点汤。她们还唱《波西米亚》里的歌,幻想着自己是在巴黎。艰难困苦?一点都不。她们过得非常开心。

我非常欣赏海伦·吉普森,她成功了,有钱有名,但她一点也没有恃宠而骄。十五岁那年,她在俄亥俄州亚克朗市的家里扫地,给父亲做炸猪排,现在,她依然是那个友好谦逊的邻家女孩。

第二十九章 安德鲁·卡内基[1]

他一生捐出了三亿六千五百万美元。这就意味着每天捐一百万美元,连续捐一年。他说,死的时候手里还攥着那么多钱,就是一种耻辱。

安德鲁·卡内基出生的时候,既没有医生也没有助产士,他们家

---

[1] 安德鲁·卡内基(Andrew Carnegie,1835—1919),美国钢铁大王。

实在是太穷了，负担不起那个费用。刚开始工作的时候，每小时他只能赚两美分，后来他赚了四亿美元。

我曾经到过他出生的那个农舍，在苏格兰的丹弗姆林。那个农舍只有两间房。楼下那间房是他父亲织布的地方，楼上是一个又小又黑的阁楼，一家人做饭、吃饭、睡觉都在那里。

卡内基一家人来到了美国，他父亲做桌布，然后挨家挨户地兜售。他母亲给一个鞋匠洗靴子、缝补靴子。安德鲁只有一件衬衣，每天晚上等他上床以后，母亲赶紧给他洗衬衣，再熨烫好。母亲每天要工作十六到十八个小时，安德鲁十分仰慕自己的母亲。二十二岁那年，他对母亲许诺说，只要母亲还活着，自己就不结婚。他做到了，三十年后，母亲去世了，他才结婚。结婚那年，他已经五十二岁了，六十二岁那年，他有了第一个，也是唯一的孩子。

还是个小男孩的时候，他就常对母亲说："妈妈，有一天，我会有很多钱，我要让你穿丝绸的衣服，还有仆人，还有你自己的马车。"他常常说，自己继承了母亲的聪明头脑，对母亲永远的爱是自己干大事业的动力之一。母亲去世后，他深感悲痛，整整十五年，压根就不能提及母亲的名字。有一次，他给一位苏格兰老妇人付清了抵押款，只是因为那个老妇人长得像他母亲。

安德鲁·卡内基是钢铁大王，但他对钢铁制造知之甚少。他手下有数百人，甚至数千人，这些人更了解钢铁。但是，卡内基知道如何同人打交道，他因此变得富有。年轻的时候，他就表现出了组织、领导、让别人为他工作的才华。

还在苏格兰的时候，他还是个小男孩，一天，他抓住了一只母兔。没几天的工夫！他就有了一窝小兔子，可他没有东西喂它们。他想到了一个妙招。他对住在附近的男孩子们说，谁去给小兔子找苜蓿和蒲公英等吃的，他就用谁的名字给小兔子命名。这个办法特别奏效。

多年之后，卡内基把这套心理战术也用到了商场上。比如说，他想要把钢铁卖给宾夕法尼亚铁路公司，当时该公司的董事长是 J. 埃德加·汤姆森先生。安德鲁·卡内基在宾夕法尼亚建了一座大钢铁厂，命名为"J. 埃德加·汤姆森钢铁厂"。汤姆森先生自然是很高兴，不用卡内基多费口舌，他就从有自己名字的钢铁厂订购了铁轨。

卡内基在匹兹堡做过电报通讯员，一天的薪水是五十美分。当时，对他而言，这就像是一笔巨款。他在匹兹堡人生地不熟，不认识路，又很害怕丢了这份工作，于是他就把城里商业区每个公司的名字和地址牢牢记在心里。他非常想成为电报员，于是，晚上他就学习拍电报，第二天一大早，他就赶到办公室，在发报机上练习。

一天早上，有重大消息，费城疯狂地呼叫匹兹堡。但是没有值班的操作员，于是安德鲁·卡内基冲到电报机旁，记录下消息，发了出去。这之后，他就被提拔为电报员，工资涨了一倍。

他精力充沛，野心勃勃，很快就有人注意到了他。宾夕法尼亚铁路公司建立了自己的电报线路。安德鲁·卡内基成了电报员，之后又成为了运营段段长的私人秘书。

有一天，偶然发生了一件事，他从此走上了发家之路。在车站，有一个发明家走了过来，坐在了他身边，这个发明家刚设计了一种卧铺车厢，就把模型拿给他看。当时的卧铺车厢就是在货运车厢的侧壁钉上粗糙的床位，而这位发明家的设计就同今天的卧铺车厢非常接近了。卡内基很有苏格兰人的精明远见，他借了钱，买了这家公司的股票。这家公司的分红非常可观，等到安德鲁·卡内基二十五岁时，他仅此一项的年收入已经是五千美元了。

一次，铁路上的一座木桥烧毁了，落在铁路上，交通数日受阻。当时，安德鲁·卡内基是运营段段长。他意识到，木头桥的日子走到头了，钢铁将会是王道。于是，他又借了钱，成立了一家公司，开始修建铁桥，之后钱财滚滚而来,他都有点不知所措了。

这个纺织工的儿子有着点石成金的本事。他的路越走越宽,越走越平坦。他是幸运儿,非常非常幸运。他和几个朋友花了四万美元在宾夕法尼亚西部的油田地区买了一个农场,一年的时间,就赚了一百万美元。这个精明的苏格兰人二十七岁的时候,他每周的收入是一千美元,而十五年前,他每天的工资才二十美分。

到了一八六二年,亚伯拉罕·林肯是美国总统。内战正打得如火如荼,物价飞涨。正是风起云涌,发生变化的时候。边境在拓展,远西部地区开放了。很快,整个美洲大陆就会铺上一条条的铁路。城市正在兴起之中,美国即将跨入新纪元。

安德鲁·卡内基的钢铁厂烧着红红的锅炉,冒着浓浓的烟,赶上了财富的顺风车,一路下来,他的财富不断增长,最后到了史无前例的程度。

然而,他并不是工作狂。有一半的时间,他都在玩。他说,他周围都是得力的助手,他们懂得更多,他只是督促他们给自己百万百万地赚钱。他是苏格兰人,但是他并没有苏格兰人的吝啬。他把利润分给了合伙人,他造就了许多百万富翁,无人能及。

这一生,他只上了四年学,却写了八本书,内容涉及旅游、传记、散文和经济。他给公共图书馆捐了六千万美元,另外又捐了七千八百万美元来推动教育发展。

罗伯特·彭斯[1]的诗歌,他全都记得住。他还能全文背诵《麦克白》、《哈姆雷特》、《李尔王》、《罗密欧与朱丽叶》和《威尼斯商人》。

他不是教会成员,却给教堂捐赠了七千多台管风琴。

他一生捐出了三亿六千五百万美元。这就意味着每天捐一百万美

---

[1] 罗伯特·彭斯(Robert Burns, 1759—1796年),苏格兰农民诗人,在英国文学史上占有特殊重要的地位。

元，连续捐一年。报纸发起竞赛，谁能给出最好的捐献点子，谁就能领到大奖。他说，死的时候手里还攥着那么多钱，就是一种耻辱。

第三十章　劳伦斯·蒂贝特[1]

他是世界上最著名的男中音之一，曾被说嗓子不够好，没有资格加入高中合唱团。为了付房租，他曾摘过葡萄。现在，他每秒钟能赚五美元。

一九二二年，劳伦斯·蒂贝特住在洛杉矶附近，生活非常艰苦，连妻子都快养不起了。星期天，他在唱诗班唱歌，时不时地在别人的婚礼上唱《哦，答应我》这首歌，赚上个五美元。

他学习数年，但没有学出个名堂。他有个朋友叫鲁珀特·休斯，这个朋友对他有信心。休斯说："你天生一副好嗓子，你应该到纽约去学习。"

这点善意的鼓励成为了他人生的转折点，就因为这一点鼓励，他借了二十五美元，去往了东部。如果他在纽约没有获得成功怎么办？如果没有成功，他就要回加州卖卡车。

那是一九二二年了。那现在呢？劳伦斯·蒂贝特在卖卡车吗？当然没有！他在好莱坞工作，每周进账数千美元。你很有可能在《狂野之曲》、《新月》还有《古巴情歌》这些电影里听到过他的歌声。

他的歌声撩人心扉，下次你在收音机里听到他的歌声时，不要忘了，是有人付给了他一分钟三百美元，或是说一秒钟五美元的价钱。

一九二二年，劳伦斯·蒂贝特非常穷苦，他甚至住不起城里的房子，

---

[1] 劳伦斯·蒂贝特（Lawrence Tibbett，1896—1960），美国著名男中音歌唱家，电影演员。

于是他在乡下租房住。幸运的是房子就在葡萄园的中间,想吃多少葡萄,就吃多少,不用付钱。他承认说,有的时候,除了葡萄,什么吃的都没有。房租每个月是十二美元五十美分,这个价钱很便宜了,可是有时他当歌手还赚不到这么多钱。有一次,他连续十个月付不起房租,只好靠摘葡萄和修剪葡萄藤来还债。

他租了一架钢琴,每个月五美元,但他不敢把钢琴放在前厅。这栋房子坐落在陡峭的山坡上,房子的前半部分修建在支架之上,房子太老了,摇摇欲坠,他担心钢琴放在前厅,地板会塌陷,钢琴会沿着山坡穿过葡萄园,一路滚到山脚。

刚到纽约的时候,他连大都会歌剧院最便宜的座位都买不起。台上站着著名的斯科蒂,还有美丽的玛丽·加登,他们的表演精彩绝伦。于是,他就付上两美元二十美分,站在大歌剧院观众席的后面,听他们唱歌。那些日子里,为了付房租和音乐课的学费,他不得不向朋友借钱。

十年后,他骄傲地迈着大步走在大都市的舞台上,台下一片狂热的叫好声。一次表演,他就谢幕二十二次,成为了世界上最著名的男中音之一。

每年都有成百上千个野心勃勃的年轻人来到纽约,他们都有一副好嗓子,都想要出名,要发财。我经常在想,到底有多少人能够脱颖而出呢?我问了劳伦斯·蒂贝特,他说一千个人中,只有一个人能够出头。他又说,大多数人都失败了,不是因为他们嗓子不好,而是因为他们不知道该怎么用嗓子。劳伦斯·蒂贝特说,他们失败了,因为他们没有表演的天赋,不知道该如何抓住听众的注意力,不知道如何传递歌声,不知道如何让观众感受他们歌唱的内容。

劳伦斯·蒂贝特在加州的贝克斯菲尔德度过了童年时光。他的父亲在加州做了很多年的牛仔,他骑马巡视牧场,修理栅栏,给小牛犊打上烙印，击退偷牛贼。老人家的皮带上别了一把珍珠色手柄的大左轮手枪。他是位神枪手，击毙过两个偷牛贼，为此，他在手枪上刻了两道刻痕。后来，他成了加州克恩县的警长。他家里常年放着好几把枪，还养了一只挺大的猎犬，长长的耳朵，忧伤的眼睛，就拴在后院里。只要发生了枪案，电话铃声一响，蒂贝特警长就会抓起枪，拉上狗，冲到犯罪现场。他让猎犬追踪罪犯，这只老狗的名字叫罗德。罗德一路狂吠，越过田野，穿过果园，蒂贝特警长则是拉着皮带，跟在后面一路跑，一边挥舞着胳膊大叫："这一次，罗德抓住他了，罗德抓住他了。"但是，罗德抓住的通常都不是罪犯，而是一头老牛或是郊狼。

在年轻的劳伦斯·蒂贝特看来，做警长真是太刺激、太有趣了，他小时候的梦想就是成为父亲一样的警长。可是横祸飞来。吉姆·迈金尼是西部臭名昭著的银行抢劫犯和持枪歹徒，他父亲与迈金尼交火，中弹身亡了。

这次枪击事件整个儿改变了劳伦斯·蒂贝特的人生。他父亲是个非常虔诚的人，坚决反对吸烟、跳舞、玩牌和看戏。蒂贝特对我说，如果父亲没有中弹身亡，他是绝对不敢成为歌手和演员的。即使是现在，他依然铭记父亲的教诲，他一年最多抽一根雪茄，抽烟的时候，他都觉得罪恶，仿佛魔鬼就站在他身边，怂恿他走向毁灭。

高中的时候，蒂贝特感到自卑。他母亲经营一家旅馆，出租公寓。他只有一套衣服，而且裤子太短了。就是最心爱的女孩，他也没钱在拐角的杂货店给她买一杯冰激凌或苏打水。于是，他决定要成名，他环顾四周，想要找到成名的捷径。他想加入高中的合唱团，可是他们不肯收他。他想出演学校的戏剧，没有人要他。这位日后成为加州最著名歌手的男孩，当年想要在高中的音乐会上唱歌，却被别人冷冷地拒绝了。直到二十一岁，他才显现出唱歌的天赋。

蒂贝特说，振奋人心的音乐就是最伟大的音乐，我们很多流行音乐都不错，很不错。

《完美的一天》是史上最受欢迎的流行歌曲。五百万人购买了唱片，蒂贝特说这首歌很简朴，真的很棒。他觉得《老人河》和《蓝色狂想曲》都是非常好的曲子，丝毫不亚于最伟大的维也纳作曲家的作品。

第三十一章　W.C.菲尔兹[1]

他是世界上最了不起的杂耍演员。他每天的收入是五千美元，但是，对于他而言，睡在床上都是奢侈，不习惯呀。

他是好莱坞最伟大的影星之一，大大的红鼻子，挺着个啤酒肚，头上一点头发都没有，亲切和蔼，是位绅士。他长得真是不怎么样，但你就是拿望楼上的阿波罗[2]来交换他，派拉蒙电影公司都不会答应的。

这位胖胖的绅士名叫克劳德·威廉·杜克菲尔德，就在两三年前，他还坐在试镜间里，屁股都要磨出茧子，等着导演的接见。他出演过"齐格飞讽刺剧"，当了十年的明星，在电影界进进出出也有二十年的时间了。他真的是穷困潦倒，只要制片人肯给他翻身的机会，他愿意一个人干完编剧、演员和导演的活儿，一分钱都不要。他雷霆万钧，他摇尾乞怜，他甜言蜜语，什么方法都用过了，但是回答只有一个：不行！坚决不行！

可是当《雾都孤儿》制作完成之后，克劳德·威廉·杜克菲尔德兑现了一张五万美元的大支票，只不过是工作了十天而已。一天五千美元，或者说一分钟十美元。也就是说，他在好莱坞当演员，收入是

---

[1] W.C.菲兹（W.C. Fields, 1880—1946），又名克劳德·威廉·杜克菲尔德（William Claude Dukenfield），美国喜剧演员、杂耍演员、作家。

[2] 望楼上的阿波罗，阿波罗雕像中最有名的一个，雕像表现了一个最完美的男人体型。

美国总统管理国家的二十五倍。也许你还记得杜克菲尔德先生精湛诠释之下的穷光蛋米考伯[1]，克劳德·威廉·杜克菲尔德绝对是唯一的不可替代的 W.C. 菲尔兹。

他是世界上最伟大的杂耍演员，光鲜风光的生活他经历过，穷困潦倒的日子，他也走过来了。有一段时间，整整四年，他没有睡过床。他睡在公园的长椅上，睡在走廊里，睡在包装箱里，甚至还在地洞里睡过，裹着油布当作毯子。他说，现在最激动的奢侈享受莫过于晚上伸腿躺在刚换洗过的干净床单上。

说到杂耍这一危险的艺术，W.C. 菲尔兹绝对是打遍天下无对手。从十四岁开始，他就抛接东西了。最开始的时候，他在谷仓和铁匠铺子里抛接苹果和网球。每天他都在练习，有时一天要练上十六个小时。就是病得快站不起来了，他还是要练习。

他的理论就是，杂耍演员嘛，只要拿得动的东西，都要能够抛接才行。如今，W.C. 菲尔兹练就了一门绝活，什么都能抛接，鸡蛋、木板、帽子、拐杖、平底锅、盘子、鞋子、饼干、雪茄、砖头、烛台，甚至还有熨斗。

他在世界各地表演，观众对他肃然起敬。布尔战争[2]期间，他在约翰内斯堡[3]表演，观众掌声雷动。美西战争之后，他在马德里表演，西班牙爱国者们对他报以掌声。在印度、埃及、法国、德国、英国和澳大利亚，他的表演轻松自如，搞得人们觉得杂耍是件很简单的事情。没错，只要会做，就很简单。

许多人莫名其妙地觉得他是英国人。那就大错特错了，他出生在宾夕法尼亚，同费城玉米肉饼一样，是地道的美国货。

---

[1] 米考伯，狄更斯小说《大卫·科波菲尔》中的人物。

[2] 布尔战争，英国人和布尔人之间为了争夺南非殖民地而展开的战争。

[3] 约翰内斯堡，南非共和国最大的城市。

十一岁那年，乳臭未干，他就开始满世界转悠了。他同父亲有了点误会，就从家里跑了出来。至少现在他觉得是误会了。说到这件事，他就两眼放光，目光炯炯。事情的导火索是一把铁锹，他把铁锹丢在了地上。他父亲一脚踩在了铁锹上，铁锹弹了起来，重重地打在了他的小腿上。父亲痛得狂跳，一边跳，还一边捡起铁锹，朝着儿子的肩膀就是一下。

挨了一铁锹只是诱因。年轻的克劳德觉得父亲是故意的。于是，他找到个大箱子，把箱子拖进了房子。他爬上椅子，小心翼翼地把箱子放在了门的顶部。几分钟后,父亲进来了——哐！——箱子掉了下来，正好砸在了父亲的头上，没错，就像是低俗闹剧里面的场景。

接着，这个乳臭未干的小子想都没想，撒腿就跑，一双腿又瘦又长，他是能跑多快就跑多快。他跑得太快了，跑得太远了，就再也没有回去。再次见到父亲，小克劳德已经是世界上最了不起的杂耍演员 W.C. 菲尔兹了。

从离开家到十六岁期间，他就像一条杂种小狗，无家可归。只要有个可以躺下的角落，他就睡在那里。讨要到什么、借来什么、偷来什么，他就吃什么。他在好人家的门廊里偷了好多瓶牛奶，直到今天，一见到看门狗，他就不寒而栗。听 W.C. 菲尔兹说话，你就感觉他真的是从狄更斯的小说中走出来的一样。

有一段时间，他还是一位职业溺水者。他涉水走到海边深一点的地方，大声呼喊救命，假装挣扎。有人来救他，自然会引来一群人围观。菲尔兹一边扑腾，一边喘着粗气，他的伙伴儿们则向围观的人群兜售热狗和冰激凌。生意好的时候，他一天要表演四五次溺水。

他经常被警察抓起来，到底有多少次，他自己都记不清了。他说，即使是现在，他要是故伎重演，也就一眨眼的工夫，他就进劳教所了。

有段时间，他还干过送冰的工作，每天早上四点钟就要起床。一路上,他都在抛接东西,要么是小冰块,要么是喂马的玉米棒子。

他练了两年的杂耍,之后,他看到报纸上招聘杂耍演员的广告,他得到了这份工作。每周的薪水是五美元,可他还要付给贪心的经理一美元五十美分的回扣。为了省钱,他就睡在化妆间,吃五美分一块的馅饼。

接着,整整三个演出季,他都没有拿到钱。当然了,他理应拿到钱,但总有这样那样的事情让他拿不到钱。要么就是演出搞砸了,要么就是经理卷钱跑路了。但是菲尔兹非常豁达:至少他一天有三顿饭吃,晚上睡在了真正的床上面。他经历了那么多痛苦,这样简直就是过上名演员的生活了。

如今,W.C.菲尔兹在好莱坞有了一栋不错的房子,还有了专用化妆间,天花板上钉有五十顶帽子。全国的剧院外面都排起了长队,大家都想看一看他练就了四十年的绝活。现在,他每天晚上都睡在干净的床单上面。

"现在,"他说,"我爬上床的时候,我都会微笑。等我躺下,伸胳膊伸腿——我的乖乖呀,真舒服呀!"

第三十二章　奇克·塞尔[1]

他是美国最知名的"小号手",但事实上他不会吹小号。他后悔写了《行家》这本书,但是,书中每个字的稿酬是四十九美元四十九美分。

有史以来,这世上只有一个作家拿到了每个字四十九美元四十九

---

[1] 奇克·塞尔(Chic Sale, 1885—1936),美国歌舞剧演员、电影演员、作家。

美分的稿酬。作者的名字是奇克·塞尔，这本书是《行家》。

《行家》是奇克·塞尔的第一本书，他并不看好这本书，最初，这本书只印刷了两千册，用了六个星期才卖完。可是，这本书突然流行起来，就像松树林的野火一样，势不可当，全国上下都在看这本书，其销售量超过了《大地》[1]！

销售量超过了《大地》，能写出这样一本书，作者肯定该非常自豪才对啊，大家都会这样想，难道不是吗？但奇克·塞尔不觉得自豪。他后悔写了这本书，后悔的原因是很多人都误解了书中的幽默。

但是，这本书这么成功，他对此还是感到自豪的。如果有人当着他的面提及这本书，他就会觉得尴尬，要是这个人还觉得书中的幽默低俗，他就更尴尬了。他的女儿觉得这本书给家人带来了耻辱，还哭过呢。

奇克·塞尔成为了作家，这多少有些偶然。事实上，他是个演员，是出色的剧团个性演员。

但他成为演员这件事，多少也是偶然。数年前，他在伊利诺伊州乌尔班纳的铁路车间工作，是机械师。他的姐姐想要成为演员，于是她到了芝加哥，在戏剧学校学习。姐姐回家过圣诞节的时候，她在当地一家教堂表演节目，模仿乡下人。

姐姐表演结束后，奇克说："上帝，就那样呀，即使不上学校学习，我也可以办得到。"

姐姐说，那你演呀，于是他走了上去，模仿了乌尔班纳当地的电报员。几分钟的时间，前来观看演出的当地人就笑得前仰后合。

第二周，一个剧团来乌尔班纳演出。演出的间隙，需要有个滑稽演员出来表演，可那个演员病了。奇克·塞尔听到这个消息，就去应

---

[1] 《大地》，诺贝尔文学奖获得者赛珍珠的一本书，该书获得了普利策文学奖。

聘这个工作。

剧团经理不相信他会表演,于是奇克给他演了一下,经理把他收下了,让他干了一个星期,付给了他十美元,他的整个人生因此而改变。

舞台的灯光!表演的魔力!五百名观众的笑声!观众的掌声!经历了这些之后,他说什么都不肯再回到车间里干活了。

拎上以前装望远镜的旧箱子,他立马去了芝加哥,在剧院找到了一份工作,然后他又租了便宜的公寓房,开始练习自己的绝活。他觉得,如果自己有络腮胡子,看起来会像个老人。到哪儿去买假络腮胡子呢?他不知道,于是他从床垫上拔了一些马鬃,给自己做了一副络腮胡子。他戴着用床垫马鬃做的络腮胡子演出了八个月,之后才从卖化妆品的商人那里买了一副真正的络腮胡子。

他的收入非常低,每一分钱都要花在刀刃上。为了控制自己的食量,他买来廉价的糖果,用餐前就啃一啃糖果,这样,就没有那么饿了。

他的胃出问题了,也许就是廉价糖果惹的祸,他花了数千美元做手术。后来,无论走到哪里,他都带着厨子,他不能吃宾馆的东西。他随身携带的还有一个铁箱子,那是他的文件箱,里面装着数千个笑话。他收集了好多笑话,可私下谈话的时候,他一个笑话都不讲。

他既不会唱歌,也不会跳舞,可他出演了六部百老汇的音乐喜剧。他是美国最知名的"小号手",但事实上他不会吹小号。他出演了有关巴黎的戏剧,挣了五万美元,可他从未到过巴黎。

十六年来,在舞台上,他总是穿同一双鞋。当年,他扮演老人的时候,穿的就是这双鞋。他觉得这双鞋给他带来了好运,这双鞋修修补补,他一直穿着,就是不肯换别的鞋。

他在歌舞杂耍剧团表演时,爱上了一个来自蒙大拿州米苏拉市的女孩。她是个非常迷人的女孩，就像月光一样纯洁，像茉莉一样清香。表演的时候，剧院里坐着一千位观众，他毫不胆怯。但要向这个女孩表白求婚时，他却结巴了，脸红了，不知所措了。他说自己觉得不舒服，就回宾馆房间了。

回到宾馆后，他打电话向女孩求婚。女孩答应了，他们结了婚，生了四个小孩。

《行家》这本书让他赚了很多钱，于是奇克·塞尔又写了一本书，书名是《玉米剥皮机撞上了电影》，但这本书赚的钱还不够支付印刷费呢！

第三十三章　弗朗西斯·叶芝－布朗[1]

> 从十九岁开始，他就成了军人，出生入死。被俘后，从监狱逃出，他打扮成了德国女家庭教师，头戴一顶阔边帽，肩上披着黑狐狸皮，警察没有认出他来。

十年前的一个下午，在纽约森林山，我家里的壁炉旁，一个表情严肃、体型瘦削的年轻英国人连着数小时讲述了他在东方神秘国度的探险经历，我听得入了迷，这个年轻人姓叶芝－布朗。那一年他三十九岁，从十九岁开始，他就成了军人，出生入死，目睹了死亡。

在巴格达和君士坦丁堡，他做过战俘。在美索不达米亚炙热的沙地上，他同土耳其人交过战。在法兰德斯泥泞的土地上，他同德国人

---

[1] 弗朗西斯·叶芝－布朗（Francis Yeats-Brown, 1886—1944），英国皇家孟加拉枪骑兵，一九三〇年他的传记《抗敌英雄》获奖，后改编成同名电影。

打过仗。他写了一本书,书名是《血腥岁月》。他本人就像《阿拉伯的劳伦斯》[1]里的主人公一样,安安静静,说话轻声细语,是一位英国绅士,相较于打仗,他对诗歌和哲学更感兴趣。

叶芝－布朗二十年的戎马生涯,没有攒下什么钱。未来会怎么样?他也不清楚。但是看起来,他并不怎么担心。在东方的那些日子里,他学会了东方人平静的处世之道。他成为了神秘主义和瑜伽派的信徒,他在圣人的指导下学习,探究过吠檀多[2]的秘密。

我们中的大多数人都过着一种生活,他不一样。三十九年的岁月中,他经历了很多种生活。最后,他把他的戎马生涯写成了一本书,书名是《抗敌英雄》,那天下午他给我讲过的好多经历,书中都有记载。一九三○年,这本书出版了,很是轰动。好莱坞还根据这本书拍了一部电影,非常引人入胜。很多好莱坞的电影都是这样,虽然以真人为原型,但电影同叶芝－布朗惊心动魄的军人生涯还是相差甚远。

那年,弗朗西斯穿上了皇家孟加拉枪骑兵金色和蓝色相间的华丽制服,戴上了蓝色和金色相间的头巾,他只有十九岁。英国国王陛下统治下的疆土辽阔,皇家孟加拉枪骑兵是最傲气、最有派头的骑兵。他们都是经精挑细选的士兵,是英国驻印度的王牌军队。他们的收入少得可怜,每个月大概有十美元,还得自己出钱买马匹和装备。这些勇敢的年轻人到印度去不是为了索取,他们为的是荣耀,他们浑身上下洋溢着一种精神,正是有了这种精神,肯基纳、戈登[3]、弗朗西斯·德

---

[1] 《阿拉伯的劳伦斯》,一部经典的英国电影。

[2] 吠檀多,印度六派哲学中最有势力的一派。

[3] 戈登,即查理·乔治·戈登(Charles George Gordon,1833—1885),英国军官。因在中国指挥雇佣武力"常胜军"协助清军与太平军作战,获得清朝皇帝封赏而被世人取绰号为"中国人"。他一直做到苏丹总督,任上阵亡。

雷克[1]爵士、沃尔特·雷利爵士[2]的足迹才遍布世界。

枪骑兵早上五点就要起床,一直操练到太阳高升,枪筒烫得都握不住了为止。

阴凉处的温度飙升到了一百华氏度[3],他们的娱乐方式就是在马球场上拼杀。他们中有的人死于中暑,身体饱受疟疾的折磨。但是,叶芝－布朗告诉我,全印度最危险、最刺激的运动是"狩猎野猪"。说是狩猎,实际上是骑着马穿过长满荆棘的丛林,越过乱石遍地的野外,在竹竿的一端插上一节矛,围捕野猪。

受伤的野猪是这个世界上最凶猛的动物。野猪的体重达三百磅,愤怒的时候浑身的毛就立起来,像狐狸一样狡猾,像狮子一样无畏,撒开蹄子,跑得飞快,只有最快的骑兵马才追得上它。野猪的獠牙锋利无比,如果从马上摔下来,落在了它的攻击范围之内,很快就会丧命。

我问叶芝－布朗,哪一次死里逃生最惊险?他说,有一天,他和同伴一起去狩猎野猪。他们把一只野猪从荆棘中赶了出来。这头凶猛的野猪在野地狂奔,獠牙在阳光的照耀下闪闪发光。叶芝－布朗骑在马背上,正追赶得起劲,他把带有矛头的竹竿戳进了野猪的身体,这时他的坐骑被绊倒了,他连人带马,还带着野猪,滚在了一起。尖叫声、马嘶声顿时响了起来,马腿、人腿,还有蹄子搅在了一起。马仰翻在地,蹄子乱蹬,他困在了马的身下。野猪身上还带着长矛,正要挣扎着站起来。马好不容易站了起来,这时野猪也挣脱了,千钧一发中,他一跃而起,冲到了一棵树上。他就一直坐在那棵树上,直到救援人

---

[1] 弗朗西斯·德雷克(Francis Drake,1540—1596),英国著名的私掠船长、探险家和航海家。

[2] 沃尔特·雷利(Walter Raleigh,1554—1618),英国伊丽莎白时代著名的冒险家。同时也是位作家、诗人、军人、政治家,更以艺术、文化及科学研究的保护者闻名。

[3] 一百华氏度,大约为三十七点八摄氏度。

马骑了过来。他掉了一颗牙,扭伤了拇指,浑身上下不是擦伤就是撞伤,野猪已经流血致死,只有那匹马高高兴兴的,从容不迫地走着,吃着青草,享受着东方慢节奏的悠闲时光。

我想叶芝－布朗传奇军旅生涯中最奇特的插曲就要数他扮成女人那一次。当时,他在美索不达米亚同土耳其人作战,成了战俘,被关在了君士坦丁堡的监狱里。牢房里到处都是寄生虫,他从监狱里逃了出来,但还没能出城。土耳其当局正在疯狂地搜寻他。

土耳其满城搜索的自然是一位英国军官,他们根本不会去怀疑在咖啡店里同俄国亲王见面的德国女家庭教师。这位俄国亲王也受到了当局的监视。土耳其人天生多情,女教师和亲王调调情也没有什么害处,他们不忍前去打扰。叶芝·布朗打扮成了德国女家庭教师,头上戴着一顶阔边帽,肩上披着黑狐狸皮围巾,双手笼在暖手筒里,仪态万方地走进了咖啡厅,俄国亲王立刻站了起来,礼貌周到地鞠了一躬,吻了吻这位"女士"的手。土耳其的侦探们相视而望,会心一笑,耸耸肩了事。就算是受到监视,俄国亲王也可以浪漫一下嘛。

装扮成德国女家庭教师,他是走不出土耳其的,于是他又扮成了另一个人。连夜,他恢复了男性打扮,改变了国籍,摇身一变,成了刚辞去军工厂工作的匈牙利机械师。他的上唇留了一点微微上翘的胡须,头上戴了一顶圆顶窄边礼帽,挂了一副金属边的眼镜,穿着脏兮兮的白色马甲,脚上是一双有松紧带的鞋子。事实上,他看上去像个二流的喜剧演员,土耳其人一点儿都没怀疑他是叶芝－布朗。

最后,他还是被抓住了,被扔回了监狱。一次,一群希腊人在监狱的院子里吃晚饭,他装扮成其中之一。希腊人走出去的时候,他也跟着走了出去,走在大街上,他平静安详,就像永生的佛陀一样。

我问他,作战这么多年,他看到的最恐怖的景象是什么?他给我讲了这么一个故事:当时他是个战俘,土耳其人押着他去战俘营,徒步走了两百英里的路程。途中，他经过一个亚美尼亚小镇，镇上一个活人都没有。土耳其军队屠杀了镇上所有的人。小镇一片死寂，唯一活着的东西就是几只狗，摇头摆尾地走在静悄悄的街道上，还有就是盘旋在头顶上的秃鹰。

第三十四章　玛丽·璧克馥[1]

她可能是世界上最有名的女人，她说"成功太依赖机遇了，也就是我们所说的'星运'。也许，好莱坞的明星就是那些能够抓住'星运'的人"。

谁是这个世界上最有名的女人？坦率地说，我不知道答案。但我觉得有个爱尔兰血统的加拿大女子可能担得起这个称谓，她体重只有一百零三磅，原名是格拉蒂斯·玛丽·史密斯。

很年轻的时候，史密斯小姐就上台表演了。她很幸运，得到了大卫·贝拉斯科[2]的悉心指导，这位大师级的制作人觉得格拉蒂斯·史密斯这个名字一点儿都不讨喜，便给史密斯小姐另取了一个更雅致、更动听的名字——玛丽·璧克馥。

那时，葛丽泰·嘉宝还在瑞典的理发店里给男人刮胡子，而玛丽·璧克馥已是明星；梅·韦斯特离成名还早着呢，而玛丽·璧克馥已是家喻户晓的名字。

她是银幕上的常青藤，无人能比。道格拉斯·费尔班克斯[3]第一次站在摄像机面前时，她早就是世界级的明星了。查理·卓别林还没有

---

[1] 玛丽·璧克馥（Mary Pickford，1892—1979），著名女演员。
[2] 大卫·贝拉斯科（Darid Belasco，1853—1931），美国剧作家、舞台经理和制片人。
[3] 道格拉斯·费尔班克斯（Douglas Fairbanks，1883—1939），美国演员、导演与剧作家。

到好莱坞,她已是薪酬最高的电影演员。汤姆·米克斯[1]还没能在电影中崭露头角,她的影迷就在售票口排起了长队。

玛丽·璧克馥很小就开始自食其力,是违法的童工。纽约加里社团这样的组织要阻止她登台演出,他们说,这样的年纪,应该在学校学习算数,而不是在舞台上装模作样、炫耀自我。于是,玛丽糊弄了他们。她有个堂姐,比她大一岁,她借来了堂姐的出生证明,蒙混过关。正因为如此,名人录也好,其他记录也好,上面记录的年龄都比她的实际年龄大一岁。

玛丽·璧克馥祖父的生日是四月八日,她父亲的生日也是四月八日。到了玛丽出生的一八九二年,这家子人觉得是这家的孩子就该在四月八日出生。玛丽的母亲想效仿婆婆,在四月八日生个小孩给丈夫庆生。但是,有违众望,小玛丽并没有按时登台亮相。

事实上,玛丽出生在四月九日的凌晨三点。家里人才不管什么日子时间的,正儿八经地宣布她出生于四月八日。

长达三分之一世纪的时间,也就是母亲在世的日子里,家人都自欺欺人地在四月八日庆祝她的生日。母亲过世后,玛丽就实事求是地在四月九日过生日了。

做了演员以后,玛丽·璧克馥的生活发生了翻天覆地的变化。

有一段时间,她自己洗衣服,将洗好的手帕贴在玻璃窗户上晾干,每天只有十美分的伙食费。十二年后,她每小时的酬劳是一千美元,也就是一秒钟十五美元。

以前,她没有工作,居无定所。那时候,母亲攒下几个钱,给孩子们做一顿杂烩。现在,杂烩依然是玛丽·璧克馥最喜欢的食物之一。我听她说过,她喜欢的是母亲做的杂烩,而不是什么牛肉卷

---

[1] 汤姆·米克斯(Tom Mix,1880—1940),美国演员。

和鱼子酱。

这位世界上最有名的女人是如何生活的？她的爱好是什么呢？

美食不是她的爱好。一天，我顺路去看她，已经是下午六点钟，她对我说，一整天，她只吃了一片烤面包，喝了一杯茶。我问她饿不饿？她回答说："不饿，一点都不饿。"数年前，她读过厄普顿·辛克莱的《屠宰场》。打那以后，她就不怎么吃肉了。仅仅是看到肉铺的橱窗，她都要恶心几个小时。非要经过肉铺，她就闭着眼睛走过去。孩提时，她养过一只宠物小羊，现在，她一看到餐桌上有烤羊羔肉，童年的记忆就会一幕幕涌上心头，根本就吃不下去。她不吃猪肉。自己钓的鱼，她不吃；别人钓的鱼，她吃。

玛丽·璧克馥说野心是诅咒。一旦野心勃勃，人就会着魔，就做不了自己想做的事情。她喜欢散步，也喜欢骑马，但很少有时间如此消遣。她每天工作十二到十六个小时。她有两组秘书轮班为她工作，她工作太努力，工作时间太长，没有哪个秘书能够跟得上她的节奏。

她一分钟也不肯浪费。她找了个法国旅伴，方便她每次外出时操练法语。

她收到过无数封来信，数量是世界之最。如果每封信都读上一遍，她每天要用十个小时。邮局给她送信的时候，都用大袋子装上。许多人写信向她要钱，加起来的总额是她收入的十倍。

玛丽·璧克馥是个真实的人，是那种讨人喜爱的人。她谦虚、真诚，丝毫没有高高在上、自以为是的毛病。她对我说，就是死后连一块墓碑也没有，也没有什么大不了的。

大家都知道，她经常在银幕上扮演孩子的角色。孩提时，她没有享受到童年的天真烂漫，她愿意在虚拟的世界中捕捉一下孩子的童真。

我问璧克馥小姐，觉不觉得美国有很多同好莱坞女明星一样美丽能干的女孩子？她回答说："当然了。然而，成功太依赖机遇了，也就是我们所说的'星运'。也许，好莱坞的明星就是那些能够抓住'星运'的人。"

玛丽的父亲约翰·史密斯是一条轮船上的事务长，他的船来往于加拿大的多伦多和纽约州的水牛城。玛丽四岁那年，他不小心一头撞在了铁滑轮上，离奇地死了。要是他活过来，看到自己的小格拉蒂斯成了全世界最有名的女子，他该是多么惊奇呀！

第三十五章 艾尔·乔森

> 他是好莱坞最有票房号召力的演员——他的一部电影赚了一千两百万美元，这是其他电影无法企及的记录。

据我所知，美国只有他这么一位演员撕毁了价值一百万美元的合同。

你在电影里见过他。他的歌，你听过。他的笑话，你笑过。他演出了第一部标准长度的有声电影。他是好莱坞最有票房号召力的演员——他的一部电影赚了一千两百万美元，这是其他电影无法企及的记录。

这部赚钱的影片是《唱歌的傻子》[1]，出演阿萨·约尔森的就是艾尔·乔森。

有一段时间，乔森的薪水是每周三万一千二百五十美元，六个多月的时间，每周他都领这么多钱，一天的活儿都没有干过。也就是说，什么都不用干，他就收到近一百万的报酬。当然，他随时都可以演出，

---

[1] 《唱歌的傻子》，歌舞剧，一九二九年八月上映。

但是他的东家，也就是联美公司[1]那段时间没有拍摄的剧本，所以他就打着高尔夫拿薪水，相比之下，美国总统的收入就像是速记员的退休金，少得可怜。

接着，他做出了让人意想不到的慷慨举动，让见利忘义的好莱坞为之一震。当时，大萧条已经开始了。联美公司的老板约瑟芬·申克是乔森一生的朋友，前者损失惨重。按照合同，申克还欠乔森一百多万美元。乔森撕毁了合同，把它递给了约瑟芬·申克，他说："忘了这回事吧！我什么都没做，你不需要再付钱给我了。"

查尔斯·施瓦布[2]撕毁了一份年薪百万级的合同，此事震动了华尔街。然而，这位曾经一贫如洗的大明星撕毁的是一份保证他每年近两百万美元收入的合同，没有人叫他这样做，也没有人想到他会这样做。

艾尔·乔森小时候得过肺结核。他到贝尔维尤医院[3]的一家免费诊所治疗，医生对他说，他要立刻到乡下去，否则最多就只能活六个月的时间了。他们免费给他开了处方，药品也应该是免费的。但他去拿药的时候，发现药是十美分一瓶。他穷得叮当响，哪里去找十美分呀，所以，他一直也没拿到药。

没有药，没有医生，他居然康复了。但是，少了十美分就性命堪忧的感觉，他永远也忘不了。就是这个缘故，他每年都给位于纽约州萨拉纳克莱克的阿迪朗达克山脉的结核病疗养院捐赠两万美元，用于支付病人的床位费。这件事，他已经做了十一年。他救了很多人，可

---

[1] 联美公司，一九一九年由四位著名导演及演员卓别林、范朋克、璧克馥、格里菲斯出资创建，逐步发展成为控制美国电影生产和发行的八大公司之一。在一九八一年并入米高梅公司，改称为米高梅－联美娱乐公司，以出品〇〇七系列电影知名。

[2] 查尔斯·施瓦布（Charles Schwab，1862—1939），美国第一位年薪一百万的高级打工仔。

[3] 贝尔维尤医院，纽约的一家公立医院。

从未见过一个受助的病人。

　　我喜欢打听别人的生日。我询问艾尔·乔森的生日，他却回答说不知道。他说，自己大概是四十五岁，或者是五十岁，他也不确定。他出生在俄国，家里很穷，一家子挤在一个小屋子里，头上是草做的房顶，脚下是石头铺的地。父母操劳生计，年复一年，年年都是如此，哪里想过要记住孩子生日这样的琐事。所以他根本不知道自己出生在哪年，是一八八五、一八八六，还是一八八八呢？他成名之后，朋友们想给他过生日，他必须挑个日子。他觉得出生在秋天不是件好事，秋天是演出季开始的时候，演员总是身无分文。春天的时候，演员们觉得生机盎然，五月是温暖的季节，于是他决定自己出生在五月，干脆定在一八八八年五月二十六日好了。他也承认这个日子不准确，但也差不了太远吧。总之，不过就是四五年的差别。

　　他第一次登台表演时还是个孩子呢。那部戏剧的名字叫作《犹太区的孩子》，他演了一个小角色，只有一句台词。他只需要冲到舞台上，大叫一声："杀死犹太人！"

　　那时，每周工作日，他父亲在一家犹太人的肉铺宰牛，到了安息日，他就在犹太教堂里唱歌。听到自己的儿子在舞台上大叫"杀死犹太人"，他气得暴跳如雷，乔森的演艺生涯差点因此戛然而止。

　　乔森第一次出发去纽约，但他身无分文，只好蹭了一趟从华盛顿到纽约的火车。他什么都不懂，到了新泽西州的纽瓦克市，他以为到了纽约，就下了火车。当晚，他只好在草丛中睡了一晚，一觉醒来，腿上、手上全是蚊子叮咬的包，又肿又痒，还往外渗血。

　　最终，他还是到了纽约。晚上，他睡在公园的长椅上或是停靠在岸边的卡车里；白天他经常饿着肚子。当时，他最多就指望能在小酒店里演出一下，挣点小钱。

李·舒伯特[1]曾经说过,美国只有两名演员合格,这两个人无论走到哪里,报出名来,观众就会蜂拥而至,场场爆满。一个是弗雷德·斯通,另一个就是艾尔·乔森。

然而,艾尔·乔森告诉我,他第一次在冬季花园剧场露面的时候,心都碎了。那天的表演时间很长,半夜之后,他才上台。没有掌声,什么都没有,观众平静如死水。那天晚上,帷幕落下后,他跌跌撞撞地走在百老汇大街上,失望透顶。他住在五十四号大街,但他昏了头,居然一直走到了九十号大街,整整走过了四十六个街区,他才意识到自己走错了。

那一刻,他根本没有想到,就是做梦也没有想到,有一天,他的名字也会像极光一样闪耀在百老汇大街上,自己的身价是一分钟十美元,而剧院经理们还争先恐后地请他!

第三十六章　威廉·莎士比亚

> 他根本想不到自己会流芳百世。婚姻是他一生的悲剧,他也没有想到自己田园般的年轻爱恋会成为悲剧,会变成他一生的悔恨。

他活着的时候,没人关注他。死后一百年,才有人知道他的名字,如今关于他的文章和评论则是数不胜数。作家用笔书写智慧,没有哪个作家像他这样受人关注。每年都有成千上万的人去瞻仰他的出生地。

一九二一年,我造访了他的故乡。从斯特拉特福到斯莱特里,我跟随着他年轻时的脚步,穿过了这片土地,那时他还是个笨手笨脚的

---

[1] 李·舒伯特(Lee Shubert,1871—1953),美国人,剧院老板、制作人。

乡下男孩子，急着想要去同心上人安妮·沃特里幽会。

他根本想不到自己会流芳百世。他也没有想到自己田园般的年轻爱恋会成为悲剧，会变成他一生的悔恨。

莎士比亚的婚姻是他一生的悲剧，这一点是毋庸置疑的。没错，他爱的是安妮·沃特里，但不久之前，在月光之下，他同另一个姑娘还有些暧昧，那个姑娘叫安妮·海瑟薇。得知自己的爱人要与别人结婚，安妮·海瑟薇不知所措，几乎发了狂。绝望中，她冲到邻居家的房子里，羞愧地哭诉，说莎士比亚必须娶自己。她的那些邻居都是头脑简单、内心淳朴的自耕农。听了安妮·海瑟薇的哭诉，他们觉得愤愤不平，第二天，他们赶到市镇大厅，张贴了莎士比亚迎娶安妮·海瑟薇的契约。

莎士比亚的新娘比他大八岁，从一开始，他们的婚姻就是一场可悲的闹剧。他一次次地在自己的作品中警告男人，千万不要娶比自己大的女人。他很少同安妮·海瑟薇住在一起。婚后，他大部分时间都在伦敦，一年才回一次家。

如今，埃文河畔的斯特拉特福是英国最可爱的小镇之一：茅草屋顶的小农舍，开满蜀葵的花园，还有蜿蜒古朴的街道。但是，莎士比亚住在这里的时候是什么样子呢？当时这里是个肮脏、贫穷、疾病肆虐的小镇，一幅破败景象。那时没有下水道，一群群的猪穿梭在主街上，到处吞食垃圾。莎士比亚的父亲是当地的一位官员，他在家门口囤积马粪，遭过罚款。

如今，很多美国人觉得自己生活得很艰难。但是在莎士比亚的时代，斯特拉特福有一半的人口是靠着公共救济在生活。很多人都目不识丁，莎士比亚的父亲、母亲、妹妹、女儿，还有孙女都是文盲，既不会读，也不会写。

莎士比亚注定要成为英国文学史上的荣耀人物,可是十三岁那年,他不得不离开学校,开始工作。那时他的父亲是做皮手套的,还是位农夫,莎士比亚要挤牛奶、剪羊毛、打黄油,还要帮忙鞣革和软化皮革。

但是,到了他离开人世的时候,按照当时的标准,他是一个富有的人。到了伦敦,不到五年的时间,他当演员,赚了不少钱。他在两个剧院购买了股份,还涉足房地产,并且放高利贷,不久,他每年的收入就高达三百英镑。当时这笔钱的购买力是今天的十二倍,也就是说,莎士比亚四十五岁的时候,他的年收入是两万美元。

那在遗嘱中,你觉得他会给妻子留多少钱呢?一分钱都没有。他留给妻子的只有一张还算舒适的床。就是这件东西都还是事后想起来的——整张遗嘱都立好了,中间又加上了这么一行。

莎士比亚死后第七年,他的所有作品才得以付梓印刷。现在,如果你想要买一套第一版的《莎士比亚全集》,纽约地区的售价差不多是二十五万美元,保存得还挺不错的。而写出了《哈姆雷特》、《麦克白》,还有《仲夏夜之梦》这样的剧本,莎士比亚得到的报酬也就六百美元的样子。

S.A.坦嫩鲍姆写了数本关于莎士比亚的书,我问他,有没有绝对的证据证明是埃文河畔斯特拉特福的莎士比亚写了这些剧本?他回答说,我们对此确信无疑,就像对林肯在葛底斯堡发表了演说一样肯定。然而,很多人宣称,莎士比亚这个人根本就不存在,还写了数十本书来证明这些剧本实际上是弗朗西斯·培根,或是牛津伯爵的作品。

我经常站在莎士比亚的墓碑前,凝视这世上最不可思议的墓志铭:

  好朋友,看在耶稣的份上,

切勿挖掘这黄土下的灵柩；

助我安息者将得到祝福，

迁我尸骨者定遭诅咒。

莎士比亚被埋在了这个乡村小教堂的布道台前面。为什么他能得到这样的荣誉？他的天赋？毕竟，去世三百年之后，他的作品依然深受人们喜爱。事实并非如此。虽然他注定要成为英国文坛的北极星，但能够长眠于教堂里并不是因为他的天赋，而是因为他借钱给了家乡的小镇。如果他没有那么做，今天，这个塑造出了高利贷者夏洛克[1]的男人的骨骸就会躺在一处不知名的墓地里。

第三十七章　欧内斯廷·舒曼－海因克[2]

他们对她说，你还是回家去。她又冷又饿，沮丧到了极点，她想要自杀；后来，她成了有史以来最伟大的歌手之一。

欧内斯廷·舒曼－海因克女士在饥饿、心碎和绝望中一路走来，最终站在了名望的顶峰，这是大歌剧腥风血雨历史中最为传奇的故事之一。

她的成名之路充满了艰辛和苦涩。她失望沮丧到了极点，她试过自杀。她的婚姻是一场悲剧，丈夫离她而去，留下了一屁股的债务。根据当时的德国法律，妻子要负担丈夫的债务。于是司法长官拿走了

---

[1] 夏洛克，《威尼斯商人》中的高利贷者。
[2] 欧内斯廷·舒曼－海因克（Ernestine Schumann-Heink，1861—1936），德国人，后入美国籍，著名歌手。

她所有的家具，只给她留下一把椅子和一张床。她时不时地找到唱歌的活儿，收入的大部分也被司法长官拿走了。

她的第三个孩子出生前六小时，她还在台上唱歌。那时，她真是痛苦至极，但是，她不得不唱，她的孩子们要吃饭。冬天来了，她没有钱买煤，家徒四壁，冷得要死，孩子们又饿又冻，瑟瑟发抖。

绝望中，她几乎要疯掉了，她决定结果自己和孩子们的性命……

但是，她没有自杀，她一路艰辛走来，成为了世界上最伟大的女低音歌唱家之一，也许还是观众心中最杰出的华格纳[1]风格的歌手。

一次，她邀请我去芝加哥，要请我吃晚餐，还说要亲自下厨，几个月之后，她就去世了。当时她还补充了一句："如果你说我是伟大的歌手，我会高兴；如果你和我共进晚餐，然后说'舒曼－海因克，这是我喝过的最好的汤'，那你就是我永远的朋友。"

她说，她成功的秘密之一就是：她爱人们，宗教指引她去爱。每天她都要读《圣经》，每天早晚，她都会跪在地上祷告。

她说，悲惨的生活让她体会到了人生百味，这有助于她唱歌。经历过的痛苦给她的声音带来一种神秘的感觉，数百万的心灵为之而动。在她的鼎盛时期，你若是听过她唱的《玫瑰经》，你一定能感受到那种神秘的力量。

我知道她深爱自己的孩子，所以问她怎么会想到要结果自己和孩子们的性命。她是这样回答我的："当时，我贫病交加，郁闷无助，未来也看不到希望。我不想让孩子们再承受我经历过的痛苦，我觉得死了还好些，所以我决定带着孩子们撞死在火车头前。我知道火车什么

---

[1] 威廉·理查德·华格纳（Wilhelm Richard Wagner，1813—1883），德国作曲家，以其歌剧闻名。他不同于其他的歌剧作者，不但作曲，还自己编写歌剧剧本。他是德国歌剧史上一位举足轻重的人物。前面承接莫扎特、贝多芬的歌剧传统，后开创了后浪漫歌剧作曲潮流。

时候会经过，我什么都计划好了。孩子们哭着，紧紧地抓着我，跟着我跌跌撞撞地走着。我听到了火车的鸣笛声，我知道轨道就在不远的地方。我弯下腰，把孩子们拉得更紧了。我准备好了，就要带着他们一头撞向火车，这时我的小女儿从前面一把抱住了我，哭着说：'妈妈，我爱你！天好冷呀，我们回家吧！'"

"主呀！孩子稚嫩的声音让我恢复了理智。我抓住孩子，跑回了我们空空如也、冰冷的房间。我跪在地上，不停地祈祷，不停地哭泣。"

之前，无论欧内斯廷·舒曼－海因克做什么，都是以失败告终，她的婚姻如此，她的事业也是如此。然而，就在她从自杀的路上跑回来之后，几年之内，柏林的皇家歌剧院、伦敦的皇家歌剧院，还有纽约的大都会歌剧院都争先恐后地邀请她演出。数年来，她过着悲惨挨饿的生活，就在一瞬间，成功就像一道炫目的闪电，不期而至。

欧内斯廷·舒曼－海因克的父亲是一位奥地利军官。家里人多，可他的薪水很少。所以，孩提时，欧内斯廷就曾忍饥挨饿。要是黑面包能够吃个够，她就感恩戴德了。至于黄油，则是闻所未闻的奢侈品。如果汤里面还漂有油脂，她母亲就会把油脂撇出来，用作黄油的替代品。上学后，她的午餐是干黑面包和咖啡，晚餐是干黑面包和汤，然后就没有了。为了吃饱，她逃过学，跑到城边的小马戏团里，给人打扫猴子笼子，以换得几块三明治。

数年的学习后，她终于有了机会，来到了著名的皇家歌剧院[1]，在院长的面前一展歌喉。

日后，她会是著名的歌唱家，可是当时院长听了她唱的歌，告诉她，说她永远不会成为歌手，因为她没有好的相貌，也没有个性，院长建议她回家去，买个缝纫机，做衣服好了。"至于歌剧歌手？"他大声说

---

[1] 皇家歌剧院，现名维也纳国家歌剧院。

道,"主呀!绝不可能,绝不可能,绝不可能!"

数年之后,她举世闻名,她来到维也纳皇家歌剧院演出。那位院长对她精彩的演出表示祝贺,他说:"你看起来很面熟。我以前在哪儿见过你?"

"哈!"舒曼-海因克说,"我告诉了他!我说:'嗯,你在哪儿见过我?就在这个地方,你见到过我!记得吗?'接着我就说了缝纫机的事情……哈!"

第三十八章　辛克莱·刘易斯

他写了六天六夜——最后一个笑话卖了两美元。他遭四家报纸解雇,有人告诉他获得了诺贝尔文学奖,他还以为是恶作剧。

我第一次碰到辛克莱·刘易斯是在数年前。当时,我们和六七个家伙在长岛的自由港租了一艘摩托艇,突突突地开了几英里去钓马鲛鱼。当时,我很是佩服辛克莱·刘易斯,他从来不晕船。海浪只要一翻腾,我就得躺在船舱里,而刘易斯总是笔直地坐在那里,神情自若地钓鱼。

如今,我还敬佩辛克莱·刘易斯,不再是因为他钓鱼的技巧(我现在也能待在甲板上了),而是他不断写出精彩的小说。你觉得男人写小说不是了不起的工作?那你自己试试看呢!

一九二〇年,辛克莱·刘易斯的小说第一次引起了轰动。这之前,他写过六本书,都是石沉大海,在文学界毫无反响。他的第七本书就是《大街》,这本书像龙卷风一样席卷全国。女子俱乐部谴责这本书,牧师批判这本书,报纸说这本书是对美国生活的侮辱。这本书掀起了一场真正的文学战争，远在三千英里之外的欧洲都能听到炮火的轰鸣声。

这本书让他成为了重量级的文学明星。有些评论家说："嗯，不错。但是，那个聪明的傻瓜再也写不出这样的东西了。"

嗯？写不出了？这个来自明尼苏达州索克森特城的红头发家伙又开始奋笔疾书。之后，他一鼓作气，又写出了六七本畅销书。但是辛克莱·刘易斯的书不是一蹴而就的，他精心写作，不断修改。

《阿罗史密斯》这本书，还没有开始写，他就拟了六万字的大纲。光大纲就抵得上普通小说一半的字数了。一次，他写一本关于资本和劳动力的小说，辛苦了十二个月，最后把手稿扔进了废纸篓。

《大街》这本书，他三次提笔写。从开始到完成，整整用了十七年的时间。

《大街》之后他又出版了一系列的小说，所有的书，只要一面世，都立刻跻身畅销书行列。比如：《巴比特》、《阿罗史密斯》、《孽海痴魂》、《孔雀夫人》、《安·维克斯》、《不会发生在这里》……

一次，我问辛克莱·刘易斯，觉得自己的惊人之处是什么？他想了想，然后说，如果他不从事文字工作的话，他想在牛津大学教希腊文或是哲学，或是到密林深处同伐木工人住在一起。

一年中有六个月，他都喜欢住在时髦的公园大道。但另外六个月，他则住在佛蒙特州伯灵顿东南方向八十英里一处偏僻的地方。在那儿，他有一处一百四十英亩的农场，农场上种满了枫树，他自己做枫糖，自己种蔬菜，只有理发的时候，才到"城里"去一趟。

我问他："辛克莱，你这么出名，感觉怎样？"他回答说："哦，烦死了。"他告诉我，他每天收到很多信，如果要一一回复来信，他就一本书都甭想写了，而且还要搭上睡觉的时间。所以，大部分的来信，他都一捆捆地扔到壁炉里，看着它们化成灰烬。

他不喜欢有人找他签名，很少到公共场合赴宴，从来不参加文学圈子的茶会。

我提起他早年的奋斗史，他说："哦，这些作家总是谈论自己早年经历的痛苦，真是烦呀。问题是，大多数美国作家就没有经历过什么大不了的痛苦。他们起步的经历，同年轻的医生和律师没什么区别。但是他们口才好呀，就把自己的经历当成苦难说个不停。"

我提醒他说，毕竟当年，每天起床两小时后，他才到厨房里煮一杯咖啡喝，喝了之后就在餐桌上写作，一写就是好多年。我还提醒他说，一次，他一分钱都没有了，只得向别人借了一百五十美元，自己做饭、洗衣服，没日没夜地干了六个月，结果只卖出了一个笑话，得了两美元。他说这些事情没什么艰苦的，只不过是在学习怎么写作，那些日子再快活不过了。

我问他，书一共卖出了多少本？他回答说不知道。我说："嗯，好吧，你给我一个大概的数字吧，行不行？"他说："给不出来，真是一点概念都没有。"

我问他，《大街》这本书赚了多少钱？他回答说，他不知道，也真是不在意。他说，他有一个律师，还有一个会计，他们帮他打理事务，他从来不关注自己赚了多少钱。

他几乎什么都经历过。他的父亲是明尼苏达州草原上的乡村医生，有时，父亲做手术，辛克莱·刘易斯就帮忙给病人上氯仿麻醉剂。有一次，他坐上牲口船，一路穿过了大西洋。还有一次，他乘坐下等客舱，来到了巴拿马，找了份工作。他写过儿童诗歌，还卖过故事大纲给杰克·伦敦，当过面向聋哑人读者的杂志的助理编辑。

他从来不运动锻炼。他同意乔治·吉恩·内森的看法，城市人需要的所有运动就是打开出租车的门，然后钻进去。

他对任何运动都没有兴趣。说到棒球运动员，他只知道贝比·鲁斯，说到橄榄球运动员，他只听说过雷德·格兰奇。

"你最初工作过的三家报纸都解雇了你，是不是？"我问道。

"不是三家，是四家报纸。"他回答道。

我想问问他有什么建议给年轻的作家，我刚开口："什么建议……"他就回答说："没有建议。"他认为不应该给人建议。

有一天，他接了个电话，电话里的人说话带瑞典口音，说他获得了诺贝尔文学奖。在明尼苏达州，辛克莱·刘易斯认识很多瑞典人，他觉得这个人的口音有点假，认为是某个朋友在和他开玩笑，于是他就开始取笑这个家伙。

几分钟之后，他发现这一切都是真的，他真的获得了文学界的最高奖项，他目瞪口呆。

第三十九章　约翰·D.洛克菲勒

那个女人拒绝了他，因为他没有"前途"。后来，他聚集了大约十亿到二十亿美元的财富，而当时整个美国身家超过一百万美元的人屈指可数。

约翰·D.洛克菲勒做了三件惊天动地的事情：

第一，他很有可能是天下赚钱最多的人。刚开始工作的时候，他在土豆地里锄草，暴晒在烈日之下，每小时只有四美分的报酬。后来，约翰·D.洛克菲勒聚集了大约十亿到二十亿美元的财富，而当时整个美国身家超过一百万美元的人屈指可数。

当初，他的初恋女友拒绝嫁给他。为什么？女友的母亲说自己不会把女儿"扔给"一个像约翰·D.洛克菲勒这样没有什么前途的男人。

第二，他是天下捐款最多的人。他捐出了七亿五千万美元，也就是说从耶稣诞生的那一刻开始到现在，一天二十四小时都计算在内，每分钟要捐出七十五美分。换一种说法，从三千五百年前，摩西带领以色列人穿过红海开始计算，约翰·D.洛克菲勒每天要捐出六百美元。

第三，他活到了九十七岁。在美国，他是最遭人恨的人之一。他收到过数千封扬言要杀他的恐吓信。全副武装的保镖一天二十四小时地保护他。建立并经营庞大的商业帝国，无论是在精神上还是在身体上，他都承受了巨大的压力。

哈里曼，铁路大王，因不堪重负，仅仅六十一岁就断了气。

伍尔沃斯，建立了巨大的六便士连锁商店[1]，六十七岁就送了命。

杜克兜售烟草，身家上亿，六十八岁就死了。

他们三个人所有的财富加起来，也远远不及约翰·D.洛克菲勒的财富。不要忘了，一百万个白人中只有三十个人能够活到九十七岁，就算是活到了九十七岁，怕也是一口假牙了。但约翰·D.洛克菲勒嘴里全是货真价实的原装真牙。

什么是他长寿的秘密呢？也许他继承了祖上长寿的基因，而且他性格沉稳平静，从不兴奋，也不着急。

他担任标准石油公司头儿的时候，在百老汇二十六号的办公室里放了一张长沙发。不管怎样，他中午的时候都要小睡半个小时。他每天都要小睡五次，直到去世，从未改变。

约翰·D.洛克菲勒五十五岁那年，他做了一次体检，查出病来了，这是医学史上的喜事。为什么这样说呢？正是因为这次体检，促使约翰·D.洛克菲勒给医学研究捐了数百万的钱财。他成立了洛克菲勒基金会，该基金会每年捐出近一百万美元的善款，用于提高全世界人的健康水平。

---

[1] 六便士连锁商店，即廉价品商店。

一九三二年，中国爆发了可怕的霍乱疫情，我当时就在中国，身处这片贫穷、疾病肆虐的土地，我还能走进北平的洛克菲勒医学院，接种霍乱疫苗。那时，我才意识到洛克菲勒为亚洲和地球上偏远地区受苦受难的民众提供了多大的帮助。洛克菲勒基金会致力于在全世界范围内消灭钩虫病，它向疟疾宣战，并取得了成功，基金会的医生还找到了黄热病疫苗。

约翰·D.洛克菲勒第一次挣钱是帮母亲养火鸡。生前，他八千英亩的庄园里一直养有一群漂亮的火鸡，看到这些火鸡，他就能想起童年的场景。

母亲付给他的每一分钱，他都攒了起来，放在一个裂了缝的茶杯里，茶杯则放在壁炉架上。他在农场工作，每天的报酬是三十七美分，他把薪水攒了起来，最后攒够了五十美元。接着，他把这五十美元借给了自己的老板，收取七分的利息，他发现五十美元一年的利息是他辛苦工作十天的报酬。

他说："从那一刻开始，我就决定要让金钱成为我的奴隶，而不是我成为金钱的奴隶。"

约翰·D.洛克菲勒不让儿子大手大脚地花钱。比如说，他让儿子在家周围的栅栏寻找需要维修的栅栏柱，找到一根，就给一美分。有一天，儿子找到了十三根，得到了十三美分。接着，约翰·D.洛克菲勒让儿子修栅栏，每小时十五美分。儿子练习小提琴，母亲每小时给他五美分。

约翰·D.洛克菲勒从未上过大学。高中毕业后，他到一个商贸学校读了几个月。十六岁的时候，他的学业就宣告终结了，然而，后来他给芝加哥大学捐了五千万美元。

他对宗教兴趣浓厚。年轻时，他在主日学校上课，他从不跳舞，从不打牌，从不去剧院，从不吸烟，从不喝酒。

每次就餐前,他都会做饭前祷告,每天他都让人给他读《圣经》,而且,他自己每天都要读诗歌或祈祷本中内容积极向上的祷文。

洛克菲勒家族的财富依然以每分钟一百美元的速度在增加,然而洛克菲勒先生最大的愿望是活到一百岁。他说,如果活到一百岁,也就是一九三九年七月八日,他就要在波坎蒂科山的家里组织乐队,亲自指挥乐队演奏《玛吉,当你我还年轻时》。

第四十章 查尔斯·狄更斯

他只上了四年的学,却写出了十七本不朽的小说。他是英语国家的偶像人物,然而,他的家庭生活却是一部心酸的悲剧。

九十年前,快到圣诞节时,伦敦出版了一本故事小书,这个故事被誉为"世界最伟大的故事",将会永远流传下去。这本书一面世,无论是在贫苦的斯特兰德街,还是在高档的蓓尔美尔街,人们都在问:"你读过了没?"回答都是一样的:"是的,上帝保佑,我读过了。"

那本书首发当天就售出了一千本。两个星期内,出版社又赶印了一万五千册。此后,这本书出了无数个版本,翻译成了多国文字,全世界的人都在读这本书。几年前,J.P.摩根以天价买下了这本书的手稿。现在,这本书同摩根其他的无价之宝一起,躺在纽约富丽堂皇的美术馆——摩根的藏书室里。

到底是哪本书享有这样的盛誉呢?那就是查尔斯·狄更斯的《圣诞颂歌》。

查尔斯·狄更斯是英语文学界最多产、最受欢迎的作家。可是,刚开始写作时,他特别担心被人嘲笑,等夜深了,他才溜出去寄稿,这样就没人知道他痴心妄想、胆大包天了。

那年，他二十二岁，小说出版了，他高兴极了，漫无目的地走在大街上，泪水顺着脸颊滚落下来。

虽然出版了小说，但他一分钱也没有拿到。之后，他又发表了八本小说，猜一猜他赚到了多少钱？还是一分钱都没有。第一次的稿费是相当于五美元的版税支票。是的，他的第一笔稿费是五美元，而他最后一部小说的稿费平均下来是每个字十五美元。一个字十五美元！上帝啊！卡尔文·柯立芝[1]和西奥多·罗斯福的稿费不过是一个字一美元。

很多作家死后不出五年就会被人遗忘。但是，狄更斯去世六十三年后，出版商还花二十多万美元拿到了《主的故事》这本书，这是狄更斯给自己孩子写的故事。

近百年来，查尔斯·狄更斯的小说创造了销售的奇迹。他的小说销售量仅次于莎士比亚的著作和《圣经》。多年来，他的小说畅销不衰，无论是被搬上舞台，还是改编成电影，都大受欢迎。

查尔斯·狄更斯一生只上过四年的学，却写出了英语文学史上最伟大的十七本小说。他的父母经营了一所学校，但他从来没有上过父母的学校。为什么？因为那是一所女子学校。至少，他父母是这样打算的。一年的时间，大门外挂着"狄更斯太太学校"的铜质招牌。但是，整个伦敦没有哪个女子前来接受教育。

他们一家的债务不断攀升。债主不断前来催债，他们说尽了好话，接着就是拍着桌子恐吓，最后债主气得不行了，将狄更斯的父亲送到了债务人监狱。

查尔斯·狄更斯的童年无比悲惨，不仅仅是悲惨，简直就是凄惨。当时他只有十岁，父亲就进了债务人监狱，家里什么吃的都没有。每

---

[1] 卡尔文·柯立芝（John Calvin Coolidge，1872—1933），第三十任美国总统。

天早上，查尔斯都要到当铺，把家里仅存的一些家具当掉一两件。最后，他把最心爱的十本书也给当掉了，这些书是他唯一的伙伴呀。后来，他说："把书当掉的时候，我的心都碎了。"

最后，狄更斯太太带上她的四个孩子，到监狱里同丈夫住在了一起。一大早，查尔斯就要到监狱，同家人待上整整一天的时间。晚上，他再拖着沉重的脚步回到阴沉沉的阁楼，同两个伦敦贫民窟的流浪儿住在一起。他觉得自己的生活简直就成了人间地狱。最后，他在一家老鼠横行的仓库找到了一份工作，给黑色鞋油的瓶子贴标签。拿着挣到的几个铜板，他另外租了一个黑乎乎的房间，也在阁楼上，房间的角落里扔了一堆脏兮兮的寝具，然而，狄更斯说，这里就"像天堂一样"。

后来，狄更斯成为了作家，他根据自己童年的经历，创造了《雾都孤儿》里令人难忘的一幅画面——可怜的奥利弗举着空空的粥碗，乞求多添一点。

狄更斯生动刻画了一幅幅完美家庭的温馨场面，可他却经历了一场压抑、失败的悲剧婚姻。他不爱自己的妻子，却与她一同生活了二十三年，妻子为他生育了十个孩子。一年一年地过去了，他的悲凉与日俱增。整个世界都仰慕他的才华，可是他的家庭生活却是一部心酸的悲剧。最后，他觉得实在是太痛苦了，再也受不了了。他做了一件维多利亚时期闻所未闻的事情：他在自己的杂志上发表了声明，宣布他和妻子分开了。婚姻失败了，他有没有承担责任？没有。他想要把所有的责任都扔在妻子头上。

人们认为狄更斯是慷慨的化身。去世前，他给妻子的妹妹留了二十万美元，但是，他给自己孩子的母亲留了多少钱呢？一个星期三十五美元的生活费！

他自负得就像一只不可一世的孔雀。即使对他稍加批评，他也会暴跳如雷。他觉得自己相貌非凡，很是自豪。一八四二年，他出访美国，身着鲜红的背心和蓝绿色的外套，亮瞎了公众的眼。他当众梳理头发，美国人惊讶不已。而纽约城里猪群满街乱窜，狄更斯惊骇不已。

狄更斯是他所处时代最受爱戴、最受崇拜的人。他第二次出访美国时，人们在寒风中排队数小时，等着买门票听他演讲。在布鲁克林，人们点燃篝火，不惜冒着冻伤和得肺炎的危险，抬出床垫整夜睡在大街上，就为了买到三美元一张的门票。票卖光了，有数百人没有拿到票，这些仰慕他的人居然还起哄闹事。

文学史上有很多自相矛盾的人，查尔斯·狄更斯应该是这类人中的引人注目者。

第四十一章　凯瑟琳·赫本 [1]

凯瑟琳·赫本说："我认为，我用自己个人的方式来表达自己，我就会成功。我知道，让别人指手画脚，我就会失去亮点，我就会失败。"

数年前，一个晚上，在康涅狄格州，一个骨瘦如柴的红头发小女孩大步流星地走上了学校的讲台，她要背诵《布莱尼姆之战》这首诗。她布满雀斑的脸洗得干干净净。台下坐着她的父母，还有五个兄弟姐妹，都喜气洋洋，满脸期待的样子。这可是个大场合。小凯特正要张嘴背诵开篇的诗句，却突然怯场了，只见她一句话也说不出来，喘着粗气，哽咽不止，泪水夺眶而出。丢死人了，她转身从台上逃走了。

当时，凯瑟琳·赫本只有十三岁。又过了十三年，她因在电影中的出色表演，不断拿到奖项——一九三三年，她出演《牵牛花》获奖，

---

[1] 凯瑟琳·赫本（Katherine Hepburn，1907—2003），美国著名女演员。

一九三四年，她出演《小妇人》又获奖。

从布林茅尔学院毕业之后不久，她受到了命运之神的眷顾。她只有两个星期舞台演出经验，却得到了百老汇《大池塘》女主角的演出机会。这是个千载难逢的机会。但是，等到排演开始了，她却因为该如何演绎角色同舞台导演争论起来。她尽管可以争论，但拥有最后决定权的是舞台导演，她被开除了。

接着，她得到了《死神假期》里的一个重要角色。她没能到百老汇出演这部剧，在费城时，她又被开除了。当时她在化妆间化妆，都准备登台表演了，导演说她不称职，就开除了她。

后来，她又有了一个绝好的机会——在《动物王国》中同莱斯利·霍华德[1]演对手戏。她非常渴望演好这个角色。连续数月，她研究这个角色，活在这个角色当中，连做梦都演这个角色。排演开始了，她又故态重萌，不肯听从建议，坚持要按自己的理解来演绎角色，她又一次被开掉了，失去了表演的机会。

愚蠢？在我们谴责她之前，还是听一听她自己的解释吧。凯瑟琳·赫本说："我认为，我用自己个人的方式来表达自己，我就会成功。我知道，让别人指手画脚，我就会失去亮点，我就会失败。"当然，她是对的，完全正确。

好多年前，她父亲，康涅狄格州哈特福特的一位内科医生，在家里建了一个健身房，训练自己的六个孩子摔跤、翻跟斗，还训练他们在飞行的秋千上表演。凯瑟琳的摔跤技能练得非常纯熟，可以绊倒一百八十磅重的男人，再摁在地板上，而她自己的体重不过才一百一十磅。她是花样滑冰选手，也是花样跳水选手。她的高尔夫打得也非常好，差点就成了职业高尔夫球手。正因为有了这些训练，她

---

[1] 莱斯利·霍华德（Leslie Howard, 1893—1943），电影演员，代表作为一九三九年《乱世佳人》中的阿什利·威尔克斯，曾两度获得奥斯卡最佳男演员提名。

才能在《战士的丈夫》一剧中出演跳上跳下的古希腊女战士！她扮演的古希腊女战士是多么生气勃勃呀。

她表演非常出色，好莱坞听闻了她的大名，让她试镜，又给她发来电报，问她想要多少薪水。好莱坞以为她的出价会是一周两百美元或是两百五十美元。她的经纪人给好莱坞回电说，周薪一千五百美元，赫本小姐就愿意前往。接到这样的电报，好莱坞的人还以为是电报发错了。他们回电经纪人，询问是不是电报公司在数字后面错误地加了一个零。

好莱坞收到了热辣辣的回复："没有。加零的人是我。一周一百五十美元，钱太少了。"

凯瑟琳来到了好莱坞，乔治·库克[1]是她的导演，库克说她需要改变发型，而且她的衣服没有品味。没有品味？凯瑟琳倒吸了一口凉气。"你什么意思！"她说，"我的衣服都是巴黎最好的裁缝店为我量身定做的。"

"嗯，"乔治·库克反驳道，"再也没有见过比这更丑的衣服了。这样的衣服只配在浴室里穿，你懂不懂穿衣服！"凯瑟琳一句话都没说，接着，她就大笑起来。

凯瑟琳·赫本在布林茅尔学院学习了四年的心理学。她觉得穿着打扮、涂脂抹粉并不重要。她套着打了补丁的蓝色工作服，脚上穿着在欧洲爬山用的钉子鞋子出没于好莱坞，大家惊得目瞪口呆。

她有一双绿色调的眼睛，一头红色的头发。拍电影的时候，她每天早上都要洗头，好让头发看上去有一种飘逸的感觉。

在学院的时候，一次，她正在跳舞，一个年轻人撞了她一下。那

---

[1] 乔治·库克（George Cukor，1899—1983），美国导演，从二十世纪三十年代初期到六十年代的三十年中有许多伟大作品，他特别擅长处理女性主题，能使女主角发挥所长。最有经验的是时髦与典雅的文学主题，他很少拍个人陈述性的电影。

个年轻人转过身来，正要道歉，她愤怒的眼神让他不寒而栗。但这个年轻人对她着了迷。跳下一支舞的时候，他主动说话，认识了她，然后邀请她约会。他们在月光下开车，谈情说爱，六个月之后，他们结婚了。后来，他们在墨西哥尤卡坦州离了婚。凯瑟琳的解释非常简单："看起来，离婚是最好的选择。"

七次去欧洲，她都是乘坐下等船舱。好莱坞每周付给她一千五百美元，她还乘坐下等船舱去了一趟欧洲。如果住在头等舱，她就分不清自己到底是在乘船，还是在骑马了，既然如此，为什么要在头等舱浪费大笔的钱呢。

说到讨价还价，她可是个厉害角色。她在拍摄《烈性女子》时，已经按照合同完成了自己的那部分演出。后来制片方发现需要补拍一个场景，就把她叫了回来。为此，她多拍了一天的戏，据可靠消息说，她因此多拿了整整一万美元的报酬。没有人这样干，她是唯一的一个。我也是苏格兰人，所以我要说，凯瑟琳，好样的！

第四十二章　吉姆·布雷迪[1]

他每天都佩戴不同的珠宝，而且频繁更换配饰，一天多达六七次。他在百老汇街上溜达，身上挂着两千五百四十八颗闪耀的钻石，还有十九颗红宝石。

钻石吉姆·布雷迪是百老汇街上的阿拉伯国王，"一战"期间，他去世了。他这一走，百老汇大街，这个不夜之城就少了一道最奇特的风景。古罗马帝国时期，皇帝们以夜莺的舌头为菜；布雷迪在世时，

---

[1] 吉姆·布雷迪（Jim Brady，1856—1917），美国金融家、慈善家。

喜欢开派对，其奢华程度堪比古罗马帝国的盛宴。有时，他大张旗鼓地搞上五个派对，分别安排在不同的地方，同时进行。有时，这样的派对会狂放不羁地进行十七个小时，花费上万美元。他喜欢给客人赠送纪念品——一些小摆设、小东西，比如说钻石胸针，或是钻石手表，这些小东西每件价值上千美元。

钻石吉姆是百老汇大街的享乐派，他出生在一座廉价的公寓楼里，公寓下面是父亲开的酒吧，位于纽约的海滨处。还不会背诵《鹅妈妈》童谣，他就已经学会怎么开酒瓶了。但是，他这一辈子滴酒不沾。那些年，他是百老汇的头面人物，买酒一掷千金，买了好多的香槟和莱茵白葡萄酒，数量之多整个西半球没有人能够比得上他，可是酒都让朋友给喝了。朋友们一个个喝得钻到了桌子底下，钻石吉姆则坐在旁边，悠闲自得地喝着第十四杯或是第十五杯的麦根沙士汽水。

他体重两百五十磅，喜好美食。每天晚上，他都要吃下一顿十五道菜的大餐，主食还要添上两三次。接着，他还能塞下一磅重的巧克力，再带上一盒薄荷糖去剧院。每周，他都要给朋友送去数百盒的糖果。单是糖果的消费，月均都在两千到三千美元。他讨厌茶和咖啡，很喜欢橘子汁。每次就餐前，他都要喝下整整一加仑的橘子汁。用餐时，他还要喝上一加仑。一次，他一餐就吃了六只鸡。听起来难以置信吧，晚年的时候，他做了一次手术，医生发现他的胃是常人的六倍大。

钻石吉姆·布雷迪是怎么发家的呢？他是这个高压社会创造出来的最老练的商人之一，而且，他是个幸运儿。他抓住了机会。当时，火车还是木制车厢，他就开始销售全钢车厢。随着西进运动，铁路就像扔出去的绳索一样，跑得飞快，从东海岸铺到西海岸，从加拿大铺到墨西哥湾。

他开始销售全钢车厢的时候，那东西还是个新鲜玩意儿，没人想买。于是，他得到了一份收入可观的合同。合同规定，每卖出一节车厢，他提成三分之一。很快，全国的铁路公司都要买全钢车厢。他们只得毕恭毕敬地来找钻石吉姆，因为他没有竞争者。通过卖车厢，他赚到了一千两百万美元。他是时代的产物。如果晚生五十年，到了今天，他还卖车厢，赚的钱可能还不够日常用度。

钻石吉姆的自我宣传方式稀奇古怪，堪比十九世纪的马戏传奇人物巴纳姆。从缅因州的斯科希甘到新墨西哥州的圣达菲，吉姆声名大噪，大半个美国都知道了他的存在。他真的用钻石装点自己。一个月之内，他每天都佩戴不同的珠宝，而且频繁更换配饰，一天多达六七次。他在百老汇大街上溜达，身上挂着两千五百四十八颗闪耀的钻石，还有十九颗红宝石。他的衬衫饰扣做成了自行车和汽车的形状，而袖扣则做成了火车头和货车车厢的形状，都是无价之宝。

花起钱来，他大手大脚。在新泽西州，他有一处农场，凡是欢庆的场合，他就命人用镀金的奶桶来挤牛奶。他的台球桌上镶嵌有玛瑙和天青石。他打扑克用的筹码都是缟玛瑙和珍珠母制成。他花费三十多万美元请来一位室内设计师给他装修房子，每年他都要把旧家具送给朋友，自己再买新的。

他送给演员莉莲·罗素一辆镀金的自行车，上面镶嵌了数百颗钻石、红宝石、蓝宝石和翡翠。身段美妙的莉莲骑着这辆自行车行驶在第五大道上，上帝啊，交通都混乱了。

钻石吉姆有五千块手帕和两百套西装。他出现在公共场合的时候，总是穿着双排扣的长礼服和丝质高帽。在西部荒无人烟的大草原上，他坐在手摇车上一路行驶，放眼望去，只能看见草原上的土拨鼠，即使这样，钻石吉姆也要穿上双排扣的长礼服，戴上大礼帽，手里拿着镶嵌有钻石的手杖。

钻石吉姆的胃是常人的六倍大,他的胸怀也是常人的六倍大。数年来,人们找到他,讲上一段倒霉的故事,向他借钱,他几乎是来者不拒,大大方方就借给对方。他知道,大部分钱都是有去无回,他并不在意。"只要负担得起,"他说,"当个上当受骗的傻瓜也挺有趣。"

知道自己不久于人世,他发现自己手里还有各种欠条和借条,数额达到二十五万美元,他毁掉了这些条子,以确保遗嘱执行者不再追究那些人的债务。

"我就要死了,"他说,"那就死吧。不想死后还让别人麻烦头痛。"

他把所有的财产都留给了慈善机构。他的钻石、红宝石和绿宝石估计价值两百万美元。人们把这些东西取出来,镶嵌在戒指上,卖了出去。如今的很多女性根本想不到自己的宝石曾经点缀过钻石吉姆豪华夸张的装扮。

每个人都"爱"钻石吉姆,但他一直都是个单身汉。他在莉莲·罗素的大腿上放了一百万美元,请求她嫁给自己,她拒绝了。有一次,吉姆说:"世界上没有哪个女人愿意嫁给我这样的丑男人。"说完这话,他把头埋在桌子上,哭得像个婴儿。

第四十三章　海蒂·格林[1]

她是千万富翁,但读过的早报,她也要转手卖给别人。七月的烈日下,她还数小时地翻捡破烂,都是为了给自己六千五百万美元的财产添砖加瓦。

海蒂·格林一度是美国最富有的女人。她去世的时候,至少拥有

---

[1] 海蒂·格林(Hetty Green,1834—1916),美国金融投资家。

六千五百万美元的财产,很有可能是一个亿。但是,海蒂·格林舍不得吃,舍不得穿,连睡觉都舍不得用好床,就是打杂女工都过得比她滋润。

她每分钟的收入是五美元,换言之,就是一小时三百美元。但是,买份早报两美分,读了之后,她还要转手卖给别人。

在寒冷的冬天,她就在衣服里塞上报纸取暖。她买下了两条铁路,百分百地拥有这两条铁路,至于其他的铁路,她手里都攥着股份。然而需要坐火车的时候,她从来不会去享受五星豪华包厢,只是整夜坐在硬座车厢里。

有一次,她邀请朋友们赴晚宴,约好在波士顿的帕克豪斯酒店见面。所有的人都认为这是个重要场合。女士们、先生们都穿上了晚礼服,盛装出席。可是等客人们到齐后,海蒂带着他们走出了酒店,步行了好长一段路,来到一处廉价的出租公寓,请大家吃了一顿人均二十五美分的晚餐。

在波士顿的时候,她有时会到馅饼小巷的一家餐馆吃饭,这家餐馆一盘豆子卖三美分,一小块馅饼卖两美分。当时,她每秒钟的收入都不止八美分,也就是说,她一秒钟要吃四块馅饼,才勉强能够把这秒钟赚的钱花掉。

她七十八岁那年,有位报社记者问她保持健康的秘密。她说,每天早餐吃一块嫩牛排、煎土豆、一杯茶,喝点牛奶,然后整天咀嚼烤洋葱来杀死牛排和牛奶里的细菌。但是,洋葱里的细菌又靠吃什么来杀死呢?很可惜,她没有说明这一点。

一八九三年的一天,天气非常热,海蒂·格林爬上父亲留给她的一间仓库的阁楼。七月的烈日之下,铁皮屋顶晒得滚烫,阁楼里的温度也就稍逊于地狱吧。然而,在这样要命的高温中,海蒂·格林工作了数小时。什么工作?把白色破布从有色破布中翻拣出来,仅仅因为卖破烂的时候,每磅白色破布要多卖一美分。

她大部分时间都在华尔街,打理自己的投资。这是有风险的,她也知道。她知道,如果自己在纽约城里租一间公寓,或是拥有一点点家具,收税员就会一把抓住她,每年从她手里拿走三万美元。为了避开收税员,她居无定所,到处租住廉价的出租房。即使最好的朋友常常都不知道她到底躲在哪里。她用假名,穿得破破烂烂,手里也没有多少行李,女房东疑心她没钱付房租,经常要求她预付房款。

随着年龄的增长,奇迹发生了。在朋友的劝说下,她居然花了三百美元去美容。她听朋友说每次美容都会让她看起来年轻一岁,她动心了。

她唯恐有骗子模仿她的签名,所以不到万不得已,她是不会签字的。凡是递到她名下的信件、信封,她都留着,她在这些信封的反面写信,这样就没有必要签下自己的大名了。

我有一个朋友,名叫博伊登·斯帕克斯,他同别人合写了一本传记,书名是《海蒂·格林,爱钱的女人》。他告诉我,以前,海蒂·格林在纽约的化学银行[1]存了几百万美元,所以她在那儿一点都不见外。她把行李箱和手提箱都放在银行,旧衣服和沾满泥土的雨鞋放在地下保险库里。她把一辆老旧的轻便马车弄到银行来,卸掉轮子,存放在二楼。霍博肯市的公寓,她不租了,将所有的家具都搬到银行存放。

然而,在很多方面,她又是一个好心肠的人。比如说,银行有个门房,是个老头,他负责擦洗窗户和跑腿,看上去就像个流浪汉。一天,银行把他开除了,海蒂·格林觉得他很可怜,于是花了几乎一周的时间给他另找了一份工作。

---

[1] 化学银行(Chemical Bank),与汉华实业银行(Manufacturers Hanovor)于一九九二年合并为汉华银行。

八十一岁那年,她死于中风。病重期间,照顾她的护士都不能穿白色护士服。她们都穿便装,这样海蒂就会认为她们只是普通仆人了,要是老太太知道了她们都是要价很高、训练有素的护士,她会死不瞑目的。

第四十四章　西奥多·德莱塞[1]

>他对美国文学影响至深。如果这世上没有西奥多·德莱塞,你现在所读的书都会有所不同。他写了一本轰动全国的小说,书名是《嘉丽妹妹》,批评界斥责这本书堕落下流。

西奥多·德莱塞是美国最令人惊讶、最有名的小说家之一。三十多年来,他在文坛上横冲直撞,就像一头短角公牛一般,愤怒地低吼,用力踹着脚下的土地。

他对美国文学影响至深。如果这世上没有西奥多·德莱塞,你现在所读的书都会有所不同。

一九〇〇年,他写了一本轰动全国的小说,书名是《嘉丽妹妹》,世人议论纷纷。批评界斥责这本书堕落下流。牧师们怒不可遏,女子俱乐部义愤填膺,要求禁止发行这本书。出版商被吓到了,拒绝销售这本书。德莱塞惊讶不已,他不觉得自己的书有什么堕落之处。他只是描写了他所见到的人生。但是,那是一九〇〇年的事了。现在没有谁会斥责这本书了。如果你想要买一本《嘉丽妹妹》的初版书,需要花费三百五十美元。一次,我去拜见这位头发灰白、脾气阴沉暴躁的

---

[1] 西奥多·德莱塞(Theodore Dreiser,1871—1945),美国现代小说的先驱,现实主义作家之一,自然主义者。

巨人。他性格直来直去，听他说话，让人忍不住倒吸口凉气。

他心里怎么想的，他就怎么说，这种性格到了聚会的场合就是个问题了。比如说，在一次聚会上，他同一位有名的银行家争论起苏联的问题。他骂那位银行家是个蠢货，还说别人是强盗。德莱塞说，他可不想听别人说蠢话。

在所有描写美国生活的作品中，他笔下的悲剧最为动人。他最伟大的小说《美国悲剧》于一九二五年面世，但当时他实在是缺钱，眼看就要付不起房租了。这本书轰动了全国，四十万美元滚滚而来。单是好莱坞就给他支付了差不多二十五万美元的版权费。我问他，这些钱都用来干什么了？他说，买股票和债券，再有就是还房贷，用掉了三十万美元。

德莱塞的作品之所以能毫无掩饰地揭露真实的生活，是因为他就是这样长大的。他出生在印第安纳州，在泰瑞豪特、沙利文、埃文斯维尔和华沙这几个地方长大。母亲帮人洗衣服，艰难地抚养十三个孩子，小西奥多有时会挨饿，经常要挨冻。他没有睡觉的床，就像狗一样，蜷曲着身体躺在草垫子上。有时，他沿着铁路捡煤块，好用来取暖。有时，没有鞋穿，他就去不了学校。

在学校的时候，他算是差等生，该学的东西，他都不想学。他讨厌数学，憎恶语法。他告诉我，他从未学习过语法，也不打算学语法。他发誓说，如果自己能够说了算，他就会取缔所有的语法课、所有的英语文学课，还有所有的短篇小说写作课程，还要取缔所有的新闻学院。他认为，作家不是这样制造出来的。

有一天，德莱塞突然决定要成为报社记者，于是他到《芝加哥环球报》找工作。他们说，人手已经够了，不招人。于是，他拉了一把椅子，说自己要坐到他们雇用他为止。他每天都坐在那儿，坐了一个月。

那是一八九一年六月，美国民主党全国代表大会在芝加哥召开，报纸需要增派记者，就这样，他成了记者。接着就发生了一件令人难以置信的事情。在礼堂饭店的酒吧里，这位菜鸟记者，一句新闻稿也没有写过，而是同其他记者一起喝酒。其他的记者都在抱怨，说没人知道谁会被提名为总统候选人。德莱塞喝了两杯鸡尾酒，想要在众人面前显摆一下，于是他说："我知道谁会被提名。一匹黑马，南卡罗来纳州的参议员麦克恩特。"就在那一刻，参议员麦克恩特大摇大摆地走进了房间，他说："是谁赏识提到了我的名字？"

德莱塞承认是自己说的，参议员先生说："不错。我们喝一杯吧。"五分钟后，他邀请德莱塞共进午餐，又喝了几杯鸡尾酒。微醺之下，参议员说："你做我的私人秘书吧，跟我去华盛顿。"

午饭后，麦克恩特说："孩子，听着，我要告诉你一个大秘密。格罗弗·克利夫兰已经被提名为总统候选人，你是第一个拿到消息的新闻人。"

德莱塞目瞪口呆。他做记者不过才两天，就捞到了本年度最大的独家新闻。

几个月后，《圣路易斯环球民主党报》给他发来电报，邀请他加入。又过了三个月，该报社负责戏剧版面的编辑辞职了，德莱塞得到了这一职位。他说，他根本不知道报社为什么会任命他干这份差事，他对戏剧可是一无所知。

一个星期一的晚上，圣路易斯有四部戏首演，德莱塞当然是看不过来，所以他就看了一部戏。另外三部戏他没有看，可是照样写出了评论文章。他的评论写得就像是自己坐在前排看了表演一样，他甚至还嘲讽了演员的表演。第二天，评论文章见报了，他也得知昨天铁路被冲垮了，剧团根本就没能赶到圣路易斯。

他不能再待下去了,自己辞职走人。

我问他成功的秘密是什么,他说:"不过是上帝的仁慈,仅此而已。"

第四十五章　雷蒙德·迪特马斯[1]

> 他并不觉得毒蛇危险。他同数千条蛇打过交道,他同别人一起,花了好多年时间开发出了抗蛇毒血清,拯救了成千上万人的性命。

美洲大毒蛇巨蝮运到纽约来了,数千人都奔向布朗克斯去瞧一瞧。这条毒蛇还小着呢,只有六英尺长,但是它锋利的毒牙里装满了让人立刻毙命的毒液。

雷蒙德·迪特马斯掌管着纽约动物园,二十五年来,他一直都在找寻巨蝮,好不容易找到了一条,还得逼着这家伙吃东西。我问,怎么逼?他说,很简单,只需要撬开毒蛇的嘴,用棍子把肉捅进它肚子里。

雷蒙德·迪特马斯并不觉得毒蛇危险。他同数千条蛇打过交道,可是,很多人同蛇的关系可没有这么好,都被蛇咬过。现在不用担心了,他同别人一起,花了好多年时间开发出了抗蛇毒血清,拯救了成千上万人的性命。

还是个孩子的时候,他父亲就把他送到了军事院校,目标就是让他上西点军校,做一位军人,可是没有成功,他打心眼喜欢的是野生动物。他带着一腔热情要收集到全纽约种类最齐全的蛇,后来他办到

---

[1] 雷蒙德·迪特马斯(Raymond Ditmars,1876—1942),美国爬虫学者、插图画家、作家、电影制作人。

了。周末的时候,他就沿着哈德逊河搜寻响尾蛇和铜头蛇。他用钱买蛇,用东西换蛇,还求着别人给他蛇。运送水果的船长就给了他一条蟒蛇。西印度群岛到处都是蛇,他给那里的科学家写信,要用美洲蛇交换那里的野生蛇。

后来,他收集的蛇越来越多,也越来越危险,他母亲把楼上所有的房间都给他养蛇了。报社听到了这个消息,写出了耸人听闻的报道。耍蛇人和马戏团的人都来找他,他家成了街区最热闹的地方。

为了挣钱给蛇买东西吃,他开始学习速记。他父亲诵读狄更斯的小说,他就边听边练习速记。现在,他手里有一套速记的狄更斯小说,是他的珍爱之物。

后来,他成为了报社记者,还在唐人街的餐馆地窖里安放捕鼠夹,捉老鼠来喂自己的毒蛇。

纽约市要建一个大型动物园,他们马上就聘用雷蒙德·迪特马斯来管理爬行动物馆。儿子终于把响尾蛇和铜头蛇从家里搬到了动物园,他的母亲感谢上帝,激动不已。

那是一八九九年,之后,纽约动物园成了世界上最好的动物园之一。现在,雷蒙德·迪特马斯是世界上最权威的蛇类专家。

养上一窝的猴子,该有多好玩呢?几年前,迪特马斯博士决定在斯卡斯代尔的家里养几只猴子。一天,一家人都出去了,这些猴子从笼子里钻了出来,大肆狂欢。它们爬上餐具柜,一个跳跃,就抓住了餐桌上面的吊灯。多好玩呀!就像在森林里的藤蔓上荡秋千。这些猴子抓住吊灯,上蹿下跳,荡来晃去表演各种高空杂技,差点就把吊灯从天花板上拽了下来。电线也被猴子弄短路了。迪特马斯博士说,房子没有着火烧成平地,真是个奇迹。猴子们还爬上钢琴,用一双旧鞋子拼命地敲击琴键。它们打碎了瓷器,将泡菜扔得满地都是。它们把奶油抹在镜子上,还打开了缝纫机的抽屉,把线从线轴上扯出来,满屋子绕。它们把壁橱翻个底朝天,从厨房里扛走煎锅,放到了楼上的床底下。等到家人回来一看,房子就像是遭到了龙卷风的洗劫一样。

迪特马斯博士说:"养一窝猴子,就是这么有趣。"

第四十六章　哈罗德·劳埃德[1]

导演们对他说,他不是当滑稽演员的料。他坚持不放弃,一路走了下来,如今,他已经是世界上最富有的演员了。事实上,他是有史以来最富有的演员。

第一次看到哈罗德·劳埃德,我着实吓了一跳。我从来没有见过银幕下的他,他说,大家都是这样。有一次,他和一个戴眼镜的朋友参加派对。(劳埃德只有在拍戏的时候才戴眼镜。)这个朋友长得根本不像他,但每个人都认为那个戴牛角框眼镜的家伙就是哈罗德·劳埃德。朋友不停地说:"我不是哈罗德·劳埃德,他才是。"可是,其他的客人都以为他在开玩笑。

想象中,我觉得哈罗德·劳埃德是个安静、专注的人,事实上并非如此。我同他交谈了数小时,他不停地大笑,兴奋得手舞足蹈。得意忘形?绝对不是。他真诚,平等待人。

说到迷信,他有的只是轻蔑,他觉得迷信是无知和黑暗时代的遗风。但是,他也承认自己有些迷信。比如说,洛杉矶有条隧道,他就不肯从那儿经过,他觉得会给自己带来霉运。走进一栋大楼,出门、进门

---

[1] 哈罗德·劳埃德(Harold Lloyd,1893—1971),美国喜剧演员、电影导演、电影制片人。

他都尽量要走同一扇门。还有,他经常都带着一卷"幸运"钱。

他最近的爱好是画风景画。他喜欢在朋友面前表演戏法和魔术,好让他们百思不得其解。他还养狗,曾经养过七十头大丹狗,家里到处都听得见狗叫,随处都看得到狗跳。

他告诉我,十二岁那年,发生了一件小事,当时看起来是一件小事,却改变了他的整个人生轨迹。

那是在内布拉斯加州的奥马哈市,他走在放学回家的路上,看到拐角的地方站着一个占星师,周围全是彩色的图表。这位占星师宣称自己可以通过星象算命。小哈罗德听后,兴奋不已,眼睛睁得大大的。突然,一辆消防车飞驰而过,其他的男孩都跑着去追消防车了,但他还继续站在那里听。这使他显得有些奇怪了,人群中一个人注意到了他。那个人是约翰·莱恩·康纳,奥马哈市伯伍德剧团的主演。他走到劳埃德面前,问了劳埃德的名字,然后就问他,知不知道演员在哪里可以找到好的食宿。哈罗德一直渴望梦想着某一天也成为一个演员,听到这话,他激动不已,抓住了这个机会。就是约翰·L.沙利文[1]和野牛比尔想要住到他家,他也没有这么高兴。

他甚至在家里地下室搭了一个舞台,自己动手写剧本,还出演剧中人物。他出售门票,邻居的小孩要交三美分才能看戏。现在,一个真正的演员就要住到他家里,每天三顿饭都坐在餐桌的对面,多棒呀!

从那以后,奥马哈市当地的那个剧团只要有小男孩的角色,康纳就会出来说话,让哈罗德·劳埃德来演。哈罗德从未忘记这份好意。如今,他把康纳安排在好莱坞工作,专门负责处理他的影迷来信。

哈罗德的母亲是个裁缝,父亲出售缝纫机。一天,他父亲出了车祸,

---

[1] 约翰·L.沙利文(John L. Sallivan,1858—1918),公认为美国历史上第一位重量级拳击冠军。

背部受伤，保险公司赔了三千五百美元。当时，这可是一大笔钱，于是他决定收拾行李，离开中西部，到别处碰碰运气。但是到哪儿去呢？是去加州呢，还是去纽约？家人都各执己见，不肯让步。最后，哈罗德的父亲说："我们掷硬币决定吧。如果是正面，就去加州，如果是反面，就去纽约。"

结果是正面，全家人搬到了圣地亚哥。哈罗德在剧场打零工，好不容易有了个在电影里露脸的机会。这是他第一次站在摄像机前面，他被化装成了一个印第安人，戏份是把一盘食物递给一个白人。当时，他并不认为拍电影会有什么好前景。大家都是这样想的。后来，他太缺钱了，住在帐篷里，手里只有五分钱，眼看就要挨饿。最后的五分钱，他买了六个油腻腻的撒满糖粉的甜甜圈。虽然认为拍电影没有好前景，他还是决定碰碰运气，看能不能在电影行当找一份稳定的工作。

他每天都前往制作室，一天天过去了，他每次都被拒之门外，他绝望了。他得想个法子骗过看门人，溜进去。他注意到，中午的时候，所有的演员都从环球公司的片场出来，穿过马路，到对面的便餐馆吃午饭。他还注意到，演员回去的时候，由于一个个都化着大浓妆，看门人并不注意谁是谁。于是，第二天中午的时候，哈罗德·劳埃德藏在广告牌后面，自己化了妆，混在人群中，溜了进去。

接连几天，他都待在片场，混在演员当中，无事可干。演员们喜欢他，干脆把他从化妆间的窗户拖进来，这样他就不用担心看门人了。

片场有个叫哈尔·罗奇的演员，他扮演一些小角色。他对哈罗德说，姑姑去世了，给他留了点钱，所以他想自己拍电影，要拍喜剧，邀请哈罗德入伙。

于是，哈罗德就开始拍喜剧了。一开始，他穿着滑稽的裤子，模仿查理·卓别林。

一天,他偶然有了个想法,一个对他至关重要的想法。那天,他很累,漫无目的地走进了一家剧院,看到一个演员戴着顶草帽,挂着一副牛角框眼镜,正在扮演牧师。这个演员没有故作滑稽,可他的表演真是很好笑。就在那一刻,劳埃德决定了,他要让牛角框眼镜成为自己的标志,他要演彬彬有礼的角色。正是这样的角色让他名满天下。

哈罗德·劳埃德一直到了二十岁,才发觉自己是个搞笑的人,这真是太搞笑了。之前,他走的可是莎士比亚的戏剧路线。他最开始拍电影的时候,导演们对他说,他不是当滑稽演员的料,永远都成不了滑稽演员,他们建议他不要拍电影了,还是另选谋生之道吧。但他坚持不放弃,一路走了下来,如今,他已经是世界上最富有的演员了。事实上,他是有史以来最富有的演员。

第四十七章 多丽丝·杜克[1]

她是这个世界上最富有的女继承人,她爸爸赚了一亿零一百万美元,可是钱没给他带来"半点乐趣"。

如今,世界上最富有的姑娘已经结婚了,她的身家是五千三百万美元。无论她走到哪里,都有记者和摄像师不断纠缠她,为此,人们经常称她为"可怜的富家女"。她去买顶帽子,都有两三个保镖揣着枪,跟在后面保护她。

她有五处豪宅,四座在美国,一座在法国的里维埃拉。在新泽西州的萨默维尔市,她有一处五千英亩的农场,大片大片的草地上点缀

---

[1] 多丽丝·杜克(Doris Duke,1912—1993),美国烟草公司及杜克电力公司创始人詹姆斯·杜克的女儿。

着一个个波光粼粼的湖面，还有数英亩的杜鹃花、数个温室，是西部的风景胜地之一。

结婚一个星期之前，她现身棕榈滩，身着红色羊毛泳衣，她承认这件泳衣已经穿了三年。虽然拥有巨额财富，但她觉得婚礼上最漂亮的背景莫过于一个烧着木材、冒着熊熊火焰的巨大壁炉。

多丽丝·杜克是这个世界上最富有的女继承人，她的巨额遗产又是怎么来的呢？嗯，都是从吞云吐雾的香烟中来的。

说到杜克家的巨额财富，还得回到内战结束之时。那时，南方的生活很苦：军队洗劫了这片土地，田野一片荒芜，民不聊生。人们把栗子和棉花种子烧黑作为咖啡的替代品，把黑莓叶子和黄樟根混合在一起，煮出来当茶。熏肉的房间是泥巴地，泥土里浸满了以前熏火腿滴下的油，这层泥土被铲了起来，用以熬煮盐。华盛顿·杜克，世界上最富有女孩的祖父，曾经跟着李将军在里士满作战，被俘后，在臭名昭著的利比监狱经历了人间地狱。李将军投降后，他回到了北卡罗来纳州达尔莫的农场。

南方联盟政府给了他两头年老体衰的瞎骡子。他把南方联盟政府发放的五元钞票换给了一个北方士兵，得到了五十美分。

面对未来，华盛顿·杜克仅有的东西就是五十美分的银币和两头瞎了眼的骡子、一副链条马具，还有两个失去了母亲的男孩。

农场及周边地区被南方军和北方军一扫而光，饥肠辘辘的士兵见什么吃什么，到处一片荒芜，已经没有可吃的东西了。唯一留下的就是地里还没有成熟的烟草。于是，他带着两个名叫"巴克"和"本"的孩子侍弄烟草，他们烤干烟草，用核桃木的棍子敲打，再装进盒子，搬到有篷马车上，驾上两头又老又瞎的骡子，开始了征服世界的行程。有意思的是他们的确征服了烟草世界，在全球建立起一个烟草帝国。

他们驾着骡子拉的马车,朝着不种植烟草的北卡罗来纳州南部进发。他们用烟草换来了火腿和棉花。晚上,他们就露营在路边,吃了油炸火腿和红薯后,就睡在星空之下。卖烟草比种烟草有趣多了,他们决定投身于卖烟草的行当中。

随着时间的推移,他们遭遇了恶性竞争。数百个公司都在制造烟斗丝,个个财大气粗。詹姆斯·布坎南·杜克,也就是多丽丝·杜克的父亲,知道自己必须与众不同,必须立刻行动,否则就要完蛋了。他决定制作香烟,这个点子给他带来了千万美元的财富。现在,美国人每年要抽掉一千二百五十亿根香烟。制作香烟听起来当然没有创意,但在一八八一年,这就是创举。俄国人和土耳其人抽香烟已经有数代的历史。经历了克里米亚战争[1],英国人把香烟带回了本土。但是,美国,这片为全世界提供烟草的国度一直到一八六七年才有了第一根香烟。

巴克·杜克进军香烟业之初,香烟都是手工卷制的。他改进完善了卷烟机器,其日产量从两千五百根增加到了一百万根。他设计了第一个实用的香烟盒。大家还记得麦加斯、齐拉斯、甜味伍长,还有土耳其荣耀这些香烟品牌吗?如果还记得,你们就一定记得抽拉式的硬纸壳香烟盒,那就是巴克设计的。

他的生意兴隆。国会减少了香烟税,他出人意料,将香烟的价格减少一半,市面上到处都是五美分一盒的香烟,把竞争对手惊得目瞪口呆。

接着,他就开始开拓新领地。他到了纽约,又开办了一家工厂,那年他只有二十七岁。他一次又一次地对自己说:"约翰·D.洛克菲勒干石油能办到,我干烟草为什么就不能办到呢?"他把所有的利润都投入到生意中。他每年入账五万美元时,还住在鲍威利区一间便宜

---

[1] 克里米亚战争(1853—1856),俄国与英国、法国、土耳其、撒丁王国之间的战争。

的小房间里，在最便宜的午餐车里用饭。这个男人觉得五十美分的晚餐都太昂贵了，却不惜花大价钱把代理商派往世界各地。

一大早，他就开始在工厂工作，辛辛苦苦，一直干到深夜，从原料到成品，每一步他都要监督。

他去世时有一亿零一百万美元，他曾经夸口说，他制造的百万富翁数量最多，谁也比不上。然而，这个人只上了四五年的学，他曾经说过："牧师和律师应该接受大学教育，但是我拿来干什么呢？做生意不需要超级大脑。"

他就是这样成功的。他的原话就是："我做生意成功了，很多人都失败了，不是因为我的天赋胜过那些人，而是因为我更用心，坚持得更久。我知道，有很多人比我聪明得多，但他们不肯用心，没有恒心，所以一事无成。"

有趣的是，这个人觉得自己不需要接受教育，却捐出了四千万美元建立了一个以他名字命名的著名大学。这就是北卡罗来纳州达勒姆的杜克大学，其委托人之一就是多丽丝·杜克，她也许是世界上最年轻的大学委托人了。

巴克·杜克不喜欢在媒体前曝光，一生中他只接受过一次采访。在那次采访中，记者问他："杜克先生，如果只有一百万美元，你满意吗？"

巴克·杜克摇了摇头，说："不，一点也不。"

第四十八章　拜伦爵士[1]

一百年前，在女人们的心中，没有谁比得上乔治·戈登·拜

---

[1] 拜伦爵士（George Gordon Byron，1788—1824），英国伟大的浪漫主义诗人。

伦爵士,他是那个时代最伟大的诗人。这位"完美情人"嚼烟草、啃指甲,用人头骨喝葡萄酒。

一百年前的完美情人什么样?什么样的男人会让我们祖母们的小心脏乱跳,而我们的祖父们却坐在壁炉旁嫉妒、仇恨得直抽筋呢?谁是那个久远时代的唐璜[1]、瓦伦蒂诺[2]和克拉克·盖博呢?

答案很简单。一百年前,在女人们的心中,没有谁比得上乔治·戈登·拜伦爵士。

他是那个时代最伟大的诗人。他影响深远,改变了十九世纪文学的整体趋势。他的浪漫诗句最动人、最柔情。他爱过几十个女人,但最奇怪的是,他最爱自己同父异母的妹妹,这场不伦之恋震惊了整个欧洲,毁掉了这个女孩的生活。他们被迫分手后,拜伦为她写下了一首动人的诗:

> 若我会再见到你,
> 事隔经年,
> 我如何和你招呼?
> 以眼泪,以沉默。

但是,拜伦越是恶名在外,女人们越是仰慕他。她们对拜伦的崇拜到了疯狂的程度,拜伦的妻子因为忍受不了丈夫的暴躁而离开了他,欧洲一半的女子都站出来斥责这位妻子。这些女子给拜伦寄来诗歌、情书还有自己的一绺绺头发,数量之多,犹如滔滔洪水。有位著名的

---

[1] 唐璜,拜伦诗歌中的人物,是个大情圣。
[2] 鲁道夫·瓦伦蒂诺(Rudolph Valentino,1895—1926),美国著名男演员。

英国贵族女子,美丽而富有,整个伦敦的男人都拜倒在她的脚下。就是这个女子,打扮成男子模样,站在街上,在暴雨中等待了数小时,就为看"完美情人"拜伦从家中走出来。还有一位女子爱上了拜伦,她爱得神魂颠倒,一路跟着拜伦,从英国一直跟到意大利,她让拜伦不胜其烦,最后也只能不了了之。

这位大情圣,这位一个世纪前的瓦伦蒂诺到底是什么样?他有一只跛足,走路瘸得厉害,他啃手指甲,他嚼烟草。在十九世纪的英国,大白天的,他虚张声势地拿着上了膛的手枪耀武扬威,就像是芝加哥的歹徒一样。他的脾气很坏。如果有人盯着他看,他就觉得别人是在看他跛足,他的血压就飞速地往上蹿。这位诗人被誉为"完美罗密欧",却喜欢折磨女性。婚礼结束后不过两个小时,拜伦就对新娘说自己恨她,自己是出于鄙视才娶了她,只要她还活着,她就会悔恨认识他。她的确非常悔恨。

他们的夫妻关系维持了一年。可以肯定的是,他的确没有殴打过妻子,但他砸毁家具,还把情人带到家里来。他的妻子最后叫来了医生,要检查他是否疯了。

拜伦住在一栋老旧的修道院里,住在他家附近的乡下人讲的故事很是怪异。他们说,拜伦家里的仆人都是年轻漂亮、温婉可人的女孩。那些乡下人说,拜伦和他的客人们都穿上黑色的法衣,装扮成教士,纵情欢乐。相比之下,巴比伦最后一位国王的夜宴也不过相当于基督教妇女禁酒联合会的早餐而已。温婉可人的女仆端上葡萄酒,而拜伦和客人们则用人头骨来喝酒,人头骨被刮成了圆形,打磨得亮晶晶的,就像是大漠之上的月亮。

拜伦长得纤细而优雅,经常被比作望楼的阿波罗。他的皮肤白皙,仰慕他的女子觉得他就像"晶莹剔透的雪花石膏花瓶"。但是这些女子不知道，长成这样，拜伦受了多少苦。她们不知道，他这一生，每一天，每个小时，他都在不断地同肥胖作战，精疲力竭、苦不堪言。为了保持苗条可爱的形象，他严格控制饮食，就是好莱坞明星也没有那样干过。

比如说，他一天只吃一顿饭，而这一顿饭通常都只有一点土豆或是大米，再撒一点醋。如果想要变化一下，他就吃几块饼干，喝上一杯苏打水。说什么"晶莹剔透的雪花石膏花瓶"！他没有饿成饥荒灾民的样子真是个奇迹！为了不长胖，他练习击剑、拳击、骑马、还游泳。他是他所处时代最伟大的诗人，可是比起自己不朽的诗篇，他更觉得自豪的是自己畅游了达达尼尔海峡。打板球的时候，他穿着七件背心。他觉得就是穿七件背心出的汗也不能消耗掉脂肪，所以他还要到土耳其浴室去按摩，一周三次。

这样节食的结果使他的消化系统受到了损害。他的卧室里摆着药片、药剂，还有专利药品，房间里充斥着一股药味，更像是药剂师的药铺，而不是完美情人香艳的就寝之处。

他深受噩梦的折磨，只好服用鸦片酊来帮助睡眠。可是，鸦片酊也阻止不了他的噩梦，于是他在床边放了两把上了膛的手枪。夜深人静的时候，他从噩梦中大喊大叫地醒来，他咬牙切齿，拿着手枪和匕首在卧室里大步走来走去。

《真情告白杂志》[1]要是有他写的故事，那该有多好。要是遇到有关他的妻子的问题，就是《心声》也会不知所措。

让拜伦爵士噩梦不断的是老修道院里有修士的鬼魂出没，据说那位修士在这里住过，已经死了很久了。拜伦诅咒发誓说，那个戴着黑色尖帽子的幽灵长着一只邪恶的眼睛，经常在走廊里从他面前飘过。在他缔结不幸婚姻的前一天，他就看到了这个可怕的幽灵。数年后，

---

[1]《真情告白杂志》，美国杂志，创刊于一九二二年，以二十至三十五岁的女性为读者群。

在意大利，他发誓说，自己看到了诗人雪莱的幽灵走进了一片树林。雪莱本人当时在数英里之外的地方，这一点拜伦也清楚。奇怪的是，没过多久，雪莱真的死了，遭遇暴风雨溺死在湖中。拜伦亲手搭好了火葬用的柴堆，焚烧了雪莱的遗体。

　　拜伦还另有一个挥之不去的迷信念头。一个吉卜赛算命的人告诉过他，说他三十七岁那年会死。三十六岁生日过去三个月后，他死了。他认为他的家族受到了诅咒。他信誓旦旦地说，三十六岁生日对于他家的人来说是要命的。有些当代传记作者还倾向于同意他的看法，毕竟拜伦的父亲死于三十六岁，他的女儿，其一生几乎就是父亲的翻版，死于三十六岁生日的前一天。

熊亭玉　译
廖国强　审校

图书在版编目（CIP）数据

伟大的人物 /（美）卡耐基著；张灿金，熊亭玉译.
– 北京：北京燕山出版社, 2015.9
ISBN 978–7–5402–3923–7

Ⅰ.①伟… Ⅱ.①卡… ②张… ③熊… Ⅲ.①名人—生平事迹—世界
Ⅳ.① K811

中国版本图书馆 CIP 数据核字 (2015) 第 193533 号

伟大的人物

[美] 戴尔·卡耐基 著

张灿金　熊亭玉 译

廖国强 审校

翻译统筹 / 刘荣跃　刘文翔

责任编辑 / 尚燕彬　金　东

装帧设计 / 小　贾

北京燕山出版社出版发行
北京市西城区陶然亭路 53 号　邮编 100054
全国新华书店经销
北京盛源印刷有限公司印刷

开本 880×1230　1/32　印张 9　字数 215,000
2015 年 10 月第 1 版　2015 年 10 月第 1 次印刷

定价：32.00 元

版权所有　盗版必究